As Identidades do BRASIL 2

De Calmon a Bomfim

A favor do Brasil: direita ou esquerda?

José Carlos Reis

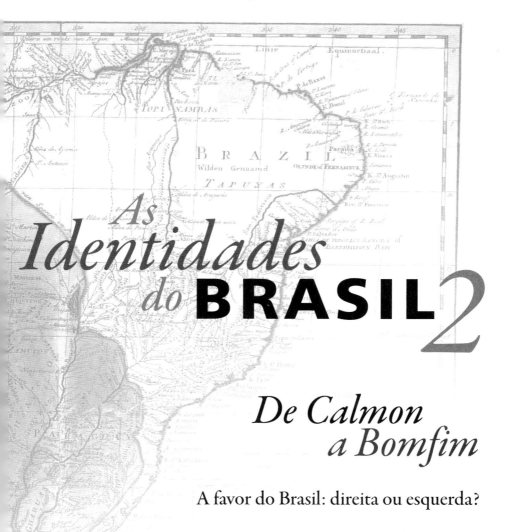

As *Identidades* do BRASIL 2

De Calmon a Bomfim

A favor do Brasil: direita ou esquerda?

ISBN-85-225-0551-9

Copyright © 2006 José Carlos Reis

Direitos desta edição reservados à
EDITORA FGV
Rua Jornalista Orlando Dantas, 37
22231-010 — Rio de Janeiro, RJ — Brasil
Tels.: 0800-021-7777 — 21-3799-4427
Fax: 21-3799-4430
e-mail: editora@fgv.br — pedidoseditora@fgv.br
web site: www.fgv.br/editora

Impresso no Brasil | *Printed in Brazil*

Todos os direitos reservados. A reprodução não autorizada desta publicação, no
todo ou em parte, constitui violação do copyright (Lei nº 9.610/98).

Os conceitos emitidos neste livro são de inteira responsabilidade do autor.

1ª edição — 2006; 1ª reimpressão — 2009; 2ª reimpressão — 2010; 3ª reimpressão — 2012; 4ª reimpressão — 2015; 5ª reimpressão — 2021.

Revisão de originais: Maria Lucia Leão Velloso de Magalhães

Revisão: Aleidis de Beltran e Andréa Campos Bivar

Capa: aspecto:design

Ficha catalográfica elaborada pela Biblioteca
Mario Henrique Simonsen/FGV

Reis, José Carlos.
As identidades do Brasil 2: de Calmon a Bomfim: a favor do Brasil:
direita ou esquerda? / José Carlos Reis — Rio de Janeiro : Editora
FGV, 2006.
240p.
Inclui bibliografia.
I. Características nacionais brasileiras. 2. Brasil — Historiografia.
3. Brasil — Civilização. I. Fundação Getulio Vargas. II. Título.

CDD – 981

Não permita Deus que eu morra,
Sem que eu volte para lá;
Sem que desfrute os primores;
Que não encontro por cá;
Sem q'inda aviste as palmeiras;
Onde canta o Sabiá

Gonçalves Dias, *Canção do exílio* [1847]

Vou voltar
Sei que ainda vou voltar
Para o meu lugar
Foi lá e é ainda lá
Que eu hei de ouvir cantar
Uma sabiá.

Chico Buarque e Tom Jobim, *Sabiá* [1968]

Sumário

Introdução — Pode-se falar de uma identidade nacional brasileira? 9

Parte I — O Descobrimento do Brasil 31

Civilização brasileira e otimismo ultraconservador (ingênuo):
Pedro Calmon e a visão romântica e cristã da nação brasileira 33

Civilização brasileira e pessimismo ultraconservador (cínico):
Afonso Arinos de Mello Franco e o medo da emergência
do "monstro da lagoa brasileira" 87

Civilização brasileira e otimismo ultraconservador (trágico):
Oliveira Vianna e a via autoritária da integração do Brasil
à civilização ocidental 123

Parte II — O Redescobrimento do Brasil 181

Civilização brasileira e otimismo revolucionário (ingênuo):
Manoel Bomfim e o sonho da República soberana e democrática 183

Bibliografia 233

Introdução

Pode-se falar de uma identidade nacional brasileira?

Identidade e identidade nacional, hoje

O que o Brasil foi, está sendo e o que se tornará? Quem somos nós, os brasileiros? E ser brasileiro será bom ou ruim, motivo de orgulho ou de vergonha, deve-se ostentar ou camuflar? Você gosta sinceramente de se sentir brasileiro ou se sente desconfortável nessa pele? Você moraria para sempre fora do Brasil? Há muitos brasileiros que não apreciam sua identidade, que se envergonham dela e a escondem. Deixam-se aculturar por línguas e histórias de outras identidades que consideram mais enobrecedoras. Depois de alguns dias no exterior, voltam, afetadamente, com dificuldades de readaptação: esquecem parcialmente a língua portuguesa, evitam a dieta brasileira, não leem jornais e autores brasileiros, recusam a música e a arte brasileiras e rejeitam os temas brasileiros. Retornam alourados, branqueados, com olhos azulados ou esverdeados, com sotaque, com gestos e hábitos "superiores", e olham com essa "carranca de vencedor" os seus compatriotas. E obtêm o que desejam: as posições, as oportunidades, os empregos, as mulheres. As portas se abrem para aquele que ostenta os símbolos e sinais dos vencedores, que é visto como um representante da modernidade. E, pensando bem, é legítimo não se sentir bem em uma identidade, não apenas a nacional, e procurar outras referências, atribuir-se *a posteriori* um outro passado e criar para si uma segunda natureza. Isso não acontece somente com esses brasileiros. Há americanos antiamericanistas, europeus anti-imperialistas, negros racistas, mulheres que discriminam mulheres, *gays* homófobos, judeus antissemitas e proletários aburguesados. Adolescentes envergonham-se da própria mãe diante dos amigos(!), para "elevarem" a autoestima. E o efeito crítico dessa postura aparentemente pueril pode até ser muito fecundo. Ou isso deve ser visto como uma traição a si mesmo e ao seu grupo? Será que as noções de "traição" ou "desrespeito" ainda estão em vigor, ou o que vale mesmo é a performance eficiente do bom jogador/vendedor no mercado mundial?

Este é um dos temas mais complexos da filosofia, da psicanálise, da teoria literária e da teoria das ciências sociais e, em particular, da história: o problema da identidade. A questão é: os indivíduos podem decidir sobre como desejam aparecer e ser vistos ou carregam marcas e sinais indeléveis que o definem? Seria possível ignorar ou maquiar, por exemplo, a nacionalidade? Haveria uma brasilidade imutável, que se pudesse definir, conceituar ou até mesmo trocar em miúdos, e que não se pudesse esconder? Pode-se falar de uma identidade nacional brasileira? Teríamos um caráter nacional? O que nos reuniria? Somos cerca de 180 milhões de indivíduos, extremamente diferenciados geográfica, social, econômica, cultural, sexual, futebol, musical, racial, linguística, política, grupal, residencial, salarial, escolar, esteticamente etc. Somos muito diferentes e vivemos em contínua mudança, dispersos, difusos, solitários, isolados. Afinal, precisamos de uma identidade nacional? Qual seria a relevância do tratamento desse tema? Para Stuart Hall (1999 e 2000), interessa-se pelo tema da identidade e busca discuti-lo quem quer assumir uma "posição de sujeito", isto é, quem quer fazer, agir. A iniciativa da ação exige o reconhecimento do próprio desejo, da própria forma e imagem, da própria identidade. A ação só pode ser empreendida por um sujeito que se autoaprecie, que se autorrespeite, que queira viver e se expressar de forma plena e própria.

Para nós, o problema da identidade interessa muito, sobretudo aos que perdem. Alguns perdem sempre e ficam perdidos. Por que fracassam sempre? Talvez porque não saibam quem sejam, por não conseguirem ver o próprio rosto. E se não se reconhecem, não conseguem definir o que desejam e desconhecem a própria capacidade de realização. E são derrotados porque já estão internamente derrotados. Talvez a infraestrutura humana não seja econômico-social, mas cultural. Os grupos que conseguem se ver no espelho da cultura, que conseguem construir a própria figura em uma linguagem própria, *identificam-se*, isto é, criticam-se, reconhecem o próprio desejo e tornam-se competentes até na ação econômico-social. Na situação mencionada, por exemplo, daquele que agiu manipulando os sinais de uma identidade vencedora para obter vantagens, ele estava manipulando sobretudo a identidade que a reconhecia e se deixava dominar. Houve nessa relação uma "negociação de reconhecimento", uma luta, em que uns perderam e outros ganharam. Em todas as relações, essa negociação de identidade ocorre e, por isso, os sujeitos envolvidos devem estar fortalecidos em seu próprio campo. Em outra negociação de reconhecimento, aquele ex-brasileiro citado ficaria engraçado, assim, "todo metido", e as portas lhe seriam ruidosamente fechadas. Discutir a identidade nacional brasileira é relevante, portanto, porque os brasileiros precisam construir criticamente a própria imagem para vencerem em suas lutas e negociações de reconhecimento e superarem sua situação de crise permanente.

INTRODUÇÃO

Esta discussão tornou-se crucial nos dias atuais, porque as negociações e lutas de identidade tornaram-se mais complexas. Fala-se muito em crise de identidade, em fragmentação e até em desaparição do sujeito. As velhas identidades que estabilizavam o mundo social estão em declínio. Há uma redefinição das relações, dos objetivos, dos papéis sociais dos indivíduos. A questão da identidade impõe-se, opondo em sua formulação os essencialistas e os não essencialistas.

A formulação essencialista do problema é do ponto de vista da continuidade: de onde viemos? Quem somos? E seremos? E fomos? Quem é o nosso outro absoluto? Qual é o núcleo autêntico e estável do nosso eu e grupo? O que constitui a nossa unidade acima de toda mudança e vicissitude? E constroem uma ontologia, uma metafísica do ser como ser. A metafísica iluminista descrevia um indivíduo unificado, racional, consciente, centrado em seu núcleo interior. Era um sujeito que permanecia essencialmente o mesmo, contínuo e idêntico. Este sujeito moderno individual, unificado em seu interior, seria capaz de uma reflexão total sobre si mesmo, movido pela máxima socrática do "conheça-te a ti mesmo". Descartes estava na base desse indivíduo moderno, que existia porque pensava que era idêntico a si.

A formulação não essencialista é do ponto de vista da descontinuidade: como temos nos representado? Como essas representações nos afetam? Quem podemos nos tornar? O que desejamos ser? Os não essencialistas veem a identidade construída historicamente pelo discurso e em relações práticas e múltiplas, a veem como um processo nunca completado e sempre transformado, como um avanço em direção a um eu desconhecido. A visão não essencialista da identidade apareceu com a crítica das ciências sociais ao sujeito moderno, no final do século XIX. Emergiu, então, um indivíduo isolado, que perdeu o sentido de si na multidão urbana e impessoal, que precisava reconstruir sempre a própria imagem. O sujeito cartesiano descobriu que pensar não garantia mais o "reconhecimento" da sua existência.[1]

Marx, Freud e Nietzsche arrasaram com o sujeito racional cartesiano. Depois, Foucault recusou os conceitos tradicionais de continuidade, tradição, influência, desenvolvimento, evolução, mentalidade, espírito, substituindo-os pelos de descontinuidade, ruptura, limiar, limite, transformação. A "genealogia do poder" não buscava uma essência, a pura identidade, imóvel e anterior, interna ao acidental sucessivo. Não havia uma identidade primeira, original, uma verdade essencial, solene, perfeita, a ser recuperada e reconhecida. A genealogia não visava restabelecer uma continuidade, para mostrar que o passado estava sempre lá, vivo no presente. Na "arqueologia do saber", não havia acúmulo e solidificação da verdade, mas camadas heterogêneas de discurso. Uma história global, que procurasse reconstituir o conjunto de uma civilização, determinar o prin-

---

[1] Hall, 1999 e 2000.

cípio material ou espiritual de uma sociedade, a significação comum de todos os fenômenos de um período, a lei que explica sua sucessão, que desenhasse o "rosto de uma sociedade", era impossível, pois não se conheciam origens e teleologias, apenas "começos". Para Foucault, nós somos diferença: nossa razão é a diferença dos discursos, nossa história é a diferença dos tempos, nosso eu é a diferença das máscaras. A diferença é a dispersão que somos e que fazemos. Esse pensamento expressava o que ocorria nos anos 1960, os movimentos feministas, estudantis, contraculturais, pacifistas, as lutas pelos direitos civis de minorias sexuais. Cada movimento criava a sua própria identidade e negociava o seu reconhecimento em lutas particulares. A vida social se viu alterada: a família, a sexualidade, a maternidade, o trabalho. Houve uma micropolitização social que deu ênfase à diferenciação das identidades. Esses sujeitos ditos pós-modernos não têm uma identidade fixa, mas flexível, definida historicamente e não biologicamente. O indivíduo perdeu sua suposta unidade e coerência e assumiu identidades diferentes, contraditórias.[2]

Saiu-se de um "sujeito ontológico" para uma "posição de sujeito". Na formulação essencialista, o indivíduo não poderia decidir sobre como gostaria de aparecer e ser visto, pois sua identidade biológica e histórica era estável, contínua, incontornável e se impunha sobre o que ele gostaria de ser. Os essencialistas falavam do indivíduo e do grupo em si, autênticos, com traços que todos os seus membros possuíam de forma indelével e imutável. Falavam de pureza, superioridade, essência, autenticidade, apelando para a biologia e para a história. Para os não essencialistas, o indivíduo decide sobre o que quer ser e como deseja ser visto. Ele não é dominado por uma ipseidade natural ou metafísica. Os discursos com os quais se representa revelam as diferenças, as mudanças, a história do grupo e dele próprio. As identidades são relacionais e mudam em cada relação. A identidade precisa de algo fora dela, da alteridade, outra identidade, que ela não é, e nessa relação com o outro, as identidades são construídas. Uma identidade exclui, cria o exterior. Ela é uma homogeneidade interna, um fechamento. É um ato de poder. As identidades são construídas no interior do jogo do poder e da exclusão. Não são naturais, mas definidas em lutas históricas. Elas só podem ser lidas a contrapelo, após sua manifestação histórica. Para Hall, as identidades, hoje, não são unificadas, são singulares, multiplamente construídas por discursos, práticas e posições que podem se cruzar ou ser antagônicas. As identidades estão sujeitas a uma historicização radical; mudam e se transformam. A identidade não trata do que somos para sempre, mas daquilo em que nos tornamos. É uma narrativização aberta e flexível do eu, que tem uma eficácia material e política, mesmo se a sensa-

---

[2] Foucault, 1979 e 1986; Hall, 1999 e 2000.

ção de pertencimento, a "suturação à história", esteja no imaginário, marcada por símbolos.[3]

Para Hall, a identidade põe o problema do autorreconhecimento. E é também uma luta pelo reconhecimento do outro. Na visão essencialista, lutava-se pelo reconhecimento de uma identidade imutável, íntegra, sempre idêntica a si mesma, que não podia falhar, trair-se. Os indivíduos carregavam a identidade como a sua cruz. A alma humana assume a forma e a densidade dos materiais que a cercam e a identidade essencialista era feita de madeira de lei, de ferro, pesada, inarredável. Na visão não essencialista temos "identidades", que lutam por reconhecimentos locais, pontuais. Não há "falhas", "traições", mas outras "posições". Ninguém deve ser fiel a uma identidade que signifique exclusão, abandono, pobreza e sofrimento. Deve-se buscar com flexibilidade uma posição favorável à vida. É como se a neoliberal "relação de negócio", a compra e venda do mercado, impregnasse a esfera cultural. Cada encenação é única, dependendo do que está em jogo e da capacidade de realização das partes envolvidas. O objetivo é o mesmo: impor-se, obter vantagens, vencer. As identidades pós-modernas são criadas como nas estratégias de marketing das empresas, e os indivíduos escolhem e mudam as formas, as cores e os valores com os quais querem ser vistos e admirados. A identidade pós-moderna é feita de matérias flexíveis, coloridas, substituíveis, como o plástico e os aglomerados de madeira leves e bonitos. Hall utiliza o termo "identidade" para significar o "ponto de sutura" entre os discursos e as práticas que nos leva a assumir certas posições sociais. Para ele, as identidades são construídas em práticas discursivas, que levam um indivíduo ou grupo a assumir uma "posição de sujeito". O sujeito é chamado a ocupar o seu lugar e a agir. O sujeito nunca já está constituído. Ele se constitui e se reconstitui em uma prática discursiva.

Para Hall, posicionando-se a favor da virada pós-moderna, o conceito útil de identidade é não essencialista, estratégico e posicional. Os jogadores precisam se adaptar aos diferentes jogos, precisam se reinventar a cada jogada e nunca aceitarem uma posição antecipada de derrota. A identidade cultural que se inspira na relação do vendedor/comprador não se fixa, pois é como uma mutante "força plástica" que, a cada instante, articula passado e futuro de forma favorável à vida. Ela não é a de um eu idêntico a si mesmo e se fragmenta e se (re)constrói pelo discurso e por práticas e posições. Há diversos lugares em que identidades sociais podem emergir. Os indivíduos vivem no interior de um grande número de diferentes instituições, de campos sociais, famílias, escolas, partidos, grupos de trabalho, exercendo graus variados de escolha e autonomia. Cada campo social é um centro com recursos materiais e simbólicos próprios. Somos a mesma pessoa, mas diferentemente posicionados, em diferentes momentos e lugares, de acordo com os diferentes

---

[3] Hall, 1999 e 2000.

papéis que exercemos. A classe social não define mais, em última instância, as identidades dos grupos e indivíduos. Somos posicionados de acordo com os campos sociais nos quais estamos atuando. Há novas formas de identificação: estilo de vida, raça, gênero, sexualidade, idade, incapacidade física, justiça social (sem isso ou aquilo), ecologia, relações livres diferentes. O político deixou de ser da ordem pública, do Estado, em oposição à ordem privada. O pessoal tornou-se político, o micropolítico é privado. As identidades são "máscaras" criadas para se obter o sucesso em múltiplas relações e situações.[4]

Diante dessas redefinições do conceito de "identidade", que, baseado sobretudo em Stuart Hall, apresentei sumariamente, já que eu mesmo domino de forma limitada, pois o tema é muito complexo, envolvendo as paixões mais profundas da alma humana, pode-se falar ainda de uma "identidade nacional"? Como este sujeito fragmentado atual se situa em relação a uma homogênea identidade nacional? O processo de globalização e a generalização das relações capitalistas de mercado em que essa redefinição das identidades se realiza não estariam deslocando e dissolvendo as identidades nacionais? Antes, sobretudo no século XIX, predominou uma "visão essencialista" da identidade nacional. A nacionalidade era a principal fonte de identidade. Os europeus se definiam primeiro como uma nacionalidade. Sem a sua identificação nacional, o indivíduo moderno experimentaria uma profunda perda subjetiva. Um homem devia ter primeiro uma nacionalidade. Cada povo se percebia com uma missão especial para o progresso da humanidade. A nacionalidade era sagrada. Mas discute-se hoje o que seria essa "identidade nacional". Se ela não estava impressa em nossos genes, como poderíamos considerá-la uma natureza essencial? Para os não essencialistas, "nação" tornou-se apenas um modo discursivo de classificar grupos de seres humanos. E um modo de classificação difícil de operar. Que critérios definiriam uma nação? Seriam critérios objetivos como a língua comum, o território comum, a história comum, os traços culturais comuns? São critérios problemáticos, porque as populações não são homogêneas na língua, no território, na história e na cultura. Esses critérios valem mais para a propaganda estatal do que para uma descrição objetiva de um suposto fenômeno nacional. Como os critérios objetivos são contestáveis, tentaram-se "definições subjetivas" e ainda discursivas de nação: considerar-se membro de um povo; ter a consciência de pertencimento a uma terra natal, a uma pátria, a um lugar de origem, a uma descendência, a uma alma comum, a um espírito nacional, ao gênio de um povo. Aqui, a identidade nacional é vista não como uma "essência", mas como uma comunidade que historicamente se constituiu com forte coesão, garantida por uma comunicação efetiva entre os membros, pelo entendimento tácito, pela cultura compartilhada.

---

[4] Nietzsche, 2003.

INTRODUÇÃO   15

A ideia essencialista do Estado-nação como uma unidade substancial, uma alma singular, com uma missão sagrada, defendida pelos autores românticos do século XIX, como Herder, foi contestada por teóricos políticos contemporâneos, como Gellner e Bhabha. Gellner considera esse nacionalismo romântico uma fábula, um mito. Para ele, na verdade, foi o "nacionalismo" do Estado que criou nações e não o contrário. O nacionalismo foi uma ideologia criada para a construção e a consolidação do poder do Estado, sendo necessária ao desenvolvimento capitalista. Na Europa do século XIX, o desenvolvimento capitalista foi comandado por unidades nacionais: o capitalismo francês, o inglês, o alemão. As economias eram nacionais e o nacionalismo servia ao fortalecimento e à expansão dessas economias. A competição era "inter-nacional". O Estado produzia a homogeneidade cultural para acelerar o desenvolvimento econômico. O nacionalismo foi um meio para a implantação do capitalismo, e não era nem espontâneo, nem um fim em si. Para Gellner (1989 e 1993), "nação" não se relacionava a sentimento, irracionalismo, mas ao progresso da razão universal. O nacionalismo não é um sentimento intemporal, mas um fenômeno histórico recente, sobretudo do século XIX, quando a Europa se consolidou como um conjunto de nações fortes. O Estado centralizado garantia a ordem, a educação e a produção. O nacionalismo se alimentou de desigualdades internas à nação e de desigualdades entre as nações, que serviram à marcha progressiva da industrialização. Os sentimentos nacionais foram inventados pelo Estado e são contra a fraternidade universal. Essa "propaganda nacionalista" era xenófoba, racista, belicista, imperialista.

Todavia, se não se pode falar de nação como uma "entidade", uma "enteléquia", uma "substância", objeto de uma especulação metafísica, deve-se reduzi-la à astúcia da razão do Estado? Será que a cultura popular não teria um sentimento espontâneo e sincero de pertencimento a uma terra natal, a uma pátria? Será que tudo que o povo sente e pensa é estimulado e controlado pelo Estado? Pode-se reduzir a nação ao Estado? Não haveria no discurso de Gellner ao mesmo tempo uma denúncia do pragmatismo do Estado-nação e uma nostalgia do irracional apego nacional? Para Hobsbawm (1990), Gellner expressou o ponto de vista das elites burguesas dos Estados-nações. Ele preferiu ver a nação na perspectiva da modernização pelo alto, o que o impediu de dar atenção adequada à visão dos de baixo. Essa visão dos de baixo, não de governos e ativistas, mas de pessoas comuns, é difícil de ser descoberta. Felizmente, os historiadores sociais aprenderam a investigar a história das ideias, das opiniões e dos sentimentos no plano literário. Nesse nível, pode-se perceber algo como uma "identidade nacional popular". O Estado tem sido o conquistador da nação, mas a população é sincera em seu apego nacional. Essa nação popular não coincide com o Estado: se este age de forma racional, articulando meios e fins para expandir a sua força política e econômica, o povo-nação viveria em uma lógica de apego irracionalista ao seu território, ao seu passado, aos antepassados, às suas referências simbólicas.

Nessa perspectiva, a identidade nacional transcende o Estado, na medida em que a cultura não se restringe à esfera política. A identidade nacional não se definiria pelo Estado-nação, na esfera política, mas pela "cultura nacional", na esfera cultural, a mais onipresente das esferas sociais. A cultura atravessa todas as esferas de uma sociedade, nas representações do sagrado, do econômico, do social, da justiça, das idades etc. Talvez a identidade nacional popular seja um "sonho coletivo", "uma imaginação compartilhada", o que está longe de ser irreal e irrelevante.

Teríamos, portanto, duas visões não essencialistas, duas "invenções" da identidade nacional: o discurso nacionalista político cínico do Estado, ligado à expansão do capitalismo, e o discurso nacionalista culturalista sincero do povo-nação. O Estado-nação se atribuía uma essência, mas o que se denuncia é que ele produzia apenas um discurso nacional cínico. Na verdade, ambos veem a nação não como uma essência, mas como historicamente construída. O povo-nação também se atribui uma "alma essencial", um "espírito", mas são metáforas que se referem a um "imaginário compartilhado", a um discurso historicamente construído, mas sincero e vivo, que expressa o sentimento de pertença a uma identidade nacional. A nação talvez possa ser pensada como anterior, exterior, posterior e superior ao Estado, como a mais global representação da identidade de um povo, que inclui o Estado, justificando as metáforas da "alma", do "gênio", do "espírito". A nação não seria só uma entidade política, mas um sistema de representação cultural. Não se trata apenas de ser um cidadão legal, mas de se sentir membro e pertencer a uma cultura nacional. Uma nação seria uma comunidade simbólica. A cultura nacional, e não apenas por obra do Estado, criou um idioma, valores, tradição, sentimentos comuns, um espírito solidário. Uma cultura nacional seria um conjunto de discursos, imagens, símbolos, que expressam os sentidos com os quais os membros do grupo se identificam. Os membros de uma nação se nutrem desse espírito que os envolve e, quando se distanciam, sofrem, minguam e podem morrer por "asfixia cultural".[5]

Vejo a identidade nacional, aqui, não como uma essência atemporal, nem apenas como uma invenção estratégica do Estado, mas como uma comunidade imaginada, um "ambiente cultural", um "espírito nacional", que se narraria e se inventaria nas historiografias e literaturas, na mídia, na cultura popular, nas artes, na tradição, nas narrativas míticas da origem. O discurso da cultura nacional construiria imaginariamente uma identidade comum, ligando o passado ao futuro, lembrando as glórias passadas e buscando a modernidade. As culturas nacionais tendem às vezes a se proteger da modernidade preferindo o passado; outras vezes, impulsionam os indivíduos na competição internacional. As culturas nacionais não seriam

---

[5] Hall, 1999 e 2000; Bhabha, 1990.

INTRODUÇÃO   17

identidades substancialmente unificadas, mas uma unidade imaginada: as memórias do passado, o desejo de viver em conjunto, a perpetuação de uma herança, a história compartilhada. O grupo cria e conserva linguagens, códigos, imagens, eventos e personagens históricos, datas históricas; relaciona-se de uma forma particular com o meio ambiente, com outros grupos; estabelece o que o caracteriza, o que são as suas referências internas e externas. O grupo constrói discursivamente a própria imagem, inventa-se e passa a conviver com esse "espelho externo" como se fosse a própria essência. É a sua própria vida. Os termos "invenção", "imaginário", "construção narrativa" não querem dizer que a nação seja irreal. Pelo contrário, querem dizer que é uma realidade profunda, que envolve as mais viscerais paixões de um indivíduo. Aqui, a "traição" e o "desrespeito" à nação causarão dor e indignação aos seus membros, e os agressores, sobretudo os apóstatas, poderão receber um tratamento duríssimo. A grande utopia dessa identidade nacional histórica, sobre a qual se pensou e se falou de muitas formas, é o advento de um verdadeiro Estado-nação, o Estado como expressão da nação. uma *Nação-Estado*, que seria um encontro feliz, historicamente construído, entre a organização política e a cultura nacional popular.

Todavia, essa utopia da verdadeira *nação-Estado* parece não mobilizar mais. A crise de identidade trazida pela globalização é perceptível sobretudo nessa dimensão nacional. A globalização atingiu profundamente tanto o "nacionalismo" expansionista dos Estados-nações, quanto o "sentimento nacional íntimo" das culturas nacionais. A globalização desintegra as culturas nacionais ao ocidentalizá-las. Elas estão perdendo a sua privacidade e intimidade, seus códigos, linguagens e referências locais. A globalização atravessa as fronteiras culturais, alterando a organização do espaço-tempo nacional. No mundo interconectado, diminuem as distâncias entre os povos. Os eventos têm impacto sobre todo o mundo, alterando as imaginações nacionais locais. O "sonho compartilhado" dos grupos nacionais sofre interferências e manipulações externas. Há afrouxamento de fortes identificações com a cultura nacional. As identidades se tornam desvinculadas de tempos, lugares, histórias, tradições específicas. Há uma homogeneização cultural que atinge todo o planeta. O Ocidente está em toda parte. A globalização é a radicalização do processo civilizador ocidental, que gera uma nova articulação entre o global e o local. Não há quase mais alteridade absoluta, com as muitas migrações para o centro. O Ocidente não é mais puro. A miscigenação o atingiu e os brancos estão ficando em minoria. Contudo, há forte resistência das nacionalidades locais a esse processo de ocidentalização. O efeito da globalização é duplo e ambíguo: por um lado, ela é desejada, pois traz a "modernidade"; mas, por outro, estimula os nacionalismos culturais locais. Ao lado da homogeneização modernizadora, há um fascínio pela diferença e há mercantilização do exótico. Há um interesse maior pelo que é local e tradicional, e o sonho da identidade nacional se fortalece e até se torna delírio na resistência à invasão dos valores e linguagens externas.[6]

Quanto ao Estado-nação, a globalização o está desmontando gradualmente. No final do século XX e início do século XXI, a tendência é a substituição do Estado-nação por blocos, por "Estados unidos", seguindo o exemplo da confederação americana. As economias não são mais nacionais. A revolução tecnológica nas comunicações, o livre deslocamento do capital no planeta, as migrações maciças tornaram impossíveis as nações do século XIX. As revoluções comunistas do século XX foram antinacionalistas. As economias dos Estados estão dominadas pelos investimentos estrangeiros, sobretudo a dos Estados Unidos. Os mercados internos estão internacionalizados e a dependência econômica é recíproca. Pós-45, o mundo foi bipolarizado em torno de duas superpotências, que deixaram de ser Estados-nações para se tornarem líderes de hemisférios. A política da revolução/contrarrevolução estava acima das questões nacionais. O papel dos Estados-nações deixou de ser central. Os partidos xenófobos nacionalistas, depois das experiências fascistas, são temidos e não ganham eleições. A língua comum não define mais a nacionalidade. Se o século XIX foi o da construção das nações, a história do final do século XX é a da sua desestruturação. A organização do planeta tornou-se supranacional. O conceito de "identidade nacional" refere-se, agora, quase exclusivamente às culturas locais, que, em sua resistência à homogeneização cultural global, tendem à multiplicidade, à singularização e não à centralização. A tendência à micropolítica da identidade atingiu também as identidades nacionais. A nação se separou do Estado, pois as negociações no mercado mundial, a busca da "modernidade", exige menos homogeneidade, maior flexibilidade e redefinição permanente de valores, atitudes e posições.[7]

Portanto, a "redefinição" ou a "crise" da identidade ocidental está afetando sobretudo a sua dimensão nacional. Há uma dupla recusa: da imposição, pelo Estado-nação, de uma homogeneidade cultural e da dimensão macro das identidades. A globalização também é denunciada por criar uma cultura planetária homogênea, o que estimula a diferenciação radical das culturas locais. As organizações supranacionais, como a Comunidade Europeia, procuram não mais homogeneizar culturalmente os seus membros, mas intensificar e explorar as suas singularidades. A utopia pós-nacionalista seria a de uma organização política global, que permitisse e até estimulasse ao extremo a diferenciação local e até individual. No limite, os indivíduos desejam ser cidadãos do mundo, membros da humanidade, livres de hinos, bandeiras, valores e tradições compartilhadas. Para Guattari (1986), os conceitos de "cultura" e de "identidade cultural" tornaram-se profundamente reacionários e sempre que os utilizamos veiculamos modos de representação da subjetivida-

---

[6] Hall, 1999 e 2000.

[7] Hobsbawm, 1990; Hall, 1999 e 2000.

de que a reificam. Em vez dessas subjetividades reificadas, dessas identidades nacionais, ele propõe que se aborde processos moleculares de subjetivação, que se enfatize os microprocessos de singularização.

Para Guattari, identidade e singularidade são duas coisas distintas: a singularidade é um conceito existencial; a identidade é um conceito de referenciação, de circunscrição da realidade a quadros de referência. A identidade é aquilo que faz passar a singularidade de diferentes maneiras de existir por um só e mesmo quadro de referência identificável. Falamos uma língua que 100 milhões também falam, mas a falamos de modo completamente singular. As coordenadas sócio-históricas não suprimem esse processo de singularização. O que ele chama de processos de singularização: poder simplesmente respirar e viver em um lugar, com meu ego, meus sentimentos, e ficar ou ir embora, se quiser. Para ele, essa singularização da vida não tem nada a ver com "identidade" e muito menos com "nacional". Assim, para ele, essa crise de identidade ocidental deve ser vista como uma nova política de identidade, que não significaria perda, sofrimento, errância, mas uma libertação. Contudo, seria "livre" uma subjetividade à deriva, isolada, solitária, sem estímulos, vínculos, redes, sem referências culturais próximas e externas, isto é, sem a solidariedade de um "espírito nacional"? A meu ver, toda essa redefinição da identidade está ocorrendo apenas pela necessidade de uma melhor adaptação das nações e dos indivíduos ao mercado neoliberal mundial, e não estamos desembarcando em nenhuma "utopia da liberdade".

As identidades do Brasil 1 e 2

Até aqui, julguei necessário apresentar algumas breves notas sobre o conceito de identidade, sobre a história desse conceito no Ocidente e, particularmente, sobre a crise atual da sua dimensão nacional, para perguntar: essa crise de identidade já nos afeta tanto quanto as nações centrais? Hoje, a nação seria um tema em declínio também no Brasil? Se já tivermos superado também a ideia de Estado-nação, como estaríamos construindo a nossa identidade nacional? Estaríamos ainda precisando do tradicional Estado-nação para coordenar e impulsionar o desenvolvimento capitalista interno integrado à globalização, ou já estaríamos nos fragmentando e nos multiplicando em micronações e sonhando com a confederação americana? A utopia da verdadeira *nação-Estado* ainda nos mobilizaria ou não? Como se daria, hoje, a relação entre a cultura nacional, a identidade nacional brasileira popular, íntima, afetiva, com os interesses pragmáticos do Estado-nação? Como a vida brasileira se autorrepresentaria e se narraria, hoje? Estaríamos vivendo uma crise de interpretação da história brasileira?

Penso que vivemos, sim, uma crise de interpretação da vida brasileira. As redefinições mencionadas transformaram o conhecimento histórico, e os historiadores, voltados também para as dimensões micro e locais, não produzem mais grandes configurações narrativas da identidade nacional. Minha hipótese: as duas utopias, a da *nação-Estado* e a da cidadania global, coexistem no Brasil. Mas a utopia da *nação-Estado* me parece mais próxima, mais ao nosso alcance, dependendo mais das nossas ações. Precisamos ainda de uma nova *nação-Estado* para impulsionar e coordenar a nossa integração ao capitalismo mundial, protegendo a população brasileira da exclusão, da desigualdade social e da violência interna e externa próprias do capitalismo. Há o sonho da confederação americana e até de uma organização mundial das nações, mas parece mais distante, dependendo de duros confrontos e difíceis alianças com outras identidades. E quando se realizar, nós nos integraremos à humanidade com a nossa história, com o nosso passado (re)elaborado pelos intérpretes do Brasil. É possível que os discursos da nação permaneçam apenas como um momento, uma época, em que a vida brasileira se dava sentido e se representava assim. Mas, por enquanto, estão ainda valendo e é melhor discuti-los para nos (re)conhecermos e nos integrarmos melhor à futura organização mundial da humanidade, pois o que quer que aconteça ao Brasil, acontecerá a cada um dos brasileiros.

Meu ponto de vista é o da teoria e história da historiografia brasileira, e essas questões me levaram a reler os clássicos da historiografia brasileira. A historiografia brasileira construiu os paradigmas teórico-metodológicos e as teses, enfim, os discursos mais racionais que permitem discutir *as identidades do Brasil*. A história é o discurso que representa as identidades de indivíduos, de grupos e nacionais, e a crítica historiográfica é a própria "vida do espírito" de uma nação. Os europeus têm bibliotecas repletas de obras com o seguinte conteúdo: "Platão disse isto", e repete-se e comenta-se o que Platão disse, "Aristóteles, Descartes, Hegel, Marx, Ranke, Febvre, Braudel disseram isto", e repete-se e comenta-se incansavelmente o que filósofos e historiadores, os intérpretes da identidade europeia, disseram. Na verdade, não se trata de repetir apenas, mas de "repetir reflexivamente", de "reconstruir criticamente", de reavaliar e retransmitir os pensamentos que construíram as imagens das nações europeias e as orientaram em sua ação. A cada comentário historiográfico, as linhas que dão forma às identidades, que tendem a se apagar, são redesenhadas e reforçadas. Os europeus têm milhões de livros que reescreveram e (re)construíram as identidades europeias. Não se pode ignorar a importância da contribuição desses estudos para o sucesso europeu. No Brasil, essa "vida do espírito" é tão miserável quanto a vida material. Os estudos filosóficos são completamente aculturados e, quanto à historiografia, temos pouquíssimos "Frei Vicente do Salvador, Varnhagen, Nabuco, Bomfim, Euclides, Sérgio Buarque, Faoro, Furtado disseram isto" sobre a vida brasileira. E não se pode ignorar o peso da falta desses estudos para as nossas dificuldades na obtenção do sucesso.

Por isso, com satisfação, considero meus estudos sobre as identidades do Brasil uma boa contribuição para a vida brasileira. Meu trabalho é como o das bactérias e do alambique sobre a cana-de-açúcar: uma destilação do

INTRODUÇÃO 21

espírito brasileiro. Faço uma rememoração do nosso pensamento histórico que vai além da mera reprodução: é uma metabolização. Ecoo e faço vibrar as múltiplas vozes do Brasil. No primeiro volume, intitulado *As identidades do Brasil, de Varnhagen a FHC*, publicado em 1999 (8. ed. em 2006), fiz uma viagem de 120 anos pelo pensamento histórico brasileiro, pousei em seus pontos mais altos, olhei o Brasil dos seus "mirantes" mais clássicos. Reconstruí os paradigmas do pensamento histórico brasileiro, as matrizes que tornaram o Brasil pensável. Os leitores tiveram acesso a uma visão ao mesmo tempo ampla e diferenciada dos modos pelos quais a nação brasileira se autorrepresentou e dos problemas e soluções que se colocaram de 1850 a 1970. E conheceram a história da escrita da história brasileira, lendo os historiadores e as obras que se tornaram clássicas, referências permanentes para a prática histórica. Expus ali as visões do Brasil de Varnhagen, Gilberto Freyre, Sérgio Buarque de Holanda, Capistrano de Abreu, Nelson Werneck Sodré, Caio Prado Jr., Florestan Fernandes e Fernando Henrique Cardoso.

Dando prosseguimento ao primeiro volume, apresento agora este *A favor do Brasil: direita ou esquerda?*, dedicado à discussão das "identidades do Brasil (anos 1930), de Pedro Calmon a Manoel Bomfim", passando por Afonso Arinos de Mello Franco e Oliveira Vianna. Esses autores interpretaram a "civilização brasileira", construíram uma intriga da história brasileira, com princípio, meio e fim, com origem, sentido, significado. Eles fizeram um retrato de corpo inteiro do Brasil em suas obras *História da civilização brasileira* (Calmon, 1933), *Conceito de civilização brasileira* (Arinos, 1936), *Evolução do povo brasileiro* (Vianna, 1923) e *O Brasil nação* (Bomfim, 1931). Vou expor o mais clara, redonda e criticamente possível as visões do Brasil desses autores nessas obras. Seguirei a mesma ordem do primeiro volume: primeira parte, interpretações do descobrimento do Brasil e, segunda parte, interpretações do redescobrimento do Brasil. Diferentemente do primeiro volume, os intérpretes não se sucederão em ordem cronológica, mas em ordem ideológica, pois as obras analisadas são todas dos anos 1930. O leque das interpretações analisadas vai da extrema direita à rebeldia mais radical. As interpretações da "direita" serão representadas por Pedro Calmon, Afonso Arinos e Oliveira Vianna, cada um mais conservador do que o outro; a interpretação da "esquerda" será uma única, a de Manoel Bomfim, que procura demolir as primeiras, por um lado, racionalmente, em seus apoios teórico-metodológicos e em suas principais teses e, por outro, furiosamente, em suas propostas políticas e formas de agir. Mas, o que importa é que todas elas informam sobre o Brasil e, do ponto de vista teórico, historiográfico e político, são todas absolutamente importantes, pois sem elas não se compreende a vida brasileira. É necessário passar por todas, discuti-las sem receio ou nojo, pelo menos em um primeiro momento, para se construir uma "identidade complexa", isto é, uma escolha feita com o conhecimento das alternativas. E na medida em que a escolha passa pelas alternativas para se tornar escolha, ela integra virtualmente em si as alternativas e se reconhece melhor como escolha.

Nos anos 1930, e nesses autores em particular, a ideia nacional era uma exacerbação, uma radicalização. Os historiadores pensavam a identidade nacional brasileira na perspectiva essencialista e construíram fantásticas fábulas e mitos nacionais. Para os intérpretes do Brasil, à direita e à esquerda, havia uma alma, um espírito, uma unidade virtual brasileira, que procurava se organizar, se integrar e se realizar. Eles falavam de uma "brasilidade em si" hegelianamente em busca do autoconhecimento e da liberdade. Então, pode-se falar de uma identidade nacional brasileira? Pode-se falar sim, e dela se falou e se fala muito. Hoje, não se pode falar mais da brasilidade enquanto tal, mas pode-se discutir sobre o que queriam dizer os que falaram dela, pois as suas narrativas fazem parte da nossa busca de autorreconhecimento. Minha perspectiva não é a da nação em si, mas a da nação da qual se fala. Analiso os dizeres, os discursos históricos que "inventaram a nação", as representações narrativas da identidade brasileira, e refletindo sobre a sua repercussão sobre a vida brasileira. Os historiadores sempre falaram da nação e a descreveram e a interpretaram de inúmeras formas. Os discursos essencialistas, os tomarei apenas como discursos. Vou "desessencializá-los". Falarei das representações históricas da nação brasileira com fidelidade, apego e emoção, mas longe de qualquer chauvinismo ou xenofobia fascistas. Para mim, como para Hall, falar de si mesmo, construir discursos sobre a própria identidade, é freudianamente fundamental para a construção de sentidos que nos ofereçam uma "posição de sujeito". Procurando se integrar, se organizar, para agir, a vida brasileira se narrou de múltiplas formas e ao se narrar se autorreconheceu, se "identificou".

Ao reunir essas visões do Brasil, ao coordenar essa "falação" sobre a identidade nacional brasileira, minha intenção é criar uma supernarração, construída de várias sínteses, uma síntese de sínteses, uma macrointriga complexa e virtual, construída de discursos divergentes que, ao se entrecruzarem no espírito do leitor, referindo-se ao mesmo objeto — a vida brasileira —, lhe ofereçam uma máxima visão crítica de si mesmo. Este macroespelho, um espelho de espelhos, nos permitirá comparar nossas imagens, relativizá-las, dissolver conteúdos adoecidos em palavras e imagens-nódulos e substituí-los por palavras e símbolos novos e vivificantes. Há uma organicidade nesses estudos, que não só superpõem as interpretações do Brasil, mas as tecem e entretecem, colocando-as em diálogo. Este texto é um intertexto, uma hipernarração do Brasil. Não estou oculto e apenas reproduzindo outros textos: recorto, organizo, problematizo, coordeno, sintetizo. Estou presente na estrutura e no sentido global do livro, que oferece uma leitura própria, minha, do Brasil. Com este meu "romance brasileiro", desejo ampliar e intensificar nos leitores o sentimento e a consciência de pertença ao mundo brasileiro, sem falar de uma "brasilidade como tal". Quero oferecer-lhes a emoção de quem examina o álbum de fotografias da própria família. De foto em foto, de época em época, o leitor verá a vida brasileira representada nas técnicas e conceitos fotográficos, vai descobrir o que era foco e o que era margem, como as pessoas se deixavam fotografar, o que era uma pose e o que cada tipo de fotógrafo-historiador considerava importante para ser registrado. Fechado o álbum, visto e discutido na companhia de outros brasileiros, numa sala de aula, num grupo de estudos, talvez, os leitores irão pensar e sonhar sobre a vida em geral, sobre as experiências da vida brasileira; irão se lembrar e se emocionar com a própria experiência; vão se reconhecer e, sobretudo, começarão a planejar a continuidade que irão querer dar a essa sequência de imagens. Ao se situarem em uma ordem de imagens que eles próprios redesenharão, selecionando entre as fotos as melhores, as mais belas, as mais vivas, as mais fortes, as mais contundentes, as mais pungentes, as mais críticas, os leitores vão querer dar continuidade a essa "vida brasileira" e assumirão uma "posição de sujeito". A autointerpretação, a construção da própria imagem, o ver-se no espelho da linguagem é o primeiro passo para quem quer agir.

Para refletir e agir sobre a vida brasileira hoje, portanto, é preciso refazer o itinerário das suas autorrepresentações. Deve-se acolher como um sinal de alerta o comentário de Guattari sobre a oposição entre "identidade" e "subjetividade". Para mim, essa oposição pode ser superada. O discurso da identidade não deve se opor à subjetividade, mas tomar-se a sua elaboração, o próprio discurso da subjetividade, ao oferecer-lhe uma imagem que a estimule a encontrar as boas estratégias e motivos para viver. É isso que Hall quer dizer com "posição de sujeito": uma subjetividade que se reconhece, passa a se autorrespeitar e torna-se capaz de agir em defesa da sua expressão viva e plena. O discurso sobre a identidade não pode reificá-la e cristalizá-la, dessubjetivando-a. Por isso, é importante construir a nossa identidade com todos os discursos já articulados sobre ela, para vê-la sob todos os ângulos e impedir que um ângulo queira autoritariamente se cristalizar como a visão global e definitiva. Não há discursos definitivos, absolutos. A tarefa discursiva é freudianamente interminável, pois a subjetividade viva se retoma e se reconstrói permanentemente. Os discursos devem se multiplicar e se referir, concomitantemente, uns aos outros, criando uma unidade complexa, mas reconhecível, que permita à subjetividade ao mesmo tempo se reter e reiniciar a sua experiência. Em cada presente, os brasileiros se autorrepresentaram articulando a sua experiência e a sua expectativa. A retomada desses discursos dos anos 1930, e dos outros do primeiro volume, poderá apoiar os brasileiros tanto na construção do discurso que os represente no início do século XXI, quanto no que poderá representá-los no momento em que a "questão nacional" se tornar coisa do passado.[8]

---

[8] Guattari, 1986.

As reflexões de Reinhart Koselleck e Paul Ricoeur, embora não tratem diretamente desse assunto, podem servir de orientação para minha teoria da construção da identidade nacional pela historiografia. É baseado nesses autores que penso a construção do discurso da subjetividade nacional. A sua teoria do conhecimento histórico pode revelar como os historiadores constroem os discursos da identidade e como as suas narrativas da nação nutrem os seus leitores na reconstrução da própria imagem. Para Koselleck (1990), o historiador, ultrapassando seu próprio vivido e lembranças, mergulha no passado guiado por questões e desejos, esperanças e inquietações do presente. O que estrutura a sua representação do passado são as categorias "campo da experiência" e "horizonte de espera (expectativa)", que não são ligadas à linguagem das fontes. São categorias formais, categorias do conhecimento, que tornam possível a história. O par "experiência-espera" é imbricado nele mesmo e não põe outra alternativa. Não se pode ter um termo sem o outro. Não há espera sem experiência e vice-versa. Para ele, sem essas categorias a história não seria pensável. A sua tese: "experiência" e "espera" são duas categorias formais que, ao entrecruzarem passado e futuro, "fazem aparecer" o tempo da história. Elas estão também no domínio empírico da história, pois a história concreta se realiza no cruzamento de certas experiências e de certas esperas. Mas, essas duas noções são formais e oferecem o próprio conhecimento histórico. Elas reenviam à temporalidade do homem e, de forma meta-histórica, à temporalidade da história. Uma definição do tempo histórico se pode deduzir da coordenada variável entre experiência e espera.

Portanto, "campo da experiência" e "horizonte de espera", para Koselleck (1990), são as duas categorias meta-históricas que possibilitam o conhecimento histórico. O "campo da experiência" é o conjunto da "experiência vivida", é o passado recebido pelo presente, cujos eventos foram integrados e podem ser rememorados. Nessa rememoração, encontram-se elaboração racional e comportamentos inconscientes. O "horizonte de espera" é um futuro atualizado, que tende ao que não é ainda, ao que não é do campo da experiência. A esperança e o temor, o desejo e a vontade, a inquietação e a análise racional, a contemplação receptiva ou a curiosidade, tudo isto constitui a espera. Apesar de suas relações no presente, esses conceitos não se completariam simetricamente, ordenando um em relação ao outro, em espelho, o passado e o futuro. Experiência e espera são diferenciadas. A espera não se deixa deduzir da experiência vivida, passado e futuro não se recobrem. A presença do passado é outra que a do futuro. Mas não são conceitos antônimos. São seres dessemelhantes. Uma não se deixa transpor na outra sem que haja ruptura. Aquele que acredita poder deduzir sua espera da experiência se engana. Mas quem não funda sua espera na experiência se engana também, pois estaria bem mais informado.

Há aqui uma aporia que só se resolve à medida que o tempo passa. A diferença revelada por essas categorias reenvia a uma característica estrutural

INTRODUÇÃO 25

da história: o futuro não é o resultado puro e simples do passado. Mas o tempo traz conselhos, e experiências já feitas podem se modificar com o tempo. Experiências se recobrem e se impregnam mutuamente. E novas esperas se inserem retrospectivamente. A experiência não pode ser recolhida sem uma espera retroativa, e a espera é impossível de ser apreendida sem a experiência. Atravessar o horizonte de espera é criar uma nova experiência. É a tensão entre experiência e espera que suscita soluções novas e que engendra o tempo humano. Essa tensão tem a estrutura do prognóstico: o possível do prognóstico é deduzido dos dados do passado. As experiências liberam prognósticos e os orientam. Mas há alternativas além da experiência. Um prognóstico abre assim esperas que não são deduzidas da experiência vivida. Portanto, não é concebível uma relação estática entre "campo da experiência" e "horizonte de espera". Elas constituem uma diferença temporal em um presente, na medida em que imbricam um no outro, de forma desigual, passado e futuro.[9]

Essa estrutura da temporalidade histórica descrita por Koselleck pode ser encontrada nas leituras e reconstruções das interpretações do Brasil. Na verdade, a sua descrição da temporalidade histórica ajusta-se com precisão aos discursos aqui reunidos. Em cada presente, 1850, 1930 ou 1970, o "campo da experiência" brasileira foi reinterpretado de uma forma específica e modificado por um "horizonte de espera" novo, que estimulou a sua retomada. A representação da história se dá na direção do futuro para o passado: um presente que quer viver no futuro, que sonha e faz planos, retraça e repensa o seu passado. O passado nunca é visto da mesma forma, mas sempre reescrito em função do sonho-expectativa do presente. A história, assim, como ciência, percepção e sonho, serve à vida, orienta nas escolhas e decisões, sem se reduzir a um "controle do passado" e a uma "tecnologia" da ação. Para mim, Koselleck elaborou a teoria da operação realizada pelos historiadores na construção da identidade nacional brasileira. Minha apropriação da sua teoria estará implícita na reconstrução que farei das obras analisadas. Não a explicitarei durante o estudo das obras, mas o leitor atento compreenderá melhor o que fiz se souber que procuro seguir essa orientação teórica.

Paul Ricoeur, em seu *Tempo e narrativa*, esclarece ainda melhor o modo como vejo a construção da identidade pela operação narrativa da história. Ricoeur vê nas intrigas que inventamos, nas que os autores aqui analisados criaram, o meio privilegiado pelo qual configuramos nossa experiência vivida confusa, informe e, no limite, muda, atribuindo-lhe um sentido que impulsiona e guia a ação. A narrativa histórica, em Ricoeur, não é uma teoria

---

[9] Koselleck, 1990.

do tempo, mas a sua construção poética, que oferece o "reconhecimento da experiência vivida". A tese maior de Ricoeur (1994):

> o tempo torna-se tempo humano na medida em que é articulado de maneira narrativa. A narrativa é significativa na medida em que ela desenha os traços da experiência temporal. Esta tese apresenta um caráter circular (...) a circularidade entre temporalidade e narratividade não é viciada, mas duas metades que se reforçam reciprocamente.

A intriga é *mimese*, uma imitação criadora da experiência temporal, que faz concordar os diversos tempos discordantes da experiência vivida. A intriga agencia os fatos dispersos em um sistema. Ela é uma composição, uma produção, uma atividade, uma construção do historiador, que unifica a dispersão da experiência. A intriga é uma configuração do vivido. A vida brasileira é múltipla, os eventos são únicos, as épocas são distantes entre si, os personagens disseram apenas o que queriam dizer, as sociedades regionais são desconectadas, a República não tem qualquer relação com a Colônia. A "experiência vivida" brasileira parece intocável, inapreensível, mas os historiadores conseguem criar um "efeito de sentido" ao organizarem essa dispersão, ao reunirem essas diferenças na totalidade de uma intriga.

Por que haveria interesse na narrativa histórica? Por que esses discursos sobre a identidade nos interessariam? Para Ricoeur (1994), pelo prazer de reconhecer as formas do nosso tempo vivido. A narrativa histórica interessa a todos os homens, pois faz surgir o inteligível do vivido acidental, o universal do fato particular, o necessário ou verossímil do evento episódico. A atividade mimética compõe a ação quando instaura dentro dela a necessidade. Ela faz surgir o universal. Para Ricoeur, os historiadores procuram por lucidez onde há perplexidade. A intriga é uma imitação da ação, uma organização e agenciamento dos fatos da experiência. Essa imitação não é uma cópia, uma réplica idêntica da ação. A narrativa não coincide ingenuamente com o real, não representa o que de fato ocorreu. Ela é uma construção do historiador. Ela é uma representação construída pelo sujeito e se aproxima da ficção. O que controla esse seu caráter ficcional, além da documentação que a fundamenta, é o fato de a atividade mimética não terminar na obra de história. Ela se dirige e se realiza no espectador ou leitor. Ela retorna ao vivido. A refiguração ou reinvenção da intriga é produzida pelo receptor, que se torna coautor. A compreensão narrativa articula uma atividade lógica de composição, o autor, com a atividade histórica de recepção, o público. O que realiza essa articulação: um prazer, o de aprender pelo reconhecimento. E uma necessidade, a de agir, de tornar-se sujeito e relançar a vida. É por isso que "o tempo torna-se tempo humano na medida em que é articulado na narrativa": a narrativa humaniza, ao oferecer o reconhecimento da experiência, ao oferecer um "rosto", uma imagem de si, uma "identidade subjetiva" aos que fruem dela. Apropriando-se da intriga abstrata, o receptor reencontra a si mesmo, a sua realidade vivida e o outro. Ele constrói a sua identidade e a distingue das identidades dos outros. Nela, ele encontra o prazer de distinguir cada situação e cada homem como sendo ele mesmo. O prazer da narrativa histórica é o de aprender pelo reconhecimento: "foi assim!", "sou assim!", "você faz assim!", "eles fazem assim!".

O prazer da catarse. O prazer do reconhecimento é ao mesmo tempo construído na obra e provado pelo espectador. O autor procura antecipar a recepção do leitor, implicando-o na obra. Mas a recepção dos leitores transcende qualquer expectativa do autor. O espectador ideal de Aristóteles é o "espectador implicado", capaz do prazer do texto, capaz de sofrer a catarse, de reviver as emoções que o texto articula. Mas, em Ricoeur (1994), a catarse que se realiza no espectador/leitor depende da sua apropriação, da articulação singular que faz entre o texto que recebe e a sua própria experiência vivida. A narrativa oferece-lhe uma contemplação da própria presença, e o receptor, vivendo a catarse, passa por uma "conversão". Ele tem uma "visão" de si mesmo, do mundo e do outro e das suas relações recíprocas. Ele tem a vidência da própria presença, ele reconstrói a sua imagem e a imagem do mundo. A catarse não é racionalista, mecânica, esquemática, tecnológica. Ela une cognição, imaginação, sentimento, ação. É uma emoção que desloca e movimenta a vida interna. É como um terremoto, que reacomoda as camadas geológicas da alma. O reconhecimento oferecido pela narrativa é o supremo bem: a percepção e o gozo da própria presença. Esta ganha forma, contornos e relevos, imagem e figura. O indivíduo se apropria de si mesmo e torna-se sujeito da sua vivência. O indivíduo se situa em seu mundo compartilhado, em sua cultura. A narrativa reorganiza, rearticula, ressignifica os sinais de uma cultura em que o autor e o espectador estão imersos. A obra histórica produz, faz circular, renova, transmite cultura, transformando a realidade social. A cultura humaniza porque é "tempo narrado-reconhecido", espelho da vida compartilhada, que transforma o sujeito e a sua ação.

Nessa perspectiva, os discursos sobre a identidade nacional brasileira dos intérpretes aqui analisados não se opõem aos processos de subjetivação, mas os ampliam e intensificam, dando-lhes forma e radicalizando as "posições de sujeito". E, para dissolver a "identidade reificada" em subjetividade, melhor do que uma única narrativa é uma orgia de narrativas. Nestes dois volumes sobre *as identidades do Brasil*, o leitor brasileiro, indo de uma a outra interpretação do Brasil, transitando pelas teses em conflito, pelas referências teóricas opostas e cruzadas, pelos projetos políticos em combate, tocando e entrando aqui e ali, ampliará e intensificará a sua catarse ao se perceber tão múltiplo e tão reconhecível. A difusa experiência vivida brasileira ganhará contornos, limites, imagens. A sua subjetividade não se reificará jamais, pois os discursos diversos se diluem reciprocamente, impedindo a sua cristalização em uma identidade fixa. Uma subjetividade que se constrói, se desconstrói e se reconstrói, que se expressa e dialoga consigo mesma, se autorreconhecerá sem precisar se fixar. E saberá distinguir os projetos de futuro disponíveis, fará escolhas reversíveis ou redefiníveis, pois não estará submetida a nenhum determinismo natural ou destino metafísico inexorável. *"O tempo torna-se humano quando é narrado"*: falar sobre as identidades brasileiras, discuti-las com todos os brasileiros e não somente com os da elite acadêmica, conversar sobre o que fomos e gostaríamos de ser, dialogar sobre as nossas experiências e possibilidades, isso estruturará a nossa subjetividade e nos tornará mais humanamente brasileiros. Essa discussão nos colocará em uma "posição de sujeito". O Brasil tem inúmeros grandes intérpretes das suas experiências históricas, que devem ser relidos, repensados e "destilados". As suas obras fazem parte do patrimônio da cultura brasileira e, consciente ou inconscientemente, repercutem e atuam sobre a vida brasileira. Os intérpretes do Brasil não estão empoeirados nas estantes das bibliotecas, mas, de alguma forma, vivos, nas ruas, nos gabinetes, nas escolas e universidades, na mídia, nas artes, no Exército, nos partidos, no Congresso, nos sindicatos, nas ONGs, nos governos, no Itamaraty, em todas as instituições e expressões brasileiras. Não seria melhor organizar esse debate, lendo, articulando e confrontando, com densidade e clareza, os discursos sobre a subjetividade brasileira, as interpretações vivas do Brasil?

Todavia, os alunos da disciplina "Interpretações Conservadoras e Interpretações Rebeldes do Brasil" que ofereci no Departamento de História da UFMG (2002/03), a quem agradeço pelos ótimos seminários e dedico este livro, especialmente aos meus bolsistas de iniciação científica (CNPq/Fapemig) Pedro Araújo Medeiros, Alessandra Soares Santos, Alex Alvarez, Sabrina Magalhães Rocha, Aline Magalhães Pinto e Thiago Lenine Tito Tolentino, me provocaram ironicamente: toda a bibliografia teórica que sustenta a minha discussão sobre as identidades do Brasil é estrangeira: Hall, Foucault, Chartier, Gellner, Hobsbawm, Bahbha, Guattari, Koselleck, Ricoeur e outros. Pode-se pensar adequadamente o Brasil com teorias estrangeiras? Não teriam sido produzidas para se pensar uma outra história, outras identidades? A minha reflexão sobre o Brasil não estaria sendo teleguiada e atendendo a outros interesses? Minha primeira reação, apenas reativa, foi: "o que é que tem?". Uma segunda reação: lembrei-me da clássica discussão sobre "as ideias fora/no/e o seu lugar", entre Roberto Schwarz, Maria Silvia de C. Franco e Fernando Henrique Cardoso, das reflexões de Sérgio Miceli sobre os intelectuais, de Alfredo Bosi sobre a *Dialética da colonização*, de Florestan Fernandes sobre a dependência intelectual, de Luiz C. Bresser-Pereira e Silviano Santiago sobre as interpretações do Brasil, de José Murilo de Carvalho e a sua obra, de Francisco Iglesias e Angela de Castro Gomes sobre os historiadores do Brasil, de Carlos Guilherme Mota e a *Viagem incompleta*, além da *Ideologia da cultura brasileira*, e de outros, e me perguntei se não seria melhor me apoiar em nossos autores. Mas não os esqueci, pois estão sempre direta ou implicitamente presentes.

Uma terceira reação: é inevitável e desejável recorrer a autores estrangeiros, pois nossa identidade é neoeuropeia e nosso esforço é de nos incluir na história da civilização ocidental. Não quero assumir uma posição chauvinista e xenófoba. Fiz minha pós-graduação na Europa, aprendi muito e não sou ingrato. Os europeus e americanos têm também os seus antiamericanos e anti-imperialistas, que os olham com nossa "carranca de vencido", que também faz sucesso lá, incomodando a sua consciência cristã e iluminista e forçando-os a se repensarem e a reformularem a sua ação. Recebo esses autores estrangeiros como aliados e os ressignifico para pensar adequadamente a nossa história. Eu me "aproprio" deles, tornando-os meus, próprios. Uma quarta reação: não consigo pensar a história sem o apoio da filosofia, e os europeus não são os únicos, mas são excelentes filósofos. Faço o que Croce denominava uma "filosofia-história", que não é a filosofia da história, mas uma história que associa pensamento e ação. Finalmente, resignado, uma quinta reação: nos filmes de vampiro, a vida dos personagens se divide em antes e depois da mordida. Nós, brasileiros, já estamos depois da mordida do vampiro e olhamos para o mundo e para nós próprios com aquele olhar dominado pelo olhar do mestre, com aqueles caninos longos, ansiosos para beber o sangue de populações cada vez maiores no mercado mundial. Neste trabalho, sou como aqueles "vampiros infelizes", que, como Manoel Bomfim, procuram se lembrar do tempo anterior à mordida e se perguntam no que poderiam ter se tornado sem ela e refletem sobre o que farão agora, já que a sua condição é irreversível e precisam aceitá-la como normal e integrar-se ao castelo global.

PARTE I

O Descobrimento do Brasil

Civilização Brasileira e Otimismo Ultraconservador (ingênuo):
Pedro Calmon e a visão romântica e cristã da nação brasileira

Pedro Calmon, o aristocrata da interpretação construtiva do Brasil

Pedro Calmon Moniz de Bittencourt nasceu em 1902, em Amargosa (BA), e morreu em 1985. Calmon se referia à sua cidade natal como "minha doce Amargosa", oximoro que pode ser estendido à sua visão da história brasileira. Ele pertencia às aristocracias baiana e mineira, ligadas à administração central, provincial e municipal do Império e da República. Seus antepassados distantes eram nobres franceses, católicos perseguidos, que fugiram da França para Portugal. Ele fez ginásio e direito na Bahia e no Rio de Janeiro e tornou-se professor secundário e universitário, jornalista, diplomata, deputado, ministro. Não era um historiador profissional, mas conhecia muito da história do Brasil. Foi deputado pela UDN-BA, professor e diretor da Faculdade de Direito do Rio de Janeiro e reitor da Universidade do Brasil. Foi ministro da Educação, de 1950 a 1951, no governo Eurico Gaspar Dutra. Tornou-se membro da Academia Brasileira de Letras a partir de 1936. Desde 1931, foi membro, orador e presidente do Instituto Histórico e Geográfico Brasileiro, para ele, a casa da memória brasileira. Foi professor *honoris causa* das universidades de Coimbra, Nova York, Equador e Buenos Aires. Pedro Calmon, hoje pouco conhecido na universidade, pouco estudado e analisado, em sua época, gozava de muito prestígio acadêmico e político.

Em 1964, reitor da Universidade do Brasil, impediu a entrada dos policiais do Dops no *campus* para prender estudantes com a famosa e corajosa tirada "aqui, só se entra com vestibular", que é bom lembrar, não por ela, mas pelo episódio, que mostra como a universidade, hoje abandonada por seus aliados de ontem, foi forte na luta contra a ditadura. Vale lembrar: hoje, uns abandonados e outros desaparecidos, foram os estudantes e professores das universidades federais e paulistas, e os sindicalistas, que enfrentaram a polícia dos militares nas ruas e nas salas de tortura! E até Pedro Calmon se sensibilizou com esse combate das universidades pelo retorno à democracia (a luta era por este neoliberalismo cruel, corrupto e subserviente? Somos mesmo um "povo vencido", obrigado a pagar pesado tributo ao vencedor para que nos deixe existir, para que não nos invada ou asfixie econômica e politicamente?). Como historiador, sua obra não provocou polêmica e controvérsia agressiva, embora ele tenha sido considerado pela historiografia universitária, tecnicamente, um mau historiador e, politicamente, um "perigoso conservador, elitista, reacionário". Foi contestado, pois muitos não aceitavam o seu gênero de história, os seus métodos. Ele foi hostilizado pelos marxistas. Mas os seus amigos intelectuais o viam como um homem afirmativo, cordial e pacífico. Era um professor brando, conciliador, evasivo. Se não resolvia, dissimulava os problemas. Como orador, encantava, hipnotizava, como um pregador no púlpito. Dizem que sabia tudo sobre o Brasil. Para Freyre, Calmon "tinha a espada na língua". Era um artista da língua portuguesa, escrita e falada, apoiado em vasta erudição histórica e jurídica. Freyre o considerava o seu grande mestre.

A sua obra de historiador é ao mesmo tempo múltipla e de síntese. Ele teve curiosidade por muitos temas e áreas da história do Brasil e escreveu dezenas de obras, sem contar os prefácios, as colaborações em jornais. Não deixava de escrever um só dia, o que resultava em volumes e volumes! Destacam-se as suas sínteses da história brasileira, como *História de Pedro II* (cinco volumes), *História do Brasil* (sete volumes), *História social do Brasil* (três volumes), *História da civilização brasileira* (1933), *História da Bahia* e as biografias de membros da família real e de grandes poetas brasileiros, como *d. João VI, d. Pedro I, d. Pedro II, princesa Isabel, Castro Alves, Gregório de Mattos* e a do seu tio *Miguel Calmon*. Para Wehling, seu sucessor na presidência do IHGB, Calmon "escrito e ouvido era o mesmo: fluente, retórico, rebuscado, culto, documentado, bem-humorado, tolerante, benevolente com equívocos e até injustiças! Era um 'fidalgo'". Para Arinos, ele foi o último "fidalgo brasileiro".[10]

Autor de obra histórica tão volumosa, como Calmon entendia o trabalho do historiador? Freyre via a sua história mais descritiva, mais neutra, objetiva, descomprometida com ideologismos. Para Freyre, Calmon tinha o afã da "objetividade" e não era um estuprador de inteligências jovens. Não impunha opções ideológicas aos jovens. Ele ao mesmo tempo buscava a objetividade e lutava pela brasileiridade. A objetividade, em Calmon, não queria dizer imparcialidade científica supranacional. Ele era nacionalista, defendia a cultura nacional, e sua obra contribuiu para a afirmação da criatividade e da originalidade do pensamento brasileiro. Ele tinha predileção pela história imperial, à qual estava pessoalmente ligado, tinha muitos documentos, além da memória oral. Conservador, para alguns intérpretes, ele

---

[10] Doyle, 1986; Wehling, 1999; Franco, 1986.

até se esforçava para compreender a visão dos vencidos, mas não podia concordar com os rebeldes de 1817, 1824, farroupilhas, praieiros. Calmon é acusado de antipatia com os revoltosos. Isso não é inteiramente verdade, pois se ele se opôs às rebeliões do Império, era empático com os rebeldes coloniais. Ele é acusado de falta de perspectiva filosófica em sua visão da história. Isso também não é verdade, pois, a meu ver, é impossível não ter uma visão filosófica da história. Ele é acusado de pouca técnica de pesquisa, mas poucos conheciam tanto a documentação sobre a vida brasileira. Agora que a história política e cultural volta a ser valorizada e de forma ultraconservadora, com valores flexíveis e bem escrita, seus admiradores esperam que Pedro Calmon talvez possa voltar a ser considerado um dos grandes historiadores do Império brasileiro, com Joaquim Nabuco, Oliveira Lima, Tobias Monteiro e Heitor Lima.[11]

Para Wehling (1999), Calmon se situava na tradição historista de Ranke, Herder, Herculano, Varnhagen. O conhecimento histórico teria, em Calmon, um duplo compromisso: como ciência, com a verdade histórica; como cultura, com a memória histórica como instrumento de identidade de uma nação. Para ele, a história é ao mesmo tempo ciência e memória. O conhecimento histórico que reúne verdade e memória consolida a identidade nacional. Esse duplo compromisso da história, para ele, não é antinômico. A ideia de nação ou pátria é um fio condutor que garante a verdade da narrativa histórica. Para mim, Calmon tornava "verdade" uma memória, legitimava poderes com a documentação histórica, envolvia o historiador na defesa de uma ordem política tida como "verdadeira", isto é, incontestável, indiscutível, que deveria permanecer inalterada e estável. Sua obra não era "objetiva", nem poderia ser. Nenhuma obra histórica é objetiva, e todos que pretenderam fazê-la se enganaram. Julgo que associar verdade e memória é perigoso, pois a memória múltipla é homogeneizada, soldada em uma memória única, dissolvendo-se a pluralidade dos sujeitos históricos. Calmon julga o passado, os acontecimentos, pessoas, instituições, defendendo uma ideia de civilização, de cultura, de nação, e imagina que a memória que defende coincide com a verdade histórica e está garantida pela ciência.

A verdade histórica, para ele, se apoia na fidelidade documental e no argumento persuasivo. A verdade histórica coincide com a continuidade da memória. Mas qual memória será a "verdadeira": a da nação ou a do Estado? Ele hesita e se divide. Sua história política comemorativa, que associa verdade e memória, primeiro quis contribuir para a construção da nação e, após a Independência, para a construção do Estado. Sua *História da civilização brasileira* pode ser dividida em dois momentos: no primeiro, que vai do descobrimento até a chegada da família real, um primeiro Calmon faz o

---

[11] Freyre, 1986; Lacombe, 1986.

elogio da luta da nação brasileira pela autonomia; após 1808, um segundo Calmon passa a fazer a história da família real, do Estado contra a nação. Ou melhor, passa a confundir o sucesso da nação com a estabilidade do Estado, reduzindo a nação à Monarquia. O segundo Calmon foi fiel à tradição dos "descobridores do Brasil", especialmente a Varnhagen, para quem o Estado é o sujeito da história brasileira e seus documentos é que interessam ao historiador. A memória da nação é reduzida à memória do Estado. A função da história seria elaborar e consolidar a identidade nacional, fundindo história e memória, ciência e valores éticos, impondo à nação a memória do Estado.

Contudo, Calmon era ambíguo e se dividia entre a nação e o Estado. Sua história não se restringiu ao Estado e às fontes oficiais. Ele produziu também uma "memória da nação". Em sua *História social do Brasil*, onde discute o "espírito colonial", ele fez uma história cultural. Recolheu poemas que tratavam da escravidão, do índio, das lutas no Sul, das revoluções de 1817 e 1824. Calmon estudou a vida cultural do Brasil colonial, aproximando-se da abordagem histórico-antropológica de Freyre. Ele reconstruiu hábitos, usos, costumes, valores coloniais. Segundo ele, no sono colonial, a cama era nobre e rara; a rede, popular. A cama simbolizava a sociedade agrária e sedentária do litoral. Ele se referiu à hospitalidade dominante na sociedade colonial. A pessoa era bem recebida a qualquer hora que chegasse e podia ir entrando pela casa. Ele se referiu aos horários da vida cotidiana: o levantar com a aurora, o almoço às 8h, o jantar às 13h, o terço e a ceia às vésperas, banho e cama às 18h. O homem colonial branco andava de botas altas. O emboaba era ridicularizado pela bota. Era como uma ave de pernas emplumadas. Em casa, o português vivia de ceroulas. As negras "corrompiam" os moços brancos e negros. A libidinagem reinava na vida rural. Para Calmon, o melhor elemento humano era o mulato, inteligente e ousado. O mulato amava a terra. O mameluco era nômade, aventureiro, inconstante. Próximo de Freyre, para ele também a dialética brasileira, a mestiçagem, a brandura e o sensualismo dos costumes nativos e da senzala fizeram do Brasil um complexo nacional original, diferente da Europa.[12]

Historiador do Estado e da cultura, qual era a sua interpretação do Brasil? Este é o meu tema e este capítulo tratará dessa questão. Vou discutir o sentido que ele atribuía à vida brasileira em sua obra de 1933, *História da civilização brasileira*, uma síntese da evolução do país. Nesse mesmo ano foram publicadas *Casa grande & senzala*, de Freyre, e *Evolução política do Brasil*, de Caio Prado Jr., que se tornaram clássicos universitários. A obra de Calmon não teve um futuro tão glorioso na universidade, por seu caráter narrativo e ultraconservador. Há pouquíssimos comentários válidos sobre

---

[12] Peregrino, 1986.

sua obra. Mas é uma obra importante, que teve várias edições e traduções no exterior. Ele era crítico da República, idealizava a Monarquia, discípulo fanático de d. Pedro II. Sua "interpretação construtiva do Brasil", assim a denominarei, exprime um otimismo ingênuo em relação à história brasileira. O conceito central dessa interpretação construtiva é o de "evolução". Para ele, somos um povo unido, com caráter bem-definido, com bom quinhão territorial, sem problemas graves de nenhuma ordem, e evoluímos sereramente, sem rupturas, para a nossa melhor expressão, para a nossa integração, para a nossa felicidade brasileira. Sua obra quer oferecer à juventude brasileira a consciência da nossa felicidade e ensiná-la a se orgulhar e a amar incondicionalmente a sua pátria e a defender com bravura a sua "brasilidade".

A teoria da história em que Calmon se apoiava para ser tão otimista em relação à história brasileira era o historismo romântico alemão, sobretudo de Herder. Em sua *História da civilização brasileira*, contudo, Calmon não cita Herder. Ele mantém um excelente diálogo com a historiografia brasileira, de Frei Vicente a Freyre, com poucas referências a estrangeiros. Minha hipótese é que Herder pode nos ajudar a compreender melhor o seu ponto de vista sobre o Brasil. Para sabermos até que ponto Calmon se apoia em Herder será preciso retomar algumas teses deste. Faremos isso apoiados no próprio Herder, em excertos do seu livro *Ideias para a filosofia da história da humanidade*, e em seus comentadores Berlin, Meinecke e Collingwood. Herder, contra os Iluministas que acreditavam que a realidade era ordenada por leis universais, eternas, objetivas e inalteráveis, que podiam ser descobertas pela pesquisa racional, sustentava que qualquer período histórico ou civilização possui um caráter próprio. Ele defendia a tese historicista da distinção radical entre o método utilizado para o estudo da natureza e o exigido pela mudança e desenvolvimento do espírito humano.[13]

Herder era antirracionalista, contra generalizações, abstrações, homogeneizações, sistemas. Ele buscava o conhecimento do particular, do nacional, do irracionalismo literário, político e religioso. Ele foi um paladino da fé contra a razão, da imaginação poética e histórica contra a aplicação mecânica das regras, da vida contra a lógica. Para ele, o objeto do historiador seria a vida das comunidades, o "espírito de uma nação ou de uma cultura". Ele acreditava na nacionalidade como afinidade, solidariedade de um grupo. Ele olhava com simpatia a singularidade das culturas e nações. A vida adequada aos homens, para Herder, seria viver em comunidades, em seu ambiente natural, unidos em sua cultura comum, em sua pátria-mãe. Em toda sociedade, ele pressupõe a existência de uma "alma natural".

---

[13] Berlin, 1982; Meinecke, 1982; Collingwood, 1978; Herder, 1984.

38   AS IDENTIDADES DO BRASIL 2

O homem é corpo-alma. Ele compara a evolução das nações com a evolução do indivíduo. O indivíduo descende de si mesmo. Ele torna-se o que já é, assim como a árvore cresce da semente. A semente já continha a árvore. Os frutos são um encontro da semente original consigo mesma, que realiza e relança a vida com novo vigor.[14]

As nações também evoluem assim. Elas realizam o que já são potencialmente. A evolução é uma unidade na diferença. Os indivíduos e as sociedades mudam, individualizam-se, na sucessão temporal, mas não saem de si. Eles se encontram na mudança histórica. A evolução é mudança, diferença, que desenvolve e realiza a identidade. O indivíduo e a nação não rompem consigo mesmos, por mais abrupta e rude que seja a mudança. Para Herder (1984), esta é a lei fundamental da história: "por toda parte, na Terra, acontece tudo quanto pode acontecer, em parte de acordo com a situação e as necessidades do lugar, em parte, de acordo com as circunstâncias e as condições da época, em parte de acordo com o caráter inato ou adquirido dos povos". A ação combinada de forças vivas, tempos, lugares, raças decidem todos os acontecimentos que ocorrem no reino dos homens. As forças vivas do homem são as molas da história humana, e como o homem é sempre uma raça, a sua formação, educação e modo de pensar são genéticos. Daí os seus caracteres nacionais específicos. Os judeus sempre permanecem o que são até quando misturados com outros povos. Assim como todos os povos da Antiguidade: egípcios, chineses, árabes, hindus. Quanto mais oprimidos, mais firmes são em seu caráter. Se cada uma dessas nações tivesse ficado em seu ambiente, a Terra poderia ser considerada um jardim, onde cada planta nacional floresceria com a sua própria forma, natureza e evolução. Para Herder, à semelhança do Criador, o historiador deve saber ver com olhos imparciais e julgar sem paixão. O naturalista olha do mesmo modo a rosa, o cardo, a preguiça e o elefante. A natureza deu a Terra inteira aos homens e nela decidiu que brotassem segundo o local, o tempo e as forças ativas. As flores-nações são singulares. Se a formação de uma nação depende do tempo e do lugar em que nasce, dos fatos que a compõem e das circunstâncias exteriores, o seu destino depende também desses fatores. Os Estados que crescem sobre as próprias raízes nacionais se mantêm em seus próprios alicerces. Podem ser subjugados, mas a nação permanece. A história da humanidade não é mais do que uma história natural das forças, das ações e das tendências humanas, subordinadas ao lugar e à época. Deve-se observar os fenômenos históricos como se fossem fenômenos naturais, com imparcialidade, buscando a verdade, a coerência, evitando fantasias. É preciso ver o que está lá, que não poderia ser de outra maneira. Olhando assim, não há desígnios ocultos ou milagres na história.

---

[14] Collingwood, 1978.

CIVILIZAÇÃO BRASILEIRA E OTIMISMO ULTRACONSERVADOR (INGÊNUO) 39

A história é natural e não movida por forças mágicas. A duração de um Estado depende do equilíbrio de suas forças ativas.

Essas teses vitalistas de Herder serão a chave que nos ajudará a compreender melhor a interpretação evolutiva do Brasil, de Calmon. Ao longo de sua *História da civilização brasileira* pode-se reconhecê-las sem dificuldade. A história do Brasil é, para ele, como uma planta. Ele descreve sua suave evolução desde a semente. Calmon vê o Brasil como uma "alma natural", um espírito original, uma comunidade nacional, uma pátria-mãe, que tem como corpo o território de uma parte bem-definida da América do Sul. A alma brasileira habita esse território e foi engendrada por ele. A "raça brasileira" é uma formação particular da humanidade, constitui um povo, uma nação, com características inatas e tendências imanentes. A "brasilidade" é uma alma natural, a alma de uma "terra natal". Os brasileiros estão enraizados nessa parte do planeta, e onde quer que estejam e por mais que se reguem e procurem se aculturar, mudar a sua genética brasileira, eles terão sempre a identidade brasileira. A nacionalidade singulariza mais do que a impressão digital. A nacionalidade é um espírito natural, está inscrita no corpo e na história. A identidade brasileira é definida geográfica e geneticamente e está impressa no corpo-alma brasileiro de forma inescapável, insuprimível, inalterável. Longe de sua terra natal, da pátria, um brasileiro sofrerá uma "asfixia cultural" e poderá definhar fisicamente de tristeza e saudade.

A alma natural evolui historicamente de forma serena e integrada, "amadurece", liberando as suas tendências inatas, assumindo as suas formas superiores. Há uma semente brasileira que se torna árvore e fruto na história. Mas essa árvore histórica já estava contida na semente. Não é possível sair da história brasileira, tornar-se outra coisa, mesmo se formos submetidos por outra alma natural. O caminho do Brasil será tornar-se o que naturalmente já é, encontrar-se consigo mesmo. A semente que se transforma em árvore, floresce e frutifica mantém-se viva e igual a si mesma. Não é possível para a árvore brasileira dar outro fruto. A possibilidade de uma semente tornar-se nova semente e continuar a sua forma de vida é infinita. A evolução histórica como desenvolvimento de forças naturais vivas, ao oferecer à alma natural o encontro consigo mesma, torna-a "feliz". A felicidade brasileira será o mais pleno desenvolvimento possível do espírito natural brasileiro, que se revelará e se reconhecerá na história. Ao contrário da tese iluminista de uma natureza humana universal e imutável, temos aqui a concepção de várias naturezas humanas imutáveis. Não é a história que cria a significação da brasilidade. Esta não é produto, mas um pressuposto da história. O caráter de um povo se explicita, mas não é construído pela história. A experiência histórica é resultado do caráter natural singular e imutável de uma nação. A história é como o banho revelador de uma imagem que já está impressa no papel fotográfico natural. A história não cria sentido, apenas torna visível o sentido inato.

Para Collingwood (1978), tal teoria pode ter consequências políticas perigosas. Ela legitima o orgulho e o ódio nacionais, o patriotismo xenófobo e o expansionismo imperialista. Ela legitima a ideia de que existe uma nação europeia, cujas qualidades naturais específicas a tornam apta a dominar o mundo. A Europa seria superior porque progride, enquanto na China, na Índia ou na América indígena não há progresso, mas uma civilização estática, imutável. A Europa seria uma região tão privilegiada da vida humana como o homem é privilegiado entre os animais! O europeu seria um homem de raça superior, mais humano do que os demais. A Europa se nutriria dos espíritos nacionais escravizados, inseridos em uma evolução que não seria a sua própria. Berlin faz uma leitura diferente das consequências políticas da teoria de Herder. Para Berlin (1982), Herder sustentava que jactar-se de pertencer a uma pátria é a forma mais estúpida das jactâncias. Patriotismo é uma coisa, nacionalismo estatal, outra. O nacionalismo de Herder nunca foi político, mas cultural. Ele se interessava por culturas. A natureza criou nações e não Estados. Para ele, o nacionalismo agressivo é detestável, e as guerras, crimes. Uma mãe-pátria não pode desrespeitar o amor pátrio alheio. A nação nunca é imperialista. É o Estado que a transforma nisso. A história do Estado é a da violência e da agressão. Herder não aceitava o imperialismo, a submissão de uma alma natural a outra. As formas diferentes da humanidade deveriam se manter em sua diferença para que a humanidade permanecesse como um jardim. A Europa não era a parte da Terra mais sábia, mas a mais arrogante e cobiçosa, e não tinha o direito de eliminar outras formas humanas de vida. O mal não é o nacionalismo, mas o Estado, que é frio e violento.

Calmon é, portanto, a meu ver, herderiano. Para ele, nós, brasileiros, estamos no caminho que nos leva ao encontro de nós mesmos, à independência, à felicidade. Para ele, devemos nos tornar o que nós somos, devemos evoluir para o que já somos, seguimos um curso histórico que revela o nosso espírito natural. A natureza singular brasileira se realiza na história brasileira. Devemos nos transformar em uma árvore robusta, frondosa, patrioticamente brasileira. Ele desvaloriza a história como criação de um novo sentido. O sentido da vida brasileira é natural, já está dado e ninguém poderá desviá-lo. Quanto às consequências políticas dessa teoria da história, Calmon é ambíguo. Por um lado, ele tende para a análise de Berlin, quando valoriza mais a nação do que o Estado, a cultura do que a política, a paz do que a guerra. Ele defende um Brasil pacífico e fixo em seu alicerce territorial. Mas, por outro, a partir de 1808, tendeu a confundir nação e Estado e a submeter a pátria ao Estado, dando razão a Collingwood quanto aos perigos do patriotismo xenófobo e expansionista.

CIVILIZAÇÃO BRASILEIRA E OTIMISMO ULTRACONSERVADOR (INGÊNUO) 41

Mas Calmon, em sua interpretação do Brasil, não se apropria apenas do historicismo romântico de Herder. Ele interpreta o Brasil também de um ponto de vista cristão. Ele enfatiza a força do catolicismo em sua visão do Brasil. Ele é um católico tão radical e ressentido que, descendente de católicos franceses perseguidos, se indignava com o fato de "acatólicos" terem o direito de votar e serem votados! Ele vê o espírito natural brasileiro com qualidades cristãs: igualitário, fraterno, generoso, resignado, misericordioso, acolhedor. O amor particularista brasileiro é temperado pelos generosos valores cristãos. O seu olhar sobre o Brasil é patriótico e filantrópico, humanista, cristão, procurando realizar aquilo que Martius havia proposto ao historiador brasileiro. Martius, em sua monografia *Como se deve escrever a história do Brasil*, de 1843, propusera ao historiador do IHGB que olhasse o Brasil como um filantropo, cristão e humanista. Os historiadores do IHGB passaram a se tratar e a se reconhecerem como beneméritos, filantropos. O tipo ideal do patriota e filantropo cristão, o benemérito-mor, era o imperador d. Pedro II.

Para Calmon, o imperador olhava para o Brasil de braços abertos, inspirando-se no Cristo ressuscitado, e o historiador do IHGB deveria imitá-lo. Qualquer que fosse a expressão da alma brasileira, não importa qual, ele a acolhia de coração e braços abertos. A simbologia posterior do Cristo Redentor no Rio de Janeiro, maravilhosa, poderia expressar essa visão do Brasil do imperador. Mas com uma diferença crucial: Calmon via o imperador com os braços abertos para dentro do país e não para o mar, para o estrangeiro. Para representar bem a sua visão do Brasil, melhor seria se o Cristo Redentor do Rio de Janeiro girasse ou não tivesse costas e lados, ficando sempre de frente e acolhedor. Para mim, esta seria uma atitude belíssima se, a distância, pudéssemos distinguir o Cristo crucificado do ressuscitado. Ambos estão de braços abertos! (*Et quand il croit ouvrir ses bras son ombre est celle d'une croix!* — Georges Brassens.) Será que o imperador amava realmente tanto assim o Brasil? Alguém o amou tanto assim? Não importa, este era o ideal, a direção para o historiador do IHGB. Para Calmon, olhar o Brasil assim seria uma atitude cristã e nobre. Na verdade, talvez não tenha sido Varnhagen quem realizou o projeto de história do Brasil de Martius, mas Pedro Calmon, que encarnou o ponto de vista do IHGB sobre o Brasil. Varnhagen manteve com o IHGB rusgas insuperáveis. O olhar de Varnhagen era o da monarquia portuguesa, que era mais administrativo e fiscal do que empático. Era um olhar estrangeiro. Era um olhar do alto, branco e europeu, arrogante, discriminador da gente brasileira, do mazombo, intolerante com índios e negros, considerados inferiores, e impiedoso com o mestiço, visto como doente e subumano. Varnhagen era de um racismo raivoso. Era um olhar azul-verde e louro sobre a gente brasileira. Varnhagen e os imperadores portugueses não aceitavam a miscigenação, desprezavam o homem brasileiro, pelo qual mal escondiam a sua repulsa. Refletindo um pouco mais, a obra de Varnhagen era incompatível com o espírito de d. Pedro II e não poderia apoiá-lo na construção da nação. A união nacional, com a interpretação de Varnhagen, ao contrário do que se diz e eu mesmo disse, seria impossível. A monarquia portuguesa não poderia ter mantido a unidade nacional, pois a sua visão do Brasil excluía toda a população não branca do convívio brasileiro, o que levaria inevitavelmente ao conflito e à fragmentação do país.

A "interpretação construtiva" de Calmon seguia as orientações de Martius e talvez representasse a visão do Brasil do único imperador brasileiro, de coração, d. Pedro II, o fundador do IHGB, que era empático e protetor, que amava a gente brasileira, mesmo se, como branco e nobre, provavelmente também a ele repugnasse esse povo "miscigenado, escravo e primitivo". Em correspondências e encontros com reis e intelectuais europeus, como o próprio Gobineau, d. Pedro II talvez fosse tratado e olhado com desprezo como o "imperador dos mestiços", um leproso entre os reis, e sofresse muito com isso. Isto devia ampliar o seu (res)sentimento cristão e ele, certamente, passava a claudicar mais fortemente, carregando a sua imperial cruz ainda mais paciente e resignadamente. A "interpretação construtiva do Brasil", de Calmon, além da influência de Herder, representaria também a visão de parte da aristocracia brasileira, a mais fielmente católica, que procurava reprimir e superar sua repugnância pelo povo brasileiro pela vivência dos valores cristãos da bondade, caridade, filantropia, perdão, renúncia, harmonia, misericórdia. Com esses valores, o povo brasileiro podia ser tolerado por essa aristocracia, e a união nacional talvez se tornasse possível. Calmon procura expor a história brasileira cristã e serenamente, reconhecendo todos os seus personagens, aqueles que souberam se integrar à vida brasileira. O seu ponto de vista é aristocrático, mas magnânimo. Ele vê o Brasil do alto, mas sem os ódios e discriminações de Varnhagen. Ele é racista, mas esconde a sua raiva. Um olhar "fidalgo": gentil, generoso, superior. Calmon, ainda aristocrático e imperial, dá um passo à frente em relação a Varnhagen, seguindo o passo dado por d. Pedro II em relação ao seu pai, aceitando e amando, cristã e humildemente, o povo brasileiro e esperando que a sua evolução histórica o levasse ao encontro de si mesmo, que as suas forças ativas realizassem a felicidade propriamente brasileira.

Todavia, embora haja nela algo de belo, o amor à população brasileira, a atitude de Calmon me parece ultraconservadora, mais ainda do que fora a de Varnhagen. Este pelo menos via e criava dificuldades para a unidade nacional. Calmon não formula, nem resolve os problemas, dissimula-os. Ele narra uma evolução brasileira serena e integrada, mas falsa! A falsidade, a hipocrisia são familiares ao filantropo cristão e com essas "não virtudes" não se une uma nação. O filantropo, o benemérito, procura dissimular o seu asco, a sua mesquinhez, o seu ódio, a sua violência, a sua recusa do outro, com palavras edulcoradas, edificantes e desencarnadas, abstratas, vazias de sentido. O espírito conciliador, pacificador, de Calmon é

CIVILIZAÇÃO BRASILEIRA E OTIMISMO ULTRACONSERVADOR (INGÊNUO) 43

aristocrático, monarquista, unitarista e repressor das expressões brasileiras mais vivas. Não se pode construir a unidade nacional sem ver e formular os seus problemas. É impossível construí-la dissimulando as suas tensões, os seus conflitos, as suas exclusões e misérias. A evolução da história brasileira é "amargosa", e Calmon a chamava de "doce", pintando um retrato sem profundidade e densidade. Mas perigosamente eficiente, pois feito para envolver e orientar a juventude em sua ação no futuro. Ao contrário do que pensava Freyre, Calmon estuprava o espírito dos jovens e até de crianças, nas escolas, e impunha-lhes uma opção ideológica ultraconservadora. No final, Calmon se reduziu a Varnhagen, ao não distinguir a história do Estado da história da nação e ao legitimar a violência do Estado. Ele ensinava à "mocidade" o "patriotismo de Estado", supondo que ensinava a história da nação, supondo que lhe dizia a verdade sobre a vida brasileira. A obra de Calmon "pacifica" nas escolas da mesma forma que o Exército "pacificava" os rebeldes brasileiros nos campos de batalha e a polícia política nas salas de tortura do Dops, nos anos 1960-70.

A sua educação cívica ensina um amor ao Brasil que deve se manifestar com a resignação, a aceitação da realidade tal como se passou e está, a autorrepressão da insatisfação e do descontentamento, a inserção em uma evolução serena e integrada de uma nação que se transforma como um vegetal. Calmon quer acalmar, pacificar, adoçar uma história duríssima de violência e conquista da população pelas elites. O seu sentimento patriótico é contra a população brasileira. A sua interpretação construtiva do Brasil não vê "construção" no conflito, no combate dos grupos brasileiros oprimidos. Ele não admitiria a existência de opressão de brasileiros por brasileiros. Ele ficaria talvez chocado se lhe dissessem que, do ponto de vista da brutal opressão de brasileiros por brasileiros, a sua hipótese de uma "brasilidade", de uma pátria-mãe brasileira, é ridícula! A escravidão não era um problema para ele. Ele não admitiria a existência de "bons ódios", que podem construir melhor do que uma falsa concórdia. Ele não aceitaria que amar o Brasil significasse lutar pelo bem-estar de suas populações. Sua "interpretação construtiva", apaziguadora, impregna a cultura brasileira, que a decorou nos bancos e compêndios escolares, junto com a interpretação estatizante de Varnhagen, sem distingui-las. O que há de comum entre elas é o elogio da Monarquia, da aristocracia, o elitismo, o medo da República e a desconfiança em relação ao mestiço/povo brasileiro como sujeito histórico. A proposta feita aos brasileiros é de que não devem fazer a história, mas aplaudi-la, docilmente, e aceitar o desdobramento de uma essência brasileira que necessariamente irá se realizar e se encontrar por si mesma e cujos únicos legítimos intérpretes são os imperadores e sua aristocracia.

Estes comentários não visam desestimular a leitura da *História da civilização brasileira*, apesar de criarem uma antipatia ou até inimizade entre o leitor e Calmon. Ao contrário, eles são um convite a sua leitura. Se o leitor quiser pensar o Brasil, refletir sobre a sua trajetória e procurar novos caminhos, mesmo divergindo, terá que se debruçar necessariamente sobre a obra de Calmon. E, mesmo combatendo-o, deverá até agradecer-lhe, como historiador, por ter construído uma imagem, uma figura, uma leitura, uma interpretação, uma inteligibilidade do Brasil. Calmon, ingênuo, romântico e conciliador, surpreendendo-se sinceramente com a resistência do leitor, poderia replicar, com fidalguia, que existe, sim, uma "brasilidade", uma "alma brasileira", bastando ao brasileiro passar uma temporada fora do Brasil ou enfrentar o serviço de imigração de um país europeu ou tentar atravessar o rio Grande, para compreender, sofrendo, que é uma flor de outro jardim, que a sua "terra natal", a sua pátria, não é ali. Para ele, os problemas mencionados são apenas "história" e, portanto, transitórios e superáveis. O que interessa é a essência brasileira que continuará pulsando forte no coração de cada brasileiro, forçando-o a buscar a sua felicidade, que inclui a felicidade dos seus irmãos. Nenhum brasileiro poderá ser feliz sozinho, indiferente ao fracasso da sua nação. É o sonho da "brasilidade feliz" que o fortalecerá e o conduzirá na busca do controle e da superação dos problemas e desvios. Diante dos conflitos, tensões, dificuldades, fratricídios, a única referência que pode levar os brasileiros a ter esperança em sua superação é a força revigorante da "brasilidade", que impõe que cada brasileiro se engaje na realização de uma felicidade nacional genuinamente brasileira. E, sentindo-se vitorioso, desafiará: haveria outro "horizonte de espera", outra estrela a seguir?

A obra: *História da civilização brasileira* (1933)

A ontologia brasileira

A semente externa portuguesa

Para Calmon, o Brasil entrou na história portuguesa como uma "esperada surpresa", uma decepção e uma bela paisagem. Como surpresa, foi uma "descoberta prevista". A cronologia do Brasil começa em 1500, mas foi "descoberto" oito anos após a "descoberta" da América. Foi uma descoberta dentro de outra descoberta. A noção de "descoberta" sustenta a visão europeia da conquista da América, querendo dizer que foram os europeus que tomaram a caravela e se puseram a circular pelo mundo e acabaram "desocultando", "vendo", o que ninguém tinha ainda visto: aquelas terras, aquelas gentes, aqueles mundos. Eles "acharam", viram pela primeira vez, aquelas terras escondidas. Eles foram os sujeitos desse processo. Foram eles que viram o índio e não o inverso. Se dependesse dos índios essa troca de olhares jamais teria ocorrido. Cabral "des-cobriu" o Brasil: este estava escon-

CIVILIZAÇÃO BRASILEIRA E OTIMISMO ULTRACONSERVADOR (INGÊNUO)   45

dido, oculto, coberto, e o olhar de Cabral o percebeu, o viu, e o Brasil veio à luz, pôde ser visto. O olhar de Cabral o constituiu. A ideia de descoberta tem dois sentidos: primeiro, aquele que descobre traz à luz, constitui, cria aquilo que descobriu e passa a ter o direito de possuí-lo. Quando alguém diz que descobriu algo está reivindicando o direito à patente ou à posse daquilo. Nesse sentido, a "descoberta do Brasil" é uma reivindicação, pelos portugueses, da propriedade do território e das suas riquezas; segundo, em história, além do território e das riquezas, "descobre-se" um povo que já estava lá, que sempre esteve, que existia antes de ser descoberto e que também "descobre" quem o descobriu. O olhar é diferente, mas recíproco. A descoberta é recíproca, isto é, um "encontro". No primeiro sentido, o "descobridor" estenderá à população indígena a sua reivindicação de propriedade e imporá pela força o seu "direito" de dizer "eu o descobri e você me pertence", assim como o predador se relaciona com a sua presa. No segundo sentido, a "descoberta do Brasil" poderia ter sido um encontro feliz entre novos amigos. Na ideia europeia de "descoberta", o segundo sentido foi ignorado. Predominou o primeiro: os europeus descobriram esses territórios e suas riquezas e se sentiram no direito de escravizar a população dócil e útil e de eliminar os rebeldes, considerados "resistentes à civilização".

Calmon dá, inicialmente, a impressão de que seu ponto de vista é europeu, pois começa a narrar a história brasileira aceitando o primeiro sentido de descoberta: o Brasil era uma propriedade portuguesa porque, em 22 de abril de 1500, foi "descoberto" por Pedro Álvares Cabral. A história da civilização brasileira começou com a chegada deste português a esse território americano, e não teria começado sem a sua chegada. Calmon olha para o Brasil como um historiador português, empático com o grande feito de um herói do seu povo. Ele recoloca e se posiciona em relação às questões clássicas da historiografia portuguesa sobre o Brasil: "por que Cabral chegou aqui?", "teria sido casual o seu afastamento da rota costumeira da costa africana?", "como Cabral olhou para o seu achado, com surpresa?". Para Calmon, empático com o "descobridor", ele a olhou sem surpresa, pois "sempre soube" da existência de ilhas ocidentais e apenas queria vê-las. O seu destino eram as Índias, onde ia com grande expedição, procurar o *samorim*, para tratar com ele o comércio de especiarias. Ele não considerava a hipótese de explorar outros territórios que não fossem as lucrativas Índias. Mas sabia que, se entrasse mais pelo oceano adentro, afastando-se do costumeiro périplo africano, ele poderia ver terras ainda não conhecidas. O "mar oceano" não intimidava tanto mais os portugueses, que, frequentando a África, passaram a ter uma visão do oceano menos latina e mais árabe. Eles construíram mapas mais exatos. Portugal se tornara uma vasta empresa mercantil. Havia também um espírito de cruzada, de estender a fé cristã aos povos pagãos. Calmon atribui *a posteriori* uma inteligência, uma teleologia à ação de Cabral. Cabral descobriu o Brasil intencionalmente, pois tinha informações sobre a existência de ilhas ocidentais, mas Portugal não tinha interesse em explorar territórios que não fossem os orientais. Cabral viu a nova terra, encantado, mas sem surpresa e sem interesse. Ele procurou saber algo mais sobre ela e, depois de 10 dias, partiu.

Pero Vaz de Caminha comunicou o descobrimento ao rei também encantado e sem surpresa. Em sua carta, o escrivão deu a impressão de ter esperado encontrá-la e de ter gostado da nova terra. Entusiasmou-se com a possibilidade de "salvar" toda aquela gente. D. Manuel recebeu a notícia igualmente encantado e sem surpresa e não se interessou pela terra. O rei apenas enviou uma frota de exploração para avaliá-la. Em 1501, Américo Vespúcio veio reconhecer e batizar a terra: deu o seu próprio nome ao novo continente (ele tinha esse direito?), batizou alguns acidentes da costa de acordo com o calendário cristão: cabo de Santo Agostinho, rio São Francisco, baía de Todos os Santos, o falso "Rio de Janeiro", Angra dos Reis, São Sebastião e São Vicente. Vespúcio retificou a impressão de Caminha: não era uma ilha de Vera Cruz, mas a "Terra de Santa Cruz". E era tudo América. Vespúcio desvalorizou o feito de Cabral diante do rei: ele havia "descoberto a América" quando descobriu o Brasil. Contudo, dentro da "lógica da descoberta", não deveria ser "Colômbia" o nome deste vasto território?

Decepcionante! Do ponto de vista dos portugueses, aquela descoberta foi um mau negócio. O Brasil começou sem valor, desprezado pelos seus "descobridores proprietários". A "Terra dos Canibais" era verde e pobre. Vespúcio retornou a Portugal em 1503, levando o primeiro e parco lucro da terra longínqua: dois navios abarrotados de pau-brasil. Ele havia entrado 40 léguas pelo território, ardendo de curiosidade, a mesma que Cabral reprimira, para continuar viagem. Ele viu apenas aspereza, selvageria e belas paisagens. Era um mundo bárbaro, pobre em metais, com uma gente ameaçadora, muito diferente das Índias. A política do governo refletiu essa decepção. O Oriente continuou prioritário. Mas, pelo menos isso: tinha belas paisagens. Por isso, o encantamento de todos. Vespúcio considerava a nova terra um paraíso. O país era alegre, os ares, sãos, os índios, domáveis, pois vários brancos conseguiram conviver com eles: Caramuru, João Ramalho, Martim Soares. Os portugueses tinham saúde ali. Era como o Éden perdido, com uma primavera permanente. A água, o verde e o sol nunca se punham.

Para não perder a sua descoberta, Portugal decidiu tomar posse. A madeira brasileira já coloria de vermelho os tecidos de outras nações europeias. Cristóvão Jacques veio policiar a costa, construiu a feitoria de Pernambuco, que foi destruída por franceses. Martim Afonso, em 1530, veio expulsar os franceses e fortalecer o domínio português. Ele espalhou padrões de posse de norte a sul. A Bahia foi ocupada. Martim Afonso estabeleceu-se no Rio de Janeiro e começou a explorar o país. Martim Afonso levantou duas vilas: São Vicente e Piratininga, que se tornaram a porta sul do Brasil. A civilização portuguesa entrou por essa porta, foi pelo interior, planalto acima, pelos campos. No norte, as portas foram Bahia e Pernambuco.

CIVILIZAÇÃO BRASILEIRA E OTIMISMO ULTRACONSERVADOR (INGÊNUO) 47

Entrando por essas portas, bandeirantes e entradistas alargaram o território definido pelo meridiano de Tordesilhas. Buscava-se dar à possessão portuguesa uma fronteira natural. Às explorações de contorno se seguiram as de fixação, ao desbravamento do território sucedeu a colonização. Foi implementada a divisão em capitanias, uma lembrança feudal ajustada à nova situação. Os fidalgos pobres do reino disputavam alguma posse e o rei lhes oferecia alguma no ultramar, para que o povoassem. O rei não queria gastar do Tesouro para colonizar o Brasil e distribuiu-o em feudos de 100 e 50 léguas de litoral. A maioria dos capitães fracassou na exploração das suas capitanias. Houve roubo de uma feitoria pela outra e saques de indígenas. Em Pernambuco, a lavoura da cana-de-açúcar prosperou. O lucro do açúcar foi espantoso. Circulava um adágio: "quem quiser o brasil do Brasil, traga brasil ao Brasil", isto é, o capital, representado pelos escravos. Todos negociavam em açúcar. Portugal floresceu. A sua moeda tornou-se a mais conhecida da Europa. Do ponto de vista dos portugueses, "Brasil" era sinônimo de "escravo"!

A semente interna "brasileira"

Este era o ponto de vista português sobre sua descoberta do Brasil. Esta foi a proto-*história da civilização brasileira*. Era o Brasil antes do Brasil. Era a semente portuguesa da civilização brasileira. Os portugueses só queriam terras e riquezas e, inicialmente, não se interessaram pelo Brasil porque não encontraram riquezas. Quanto ao indígena, eles ignoraram o seu olhar surpreso, admirado e amedrontado. Após um primeiro momento de decepção com a "descoberta", eles foram conquistando e tomando posse do território, eliminando e escravizando sua população. Eles ignoraram a presença dos homens que viviam ali e a sua relação com aquele lugar. Calmon, que parecia identificar-se com o ponto de vista português da descoberta, com o olhar estrangeiro, violento e conquistador, surpreendentemente abandona essa posição e passa a ver o descobrimento do Brasil no segundo sentido, o do "encontro", o do "olhar recíproco", entre brancos e indígenas. Calmon abandona a empatia com o descobridor português para identificar-se com o "brasileiro". Em sua *História da civilização brasileira*, o seu ponto de vista sobre o Brasil representa uma mudança de olhar: da descoberta portuguesa para a autodescoberta brasileira. É ainda uma descoberta, mas, agora, a "descoberta do Brasil" não foi feita nem pelo índio, nem pelo português, mas por aquele que resultou do seu "encontro", o brasileiro. Essa descoberta é também uma reivindicação de propriedade: o território brasileiro e suas riquezas não são nem do índio, seu ex-habitante, nem do português, o estrangeiro, mas do seu atual habitante. Mas é sobretudo a reivindicação de uma identidade. O segundo sentido de "descoberta", o de "encontro", tornou-se possível porque um "outro português" "encontrou" o índio, e de suas trocas sexuais, afetivas, culturais, surgiu um novo personagem, interno, o "brasileiro". A reciprocidade do olhar entre portugueses e índios gerou o brasileiro e o mundo brasileiro. O índio e o português foram absorvidos por essa nova história, a brasileira. A descoberta do Brasil pelo brasileiro, o filho de branco e índia, e não o comerciante de pau-brasil é o tema da história de Calmon. É uma autodescoberta: a marcha do brasileiro para o encontro consigo mesmo.

Esta é a semente brasileira que Calmon deseja que se torne uma árvore frondosa, com belas flores e novas e saudáveis sementes. O ponto de vista de Calmon é reflexivo, um olhar do brasileiro em torno de si e sobre si mesmo, descobrindo o território e as riquezas. É um olhar para dentro de si de um sujeito histórico interno, nascido aqui. A sua narrativa histórica quer mostrar como o brasileiro se apropriou do seu território e de suas riquezas e legitimar seu direito de possuí-los. Para Calmon, esse território e essas riquezas estavam predestinados a ser dele e lhe pertencerão para sempre. Ele não os roubou de ninguém, e ninguém poderá reivindicá-los. Ele se apropriava do que sempre fora dele. Há uma identidade entre o território e o homem. Aquele território é dele e é ele. Ele pertence àquele lugar. A natureza ofereceu-lhe uma alma e ele esculpe o seu rosto na natureza. Natureza e homem formam uma unidade indissolúvel. O brasileiro se "autodescobre" gradualmente, isto é, apossa-se daquilo que já é legitimamente seu por direito natural e, naquele território, se encontra consigo mesmo. O Brasil passa a ser um supremo valor, e o brasileiro teme perdê-lo para os invasores portugueses e outros. Inseguro no presente, as perguntas que ele se faz são: "como me apropriei do meu espaço e riquezas e como poderei mantê-los?", "como se deu a minha evolução histórica e quem sou eu?", "como comecei aqui e qual será o meu destino?", "como me constituí assim e o que posso esperar?". A história de Pedro Calmon procura descrever, em ritmo moderado, suave, lírico, conciliador, religioso, a evolução da civilização brasileira, para responder às aflitivas questões dos brasileiros, acalmando-os. A sua história quer ser uma "certidão de propriedade" e uma "certidão de batismo", que garantam aos brasileiros o direito à propriedade do território e à identidade/alma brasileira.

Calmon descreve o surgimento de uma nova civilização. Naquele território foi surgindo um outro homem e um outro mundo, como resultado da reciprocidade do olhar, do "encontro" entre homens tão diferentes. Ele procura definir esse novo personagem da história da humanidade, o "brasileiro", o protagonista da sua história, o legítimo senhor dessa parte da América. O "brasileiro" não irá apenas conquistar e tomar posse de um território e de riquezas exteriores a ele. Ele é daquele lugar e mantém com esse lugar um relacionamento pessoal, afetivo, patriótico. Para ele, o Brasil é valioso, é a sua pátria. Mas quem era esse novo personagem da história da humanidade? No início, ele se confundia com o português, produto de muitas raças, geralmente "braquioide, nervoso, inquieto". Alguns eram nobres, mas a maioria era de degredados religiosos e sociais. Diversas vezes Calmon se refere às raças brasileiras do mesmo modo que Oliveira Vianna. Mas não explicitou o seu racismo como ele. Para Calmon, o "português braquioide, nervoso, inquieto" inicialmente se sentia racialmente superior e de origem nobre; depois, aqui, esqueceu-se disso. Misturou-se, sem culpa. O colono abandonou muito do europeu e absorveu os costumes bárbaros. O espírito brasileiro é uma esquina de diversos mundos e hesita entre as direções que poderia tomar ao mesmo tempo em que toma todas as direções.

O homem brasileiro é filho sobretudo do português e da índia. O indígena falava, na maior extensão da costa, uma língua comum, o tupi. As suas procedências eram várias, seus tipos antropológicos diversos, cores diferentes, peculiares os seus costumes. O tupi litorâneo foi o inimigo do tapuia sertanejo. O tapuia era o gentio das línguas travadas, o que não pertencia à comunidade tupi e vivia mais barbaramente do que o índio da costa. Calmon olha com simpatia o tupi, pois foi mais acessível. Aceitou a civilização, isto é, foi domesticável, podia viver em contato com o branco. O tupi era mais assimilável e inteligente: pescava, navegava em canoas, cultivava roças, fazia cerâmica, tecia, construía casas, não conhecia a propriedade particular. O consumo da caça era comum. O que era de um era de todos. O tapuia era o "bárbaro", o "indomável", o "inacessível". Este não conhecia a agricultura, errava pelos matos, desconhecia a rede, não construía aldeias e não comerciava com a civilização. Ainda assim Calmon os admirava: tinham armas melhores, a azagaia ou dardo de arremesso, eram guerreiros invencíveis. Usavam botoques nos lábios e orelhas, dormiam na floresta perto de uma fogueira. Nômades, não ofereciam resistência fixa e não tinham povoações onde pudessem ser atacados. Mas Calmon não perdoava a sua resistência à civilização brasileira: deviam ser exterminados, já que não aceitavam o convívio na nova comunidade.

Os tupis exerceram enorme e positiva influência sobre o português. O português branco se indianizou e, por isso, conseguiu se estabelecer nos trópicos. Calmon vê com simpatia essa "osmose cultural" entre brancos e índios. O "brasileiro" é o sertanejo, o mestiço gerado no casamento do branco com a índia. O filho do português e da índia abandonou numerosos hábitos europeus e adotou outros indígenas: construía choças de embira e cipó, tendas de palha, fortificações de pau-a-pique; vestia pano de algodão para proteção, em vez de couraça; substituiu o trigo pela mandioca; moqueava a carne para conservá-la; preferia a rede. Fez queimadas na agricultura, a coivara. O sertanejo anda como o índio, em fila. Fuma o mesmo pito. A terapêutica sertaneja é indígena, e o feiticeiro tem o mesmo poder. Do índio, o sertanejo tem a imprevidência, a resignação, a incapacidade de poupança. A sua indústria caseira é indígena: balaios, tecidos, cerâmicas. Descansa de cócoras, traz os filhos às costas, come na cuia, defuma os legumes.

A história social da América nada tem de comum com a da Europa. A fusão dessas duas histórias trouxe à luz uma síntese, que será a história social original do Brasil.

A "osmose cultural" que constituiu o brasileiro tinha outro elemento, o negro. Calmon não hostiliza abertamente o negro, aplaude a Abolição, olha-o com espírito filantrópico e cristão, mas teme que o Brasil possa ser dominado por ele. Deteve-se na influência indígena sobre o branco e a aprecia, mas evita se estender sobre a repercussão da presença negra. "Foi preciso importar os negros", ele afirma, porque, embora os jesuítas fizessem de tudo para que o índio se tornasse o instrumento de trabalho, ele não se adaptou à lavoura de cana e ao sedentarismo. O negro interessava ao Brasil como braço, e à África como comércio. Além disso, a África também era portuguesa. A importação de negros foi enorme e crescia na medida do crescimento da indústria açucareira. O negro não teve dificuldades de adaptação. O Brasil é geograficamente meio africano. O brasileiro recebeu dele lendas, crenças, que temperou a sua simplicidade, credulidade. A economia colonial trouxe para o Brasil grandes contingentes de africanos. O negócio de escravos tornou-se o mais lucrativo e amplo da terra. Os próprios régulos vendiam os cativos. O seu preço era sempre ínfimo em relação ao que obtinham na Bahia ou em Recife. A moeda corrente era o búzio da Bahia, muito apreciado dos africanos. Depois, rolos de fumo. Três rolos de fumo ordinário valiam um negro. A diversidade das línguas e das raças entre os pretos importados "salvou o Brasil" de uma conquista africana, que por vezes o ameaçou, apesar das desavenças que separavam aqui os negros. Em Minas, uma grande rebelião de escravos (qual? Ele não menciona!) fracassou porque angolas e minas queriam reis diferentes. Calmon, portanto, "aceitava" a presença negra na história brasileira, mas temia a ameaça de uma revolução negra, que representaria a ruptura da união, da osmótica vida comum e compartilhada, que constituiu o homogêneo mundo brasileiro.

Essas três "culturas" (ele omite o termo "raça"), desde 1549 trocando influências, em um regime de osmose cultural, coabitando na terra ampla e misteriosa, porém delas, criaram um *indivíduo médio e uma sociedade média*, que por serem locais já eram "brasileiros". Os jesuítas concorreram para o abrasileiramento do colono, fazendo-se indianistas, conhecendo-lhes as línguas, os costumes. O jesuíta tinha a vocação do congraçamento. Para Calmon, no Brasil, a obra jesuítica foi de uma profunda intuição humana e explica parte da evolução nacional. Ela explica esse Brasil mameluco, mestiço, harmonioso, equilibrado e quase homogêneo. O olhar de Calmon sobre a sociedade brasileira é cristão e jesuíta. Ele deseja o "congraçamento" entre os grupos diferentes. Ele se encanta com a "vida nova" que aqui foi criada, com o sentido cristão da ressurreição. O Brasil foi descoberto por ocasião da Páscoa, que significa a passagem a uma vida nova, dominada pelos valores cristãos do congraçamento, da harmonia entre diferentes, da vida compartilhada, lado a lado, unida, democrática, feliz. Calmon abre os braços para o Brasil como o Cristo ressuscitado. Ele é um mestre em desfazer os conflitos mais agudos. Ele temia o negro, pois poderia vir dele o conflito revolucionário. Mas emocionou-se muito com a Abolição. Ele rejeitou os tapuias, porque representavam o conflito, a não aceitação da nova vida que aqui surgia, mas admirava o seu espírito guerreiro. Ele os temia e rejeitava, porque não foram favoráveis ao "encontro feliz", original, que aqui havia se dado.

A colonização da "nova terra" por esse "novo homem" foi associativa e expansiva. A capital do Brasil colonial foi erguida em 1549, na Bahia de Todos os Santos. Os seis jesuítas que acompanharam o governador representavam a ordem eclesiástica. Tomé de Sousa, com os seus 320 homens armados, era o Estado militar; 400 degredados formavam o povo, a sociedade incipiente. Salvador tinha mil almas. Tinha casebres de taipa, administração pública, cadeia, a Sé de palha. Era murada. Para Calmon, no início, trabalhavam todos na promiscuidade mais completa, não se furtando o governador, ao lado dos padres, a ajudar os artífices, como se uma vida nova acabasse aqui com os privilégios e as diferenças de Portugal. O colonizador português sonhava no porto com essa vida nova. O "novo português" fez na América uma vida em tudo diversa da que tivera até então, de acordo com o meio, o clima, a gente que encontrou. Ele se transformou tanto que se tornou outro, nasceu de novo. Agora, trabalhavam juntos, ombro a ombro, as autoridades e o povo, lado a lado, senhores e escravos, unidos, brancos, índios e negros. As hierarquias de Portugal perderam a sua validade aqui. Todos precisavam de todos, e todos se uniram na construção da nova nação. Um "novo nascimento", uma "história nova", em tudo diferente da europeia, se inaugurava no Brasil.

"Vida nova em terra nova": esta é a tese de Calmon sobre o mundo brasileiro. O indígena tupi integrou-se plenamente e contribuiu muito para essa vida nova. Ele e os diversos negros aceitaram viver ao lado do branco, e este se deixou aculturar por eles. O brasileiro é um "tipo médio", o sertanejo, mestiço de branco e índio, e o mulato, mestiço de branco e negro. Calmon tem uma visão positiva do mestiço, sobretudo do sertanejo, como símbolo do congraçamento, da "vida média e nova" que aqui foi inaugurada. No Brasil surgiu uma "sociedade mestiça", igualitária, fraterna, sem hierarquias e exclusões. O brasileiro é um "novo homem", uma síntese superior de corpos e culturas diferentes, que ele vê com simpatia e esperança. Calmon pensa o Brasil muito próximo de Freyre e sustentaria, como ele, que o brasileiro é "metarracial, transracial, a-racial, omnirracial". Talvez o tipo ideal da sociedade média, da vida nova e do novo homem que aqui surgiram, para Calmon, fosse aquele mundo em que alguns portugueses se deixaram transformar e conseguiram viver em paz e felizes entre os índios, sem hierarquias e violências, trocando afetividade e bens culturais, tendo "uma vida em tudo diferente da europeia": o mundo dos jesuítas, de Caramuru, de João Ramalho, de Martim Soares. Para

Calmon, o mundo brasileiro foi resultado do "encontro", e não da descoberta, de portugueses, índios e negros. Foi um encontro feliz! O Brasil estaria destinado a ser, porque já era naturalmente, um paraíso social, uma nova sociedade, uma terra de todos, democrática, igualitária e de liberdade. O sentido da evolução brasileira é tornar essa "vida nova" cada vez mais plena. Eis a utopia social cristã de Calmon. Este é o lado cristão, jesuítico, da semente brasileira.

O lado romântico, herderiano, da semente brasileira é definido pela geografia: a alma natural brasileira. A unidade do Brasil estava inscrita na geografia. O português já via este país como um todo, já tinha uma visão de conjunto. Calmon sustenta que nenhuma das atuais nações da América foi assim tão homogênea desde o seu começo e continuou homogênea em sua evolução. "Brasil" chamou-se toda a terra. Um só governador-geral a administrou, um só idioma a unificou. Um conto tupinambá dizia que o Brasil era um pombo, cujo coração ficava na Bahia. Cabral não pressentiu que existia uma "alma", um "espírito", habitando este território, que tornaria "brasileiro" quem quer que o habitasse. A geografia era como um quadro que encerrava uma alma natural. Os homens que vivessem neste território, índios ou portugueses, teriam o espírito do território. O índio tupi-guarani já era um protobrasileiro. O português foi absorvido pelo novo espírito e transformou-se, passando a pertencer a outra nacionalidade.

O território brasileiro tem a figura de uma harpa. A distribuição das raças indígenas parecia antecipar-se à vida brasileira, pela coincidência entre o bloco tupi-guarani e o território da América portuguesa. O relevo da terra, o sistema fluvial, o litoral, o meio, enfim, esboçaram a história do Brasil. A ação humana foi coordenada pelas vantagens e desvantagens do meio. Pode-se ler a evolução do Brasil no seu mapa, na distribuição das populações, na procura de fronteiras. Os brasileiros se sentiam integrados, pertencentes a este mundo geográfico. E partiram para a sua conquista, pois já tinham em seu espírito o sentido da sua unidade. A sua ação unificava o que já era naturalmente unido. Esse espírito natural se apossava deles e os levava ao desbravamento e à conquista unificadora. Eles circularam pelo território em busca de si mesmos e para reconhecerem a extensão e os limites da sua casa. A sua busca não criou artificialmente o território brasileiro, apenas reconheceu o que já era um dado natural. Os paulistas e nordestinos conquistaram o território porque a alma brasileira inscrita neles os levava a integrá-la em seu corpo.

A geografia era a moldura, havia dificuldades geográficas para a unidade que a ação humana devia vencer. Havia uma alma brasileira natural, mas fragmentada, que era preciso reunir, entrelaçar, recompor. Para Calmon, nada impedirá o encontro do espírito brasileiro consigo mesmo. Todos os obstáculos foram sendo vencidos ao longo dos cinco séculos de sua evolução. Tudo parecia conspirar contra a unidade. A navegação era

CIVILIZAÇÃO BRASILEIRA E OTIMISMO ULTRACONSERVADOR (INGÊNUO)

dificultada pela pobreza de reentrâncias na extensa costa. Apesar disso, as partes da costa se visitavam. A ocupação da casa começou pela costa, pela fachada, com dificuldades para adentrar. O sertão por muito tempo ficou desconhecido. Leitor de Oliveira Vianna, ele reconhecia que havia o centrifuguismo brasileiro, a dispersão da vida brasileira, provocada pela extensão territorial e pela falta de estradas. O enorme território e o seu relevo tortuoso determinaram o isolamento dos grupos, engendrando uma sociedade de tipo atomístico, que não conheceu a forma cooperativa e se conservou individualística. A ausência de solidariedade e a descoordenação do povoamento tornou impreciso o movimento de conquista e aproveitamento da terra. O Brasil desenvolveu-se caracterizado pela independência do homem em relação à ação reguladora do Estado. A vida brasileira era livre, rebelde. Mamelucos, mulatos forros e fugidos formavam o grosso da população, indiferente aos preceitos políticos, seduzida pela vida livre. Mas, para Calmon, desde a origem, apesar desses obstáculos, reinou uma inquebrável unidade nacional. Sempre houve uma nação brasileira, mesmo antes da chegada dos portugueses, inscrita nesta parte geofísica do planeta.

Aos poucos, os brasileiros foram criando os caminhos que consolidaram a sua unidade virtual. Eles foram se descobrindo, se reconhecendo como "brasileiros". Eles não inventaram ou impuseram a unidade. Eles apenas concretizaram uma unidade virtual, presente no espírito de todos os brasileiros, de norte a sul. Todos se sentiam pertencentes à identidade brasileira, apesar do isolamento e das distâncias. A evolução brasileira se dá em direção ao interior da subjetividade brasileira. Através de suas determinações e experiências, através da história, o espírito brasileiro vai se encontrando consigo mesmo e tornando-se feliz. Nenhum evento trágico, nenhuma ruptura revolucionária poderá afastar o espírito brasileiro do seu movimento de autoexpressão e autoapreensão. Esse movimento para dentro de si da alma brasileira é necessário, inexorável. O que o povo brasileiro pode esperar da sua evolução histórica é realizar o seu destino, isto é, tornar-se cada vez mais consciente da sua "brasilidade". Essa marcha não poderá ser interrompida, assim como não se corta uma chama. O Brasil é, sempre foi, já é. E só poderá tornar-se cada vez mais brasileiro. A história não levará o Brasil a ser outro que não ele mesmo. A história não mudará a sua essência. O que a história pode oferecer é a "consciência histórica" de que o Brasil já é em si e tende a tornar-se para si. Todos os movimentos históricos realizados pelos brasileiros tinham, têm e terão esse objetivo.

O intérprete dos eventos brasileiros, o exegeta da ontologia brasileira, é o historiador. Ele oferece a "consciência histórica", isto é, integra em uma imagem única os eventos dispersos e heterogêneos e revela a sua "fisionomia". Calmon, em sua narrativa histórica, não quer desenhar apenas objetivamente o retrato do Brasil. Ele está interessado em revelar a sua fisionomia, o seu "retrato espiritual". Ele busca configurar a "autoimagem brasileira". Por isso, para ele, tudo que aconteça no Brasil é relevante para a compreensão do Brasil. Através de suas expressões ao longo do tempo a essência brasileira se manifesta e amplia a sua autoconsciência. Essa autoconsciência se realiza na própria vida brasileira e não se restringe à historiografia. Todos os eventos que expressam a alma brasileira são dignos de interesse e marcam o rosto do Brasil. A luta contra os índios, a conquista da terra, a corrida às minas, os caminhos de gado, a descida dos rios entrelaçaram de norte a sul a alma brasileira, tornando-a mais íntegra, mais inteira, mais cheia de si. São sulcos, rugas, na fisionomia brasileira. A civilização brasileira aos poucos se infiltrou e se consolidou em seu corpo geográfico. Os rudes e ávidos brancos e mamelucos entraram pelo território em busca do seu mundo brasileiro. A sua ação tem um sentido, as contradições se reúnem em um significado maior, a história brasileira tem um fio condutor: tornar realidade o que essencialmente já é. Essa alma natural brasileira, unida ao espírito cristão europeu, foi o que tornou possível a nossa "vida nova", alegre, livre, rebelde, avessa a hierarquias e rituais, igualitária, democrática. Calmon trata o Brasil como uma pessoa e deseja a ele o que desejaria a um irmão, a um amigo, a um filho: que seja feliz, que se "realize", que desenvolva o seu potencial, que não se frustre, que se torne plenamente o que já é.

A evolução: o autodescobrimento do Brasil

A semente brasileira é, portanto, dupla: a da descoberta portuguesa e a da autodescoberta brasileira. Calmon suspendeu a narração do desenvolvimento da primeira, não se interessando, por enquanto, pelo seu crescimento. Mas ela continuava lá. Em sua *História da civilização brasileira*, ele quer descrever a evolução própria do Brasil, o seu movimento de autodescobrimento. A semente brasileira vai saindo de si, estendendo-se no espaço, desdobrando-se no tempo. A semente interna, para ele, venceu e tomou o lugar da externa. A árvore brasileira brotou não muito depois da chegada dos portugueses. Os sertões convidavam à independência, e muito cedo os brasileiros se afastaram do modo de vida português. A extensão do território dificultava o controle da Metrópole. Sem as garras da Coroa, a unificação nacional avançou vigorosamente pelo sertão adentro. Ocorreu um descobrimento do Brasil pelo Brasil. Gradualmente, ao longo dos três primeiros séculos, a nação foi se autopercebendo, se autoconstruindo e configurando a própria imagem. Os brasileiros das diferentes regiões se encontraram e se reconheceram. Paulistas, baianos, pernambucanos, maranhenses, paraenses sempre colaboraram entre si. Calmon, nesse momento da sua obra, narra o desenvolvimento da nação como oposição ao domínio externo, metropolitano, português. Ele narra com profunda empatia o crescimento da vida genuinamente brasileira.

CIVILIZAÇÃO BRASILEIRA E OTIMISMO ULTRACONSERVADOR (INGÊNUO)   55

Ele constata, feliz: "nunca houve guerra entre brasileiros". A evolução nacional brasileira se deu de forma serena e homogênea, sem rupturas, gradual e continuamente. Em vez de enfatizar a dispersão da vida brasileira, Calmon conta a história das atividades e caminhos que concretizaram a unidade nacional. Os brasileiros foram aos poucos amarrando o seu território, tecendo o seu espírito nacional. Primeiro, a nação brasileira se unificou geograficamente. A ocupação se deslocou do litoral para o sertão. Os brasileiros partiram de três grandes núcleos litorâneos de expansão: o de São Paulo, que conquistou o sul e o oeste; o da Bahia, que recebeu paulistas e avançou para o norte; o do Maranhão e Pará, que se expandiu pela Amazônia. Esses movimentos, inicialmente sem conexão, foram se reunindo progressivamente. O paulista, o baiano e o paraense levaram o seu idioma, a sua raça, a sua religião aos extremos da Colônia. Criou-se uma civilização homogênea, que se matizava com a geografia predominante. Depois, lentamente, com uma dificuldade maior, a nação procurou exprimir o seu espírito nas artes e na literatura. Ao longo da evolução brasileira, o homem, a família, a língua, a religião, as instituições locais continuaram as mesmas. Calmon expõe os passos da unificação geográfica, econômica e social e identifica as primeiras criações da cultura que exprimiram a alma nacional.

A ocupação e integração do Nordeste ao mundo brasileiro se deu, no litoral, com a exploração do pau-brasil e o cultivo da cana-de-açúcar, no sertão, com o algodão e o gado. O primeiro centro da vida brasileira foi a cultura da cana, em Pernambuco. Dali, o povoamento se estendeu ao longo da costa para a Paraíba e Alagoas. Na Bahia, o algodão e o gado levaram ao povoamento do sertão. O gado se espalhou pelo Nordeste. A primeira caravela carregada de vacas chegou em 1550. O progresso do gado foi surpreendente. Havia tanto gado junto das roças que foi preciso levá-lo para os solos pobres das caatingas. O gado era conduzido pelas "estradas de gado", que se tornaram caminhos da unificação nacional. Outros caminhos foram os rios. O São Francisco foi um polarizador. Nenhum outro rio do Brasil teve uma função tão constante de unificação. Foi um condensador de povos. O São Francisco era uma estrada móvel no meio da caatinga. O rio Paraguaçu tornou-se outra estrada do povoamento. O gado se expandiu pelos vales dos rios. As terras mais difíceis de conquistar foram as distantes dos rios. A conquista do Piauí se serviu do rio Gurgueia. Os rios tiveram um papel fundamental na expansão do povoamento. Os caminhos do gado e os rios foram "novos caminhos", que levaram aos cafundós do sertão.

Outro polo brasileiro de povoamento do sertão foi São Paulo. Partindo dali, os bandeirantes circularam por todo o território. Desceram pelos rios à caça do índio e de minas. Foram pioneiros na exploração da imensidade da terra, conferindo ao Brasil a sua unidade básica. O paulista descia o rio Paraná, ia à colônia de Sacramento e subia para Goiás e Mato Grosso. O paulista, metido em sua couraça de algodão, era aventureiro e guerreiro.

Era pequeno proprietário, artesão, possuía pequenas fazendas com pouco gado e rala lavoura. Pequenos proprietários, eles viviam mais próximos uns dos outros, eram mais solidários, defendiam-se juntos. Essa talvez seja a diferença do paulista em relação ao nordestino: eles agiam juntos, eram solidários entre si. Eles não se fixaram em São Paulo. As suas viagens e aventuras deslocavam tão grossas populações que em São Paulo só ficavam mulheres e velhos. O mapa histórico do Brasil retrata essa particularidade: a arrancada paulista para o oeste, norte e sul. Eles conquistaram Santa Catarina, o Uruguai, o Mato Grosso, Goiás, a Amazônia e tornaram-se posseiros de terras espanholas. Os jesuítas não conseguiram desviar os paulistas da caça aos índios. Esses mamelucos, falando tupi, selvagens, saíram pelos campos e matos conquistando terras e capturando índios.

O bandeirante deixou vestígios da sua passagem por todo o Brasil. Há arraiais com o nome "paulista" em todo o Brasil. O paulista era um aventureiro na robustez e tornava-se patriarca sóbrio e produtivo na velhice. Pode-se encontrar clãs paulistas, no século XVII, em Curitiba, nos vales dos rios das Velhas e São Francisco, no Piauí, no Maranhão, na Paraíba. O andarilho se alternava com o canoeiro e se movia com incrível agilidade. Combatia a pé. Era rústico, sóbrio, indiferente ao conforto. Pilhava e era indigente. Mesmo em índios não tinha muitas peças. Usava a "armação", um adiantamento em armas, mercadoria e escravos. O seu meeiro, o armador capitalista, participava do seu lucro quando trazia a presa. Muitas famílias paulistas corriam para as terras virgens do interior em busca de sua fazenda. No Rio Grande do Sul, de nômade e aventureiro tornou-se criador e corso de gados castelhanos. A estância era o seu forte e moradia. Sobre o seu cavalo estava disposto a defender a sua propriedade violentamente. Portugal queria dar ao sul a mesma fronteira natural que o Brasil tinha ao norte. A ocupação do Rio Grande do Sul se deveu às lutas fronteiriças e à absorção das antigas missões jesuíticas. O rei enviou para lá casais açorianos, para que o povoassem e resistissem à presença castelhana. Enfim, os rios e os caminhos de gado do Nordeste e as bandeiras paulistas uniram a alma brasileira e a incorporaram em seu território. A história econômica, social, política, cultural pouco a pouco incorporava e unificava a alma natural brasileira.

As guerras contra os índios, os franceses, os holandeses, os espanhóis também tiveram um papel aglutinador da nacionalidade brasileira e neutralizaram os aspectos dissociativos da extensão geográfica. Em alguns momentos, Calmon nota a presença da semente externa portuguesa, mas somente quando é favorável ao autodescobrimento brasileiro. O governo de Portugal fixou na costa algumas feitorias, fortificou os portos, enviou armadas de socorro. Se não fosse essa política portuguesa, os franceses não sairiam do Rio de Janeiro, os espanhóis de Santa Catarina, os holandeses da Bahia e Pernambuco. Os portugueses apoiaram os brasileiros na proteção do território e na expulsão dos estrangeiros. No combate ao índio, a estratégia seguida era estimular a rivalidade entre as tribos e aliar-se a uma delas. Os engenhos tinham o seu terço de indígenas para combater indígenas. O próprio índio foi um soldado na captura de índios. Os paulistas eram mamelucos, que capturavam e escravizavam a sua gente e, assim, contra a sua própria gente, "contribuíram" para a consolidação da unidade brasileira. Calmon lamenta essa violência contra os índios, como um jesuíta, mas pensa que, afinal, essa luta era justa, pois fazia parte do movimento de integração da alma brasileira ao seu corpo geográfico. E era bom para os índios, que eram absorvidos, assimilados, integrados à nação brasileira. A guerra contra os índios foi essencial à integração nacional.

Outra guerra que acelerou a unificação da nação foi a guerra contra os holandeses. As guerras holandesas não vieram dividir, fragmentar a nação brasileira. Elas uniram os diversos tipos brasileiros, o índio, o negro, o branco e os seus mestiços. Para Calmon, paradoxalmente, essa estranha guerra entre uma possessão remota e despovoada e um invasor culto, forte e organizado ofereceu ao Brasil a sua fisionomia definitiva. Quando, em 1624, os holandeses tomaram a Bahia, o Brasil era desagregado, impreciso, com umas poucas feitorias na costa, a população disseminada pelos engenhos de açúcar. Em 1654, quando o Recife holandês foi dominado pelos brasileiros, surgira ali um novo povo. Para Calmon, a luta contra os holandeses consolidou a identidade nacional brasileira contra a sua outra metade portuguesa. Portugal tinha até aceitado ceder Pernambuco aos holandeses, mas os brasileiros resistiram. O holandês esbulhava os engenhos, o que levou à resistência brasileira. O desejo de vingança dos parentes mortos na guerra reacendeu e os brasileiros entraram em guerra contra os holandeses. O milagre aconteceu! A aristocracia da terra sentia-se apta para a luta. Os holandeses foram derrotados em Monte das Tabocas, Serinhaém, Pontal, Penedo. Portugal enviou reforços quando percebeu que a vitória era possível, mas já perdera a sua Colônia. Nessa guerra, o povo nordestino tornara-se unido e solidário e já estava pronto para liderar a independência brasileira.

Seguindo a interpretação do padre Vieira, para Calmon e outros intérpretes nordestinos, a expulsão dos holandeses foi a primeira vitória da gente brasileira. A vitória final foi em Guararapes, em 1654. O Nordeste ficara devastado. Mas a Holanda propagara os seus produtos na Europa e tornara-os gêneros de primeira necessidade. Por isso, quando cessou a dominação flamenga, um período de prosperidade se seguiu em todo o Brasil, que se reuniu e se recompôs. O forasteiro era agora admirado pela riqueza e importância de suas construções nas cidades. Já não era mais o Portugal das descobertas e conquistas que se via no Brasil restaurado de 1654. Para Calmon, havia, agora, na América, um novo Estado, que pudera dispensar o auxílio da Metrópole, quando da luta contra tão poderoso inimigo. O Brasil não só expulsou o batavo com os seus próprios recursos como se libertou do domínio português. Agora, não era mais Colônia, mas um Estado aliado de Portugal, e até enviou apoio aos portugueses no combate aos holandeses na África. E a ex-Colônia começou a se tornar um possível refúgio e salvaguarda de Portugal, em suas guerras europeias. Após a vitória sobre os holandeses, a já ex-Colônia tornara-se mais poderosa e um aliado independente e protetor da sua ex-Metrópole.

Para a vitória contra o holandês, a fórmula "brasileira", segundo Calmon, foi a romântica e cristã união de índios, negros, brancos e seus mestiços em defesa da sua "vida nova em terra nova". Foi o primeiro gesto patriótico. O Brasil já se tornara uma pátria e já se falava dos "interesses do Brasil". A vitória sobre o holandês deixou um sentimento nacionalista no mazombo. Após as guerras holandesas, a "América brasileira" passou a ter uma importância internacional decisiva. A "América brasileira" se articulou à mudança que ocorria na economia europeia. A Inglaterra e a Holanda se lançaram ao oceano, as suas armadas cresciam, a sua burguesia se enriquecia, a aristocracia militar se fortalecia. Pouco a pouco, portugueses e espanhóis foram sendo vencidos por ingleses e holandeses no comércio ultramarino. Os ibéricos perderam a supremacia do mar para os ingleses e holandeses já no século XVI. Os produtos brasileiros, o açúcar, o algodão, o ouro, entraram no circuito comercial inglês e holandês e aceleraram as mudanças na história mundial que então ocorria. O mundo entrara numa nova fase, a da exploração racional das conquistas, cujo modelo era a Companhia das Índias Ocidentais, em que a "América brasileira" desempenhou papel central. Calmon trata o Brasil nesse momento como uma jovem e grande nação entre as antigas e grandes nações europeias! É surpreendente que Calmon e Bomfim possam estar de acordo em relação a esse ponto da *história do Brasil*!

Nos dois primeiros séculos, portanto, paulistas e nordestinos foram os responsáveis pela construção da unidade nacional. A partir de 1695, a civilização brasileira se modificou, se expandiu e se enriqueceu. No século XVIII, as minas recém-descobertas pelos paulistas acentuaram o deslocamento do povoamento do litoral para o interior, unindo ainda mais e profundamente a nação brasileira. Após a descoberta das minas, outros estrangeiros vieram disputar essas riquezas. Houve luta entre os paulistas e esses forasteiros. Os emboabas eram os recém-chegados, ávidos de prosperidade. Eles tomaram dos paulistas as minas que haviam descoberto, pela violência e astúcia. Sobre o brasileiro tiveram a superioridade da cooperação. Uniram-se em exército, submeteram-se a chefes hábeis, como o potentado Manuel Nunes Vianna, modernizaram tecnicamente a mineração. E mascateavam, negociavam e se enriqueciam. O mazombo considerava o comércio um mister inferior, preconceito originado dos privilégios inerentes à agricultura e dos velhos preconceitos nobres europeus. Esses emboabas ocuparam a região das minas, e os bandeirantes brasileiros foram obrigados a ir conquistar outras partes do país e acabaram descobrindo ouro no Mato Grosso e em Goiás. A Guerra dos Emboabas foi a primeira derrota da gente brasi-

CIVILIZAÇÃO BRASILEIRA E OTIMISMO ULTRACONSERVADOR (INGÊNUO)

leira, mas, felizmente, para Calmon, não foi uma guerra entre brasileiros. Ele transforma essa derrota em um evento positivo para a unificação brasileira, pois os bandeirantes foram conquistar outras partes do território, ampliando-o, e a população adventícia que se estabeleceu na região das minas, inteligente, corajosa e empreendedora, incorporou logo a alma natural brasileira e, posteriormente, contribuiu muito para a construção da nova nação. As suas rebeliões iriam soldar e consolidar o espírito nacional. A derrota paulista para os emboabas, no final, revelou-se uma vitória da civilização brasileira.

O resultado dessa derrota foi o surgimento do novo e grandioso Brasil aurífero das gerais. A descoberta de ouro e diamantes inaugurou uma nova vida colonial. A ocupação da região das minas aumentou a importância do rio São Francisco como avenida principal da integração nacional. Pelo São Francisco transitavam todas as riquezas: ouro, diamantes, mantimentos, fumo, aguardente. O sal veio a ser a moeda corrente. O São Francisco começou a ser policiado pela Metrópole, para inibir o contrabando. Em 1720, Minas se separou de São Paulo. Os mineiros, apesar de se tornarem mulatos, se sentiam orgulhosos de não serem mamelucos e de terem uma origem "europeia pura"! As cidades mineiras apareceram: Ribeirão do Carmo, Vila Rica, Sabará, São João del Rei, Diamantina. As Minas Gerais eram a capitania mais movimentada e comercial de todo o Brasil. Foi a mais populosa. Vila Rica chegou a ter 100 mil habitantes. Negros afluíram aos milhares. Formou-se uma sociedade pródiga, fausta e emancipada. Havia pouca agricultura ali. Os braços eram do ouro e diamantes. Fortunas se faziam. As vilas eram cheias de casas nobres, igrejas ricas, festas luxuosas. A civilização brasileira ganhara exuberância com o ouro, tornara-se um mundo fantástico. Os diamantes tornaram ainda mais prodigiosa a metamorfose. Aos europeus, parecia que as verdadeiras riquezas do Peru estavam nas Minas Gerais. Portugal se endividou com obras fantásticas e mantinha a sua soberania entregando as riquezas brasileiras à Inglaterra. Portugal passou, então, a governar o Brasil de forma mais centralizadora. A legislação colonial impôs monopólios e estancos. O governo tentou tirar do Brasil o máximo de lucro. O terremoto de 1775 destruíra Lisboa, que foi reconstruída com o ouro brasileiro. A decadência de Portugal ameaçava as riquezas brasileiras.

O espírito nacionalista de Calmon se exalta, nesse momento, contra a exploração portuguesa. Mas, para ele, a Metrópole já não controlava mais a nova nação que rapidamente se consolidava, por mais centralizadora e autoritária que se tornasse. E esse autoritarismo tinha um efeito contrário ao que pretendia: unificava a nação. A nação brasileira aparecia e se fortalecia tanto na resistência à Metrópole quanto no crescimento das cidades e na melhoria dos serviços urbanos e rurais. Calmon descreve a vida nas cidades mineiras, que ocuparam o sertão com uma população numerosa, construções civis e militares, igrejas, festas, feiras. Na cidade, as casas brasileiras combinavam a casa luso-moura com a ocara tupi. Era um sobrado, com alpendre arejado e com socavãos e senzalas. A casa colonial não tinha uma arte exterior além de sua sóbria estrutura. Não tinha um traço estético próprio, ainda. As suas fachadas foram se embelezando com a intervenção de artistas portugueses e a importação de granitos, com frisos. No interior, o mobiliário era rude, reduzindo-se à rede, uma mesa, escabelos e um bofete. Nem tapetes, nem quadros, nem cristais, nem livros; cerâmica, só a indígena. A falta de luz completava esse quadro de humildade. Usavam o azeite doce ou de palmeira da terra, do qual eram gulosos os negros boçais. Para evitar que bebessem nos candeeiros, ajuntavam azeite amargo. O azeite de baleia tornou acessível a todos a iluminação, pois a vela era cara. A indústria doméstica era a fiação de algodão, os doces de conserva, que entretinham à volta da senhora as escravas habilidosas. Dessas artes, muitas famílias tiravam um ganho certo. Vendiam nas ruas os seus produtos. A indumentária era pobre, pois havia escassez de tecidos finos. Dentro de casa, as moças vestiam um simples camisão. Para as cerimônias, seu único patrimônio era um vestido. Os vestidos passavam de mães para filhas, como baixelas e joias. Os homens fidalgos trajavam-se com riqueza e andavam de serpentina, carregada por escravos.

No século XVIII, portanto, a civilização brasileira já evoluíra muito em direção à sua unificação nacional, já estava instalada em seu território e explorava as suas riquezas, do litoral aos sertões. Ela procurava, agora, encontrar as suas formas próprias de expressão cultural. A nova nação precisava se autodescobrir culturalmente, após ter se encontrado geográfica, econômica e socialmente. Calmon considera a literatura a expressão maior de uma nacionalidade. Ela sintetiza o seu espírito, oferece-lhe autorreconhecimento, revela-lhe o inconsciente. Mas os três primeiros séculos não nos deram uma literatura própria. A nova nação tinha dificuldade para se expressar em imagens e palavras próprias. A nossa prosa e a sintaxe não divergiam dos modelos metropolitanos. A língua culta era muito distante da falada. Nas letras daquela época não se encontrava nem mesmo um espírito regional. Os colégios jesuítas eram a única instrução. Em Minas, onde não se estabeleceram jesuítas, até o século XVIII não havia ainda sequer uma escola. Apesar de professores incomparáveis, o ensino jesuítico era uniforme e impedia o surgimento de ideias originais, estranhas à disciplina moral e à ordem estabelecida. Fora do Brasil, os jesuítas divulgaram as maravilhas do nosso mundo e fizeram o elogio do índio. No Brasil, fizeram uma literatura paisagista e gongórica, que cultuava a terra, defendia o clima tropical, que os europeus desprezavam. Nas letras luso--brasileiras predominava o ditirambo, a exaltação exagerada do país. Frei Vicente do Salvador foi o primeiro brasileiro a escrever um livro, em 1627, a sua História do Brasil, que já defendia a nação brasileira contra a exploração da Metrópole. O canto mais romântico das belezas pátrias foi o *Diálogo das grandezas do Brasil*, de Ambrósio Fernandes Brandão, de

CIVILIZAÇÃO BRASILEIRA E OTIMISMO ULTRACONSERVADOR (INGÊNUO) 61

1618. Nesta nossa primeira literatura, a natureza predominava sobre a história e idealizava-se um índio forte e livre.

O maior poeta foi Gregório de Matos, o primeiro nativista, combatido, satirizava governos e incitava o povo a desdenhar dos opressores. Os versos políticos de Gregório de Matos ficaram no Brasil, apesar de nunca terem sido publicados. Vieira também defendeu a nação nos sermões e cartas, advogando-lhe os interesses materiais e espirituais com uma linguagem ousada. Para Calmon, esse jesuíta genial foi um protetor do Brasil. Contudo, o pensamento de Vieira era ainda português e, não, um pensamento brasileiro. O espírito dos jesuítas se opunha às "chularias" de Gregório de Matos. A literatura brasileira colonial não se diferenciava muito da literatura da Metrópole. Essa indiferenciação se consolidou com a proibição da instalação de prelos no Brasil. Era proibido publicar no reino livros que divulgassem as riquezas coloniais, como a obra de Antonil, *Cultura e opulência no Brasil por suas drogas e minas*. Os escritores do século XVIII não tiveram o benefício da imprensa. Os autores brasileiros que estudaram em Portugal confundiam-se com os portugueses. A nação teve dificuldades para se exprimir na cultura, mas, apesar disso, grandes artistas brasileiros já transformavam os estilos europeus. Eram entalhadores de madeira baianos, escultores de pedras e pintores mineiros, que enfeitavam com o seu gosto individual o barroco europeu.

Aos poucos, a nação se autodescobria e se reconhecia, exprimindo sua alma própria, cativando uma juventude ambiciosa de reparações para a sua terra. Para Calmon, depois de Gregório de Matos, a expressão literária autenticamente brasileira apareceu em dois poemas: em 1769, José Basílio da Gama publicou o seu *O Uruguai* (*O Uruguay*, na primeira edição) e, em 1781, José de Santa Rita Durão publicou *O Caramuru*, poema épico do descobrimento do Brasil. Ambos nasceram em Minas Gerais, em um ambiente de riqueza, despotismo e revolta. Em *O Uruguai*, precursor do romantismo, sobressaía uma ternura pelas paisagens, um indianismo ideal. Mas foi em *O Caramuru* que surgiu um lírico e vibrante nacionalismo. A revolução americana e a república francesa eram o assunto da moda naquele tempo. A escola arcádia mineira era composta por poetas sentimentais, bacharelados em Coimbra, que voltavam à pátria escandalizados com a sua servidão. Eram conspiradores. Acabaram mártires. Distinguiram-se: Cláudio Manoel da Costa, Tomás Antônio Gonzaga, Alvarenga Peixoto. Eles modificaram a poesia, mostrando a alma brasileira. Gonzaga com o seu *Marília* fez uma obra pessoal superior a uma escola. Eles abusavam da mitologia, mas tornaram-se populares. Calmon sustenta que, em Minas, não havia colégios jesuítas. Não terá sido por isso que a primeira literatura e arte "brasileiras" teriam surgido aí?

Quando veio a emancipação política, em 1822, para Calmon, a vida cultural brasileira afastou-se de Coimbra e da França e "passamos a imitar" os ingleses. No século XIX, predominou um cerebralismo, que afastava a literatura da representação da realidade. Havia disparidade entre o pensamento traduzido e o sentimento inato. A evolução nacional se dividiu entre uma expressão exterior, que copiava as emoções civilizadas transmitidas pelo jornal e pela oratória parlamentar, e outra, interior, que expressava forças imanentes e próprias, mascaradas, mas não anuladas pelas ideias importadas. Calmon, como intérprete do Brasil, poderia ser considerado um continuador da corrente nacionalista ou era um imitador da vida intelectual europeia? A história de Calmon é uma expressão interior ou exterior da vida brasileira? Por um lado, ele é romântico, lírico e vibrante, olha a natureza e a história brasileiras com ternura e proteção e se sente personagem de uma paisagem paradisíaca. Ele valoriza as expressões mais autênticas da alma nacional, como Gregório de Matos, frei Vicente do Salvador, os poetas inconfidentes. Mas, por outro, Calmon torna-se ambíguo, ao valorizar em excesso a contribuição jesuítica, o seu ensino abstrato e disciplinador, a sua literatura escrita na língua culta da Metrópole, que impedia os brasileiros de criar e exprimir ideias próprias. Para ele, nas artes, na literatura, na arquitetura, no ensino, na agricultura, no artesanato, os jesuítas foram a melhor "expressão brasileira" do mundo colonial.

Calmon se excede no elogio à "ação brasileira" dos jesuítas. Estes fizeram grandes realizações locais: calçaram as primeiras estradas, fizeram os primeiros portos, os cais, organizaram as forças econômicas. Eles eram o que a iniciativa privada tinha de mais lúcido e engenhoso. Eles foram os primeiros colonos a usar técnicas na exploração da terra. Deram o exemplo do trabalho racional. Eram produtores de couros e peles, cacau, açúcar, erva-mate, algodão, árvores frutíferas; exportavam tabaco, a erva, o cacau. Trouxeram as especiarias das Índias, canela, cravo, pimenta, a erva-mate, a quina e outras plantas medicinais. Tinham engenhos-modelos. Eles criaram colônias agrícolas, com disciplina religiosa e militar, com festas e músicas litúrgicas, para suavizar a vida virtuosa de horários inflexíveis e hábitos impolutos. As suas aldeias funcionavam como uma República ideal, teocrática. Eles organizaram um exército de indígenas contra os bandeirantes, os portugueses e os espanhóis. Portugueses e espanhóis se mobilizaram contra esse exército cristão. O colono não tolerou a sua proteção ao índio. Os jesuítas conseguiram do rei uma lei que considerava todo indígena forro, salvo os conquistados em "guerra justa". Os índios foram considerados livres. Por isso, os bandeirantes passaram a atacar as reduções jesuíticas, pois o escravo, para eles, era o trabalho, o pão, o "Brasil". Os jesuítas revidaram e foi votada a sua expulsão do Brasil.

Nesse confronto entre colonos e jesuítas, entre a expressão brasileira e a expressão estrangeira, Calmon é ambíguo, pois defende a primeira e se posiciona a favor dos jesuítas, que considera a "melhor expressão da vida brasileira". Para ele, se o Brasil tivesse tomado o caminho dos jesuítas teria encontrado um modelo de "ação construtiva" que o levaria a realizar mais rapidamente a sua autodescoberta e unificação. Para ele, a civilização brasileira incorporou, felizmente, o senso econômico e político deles. A sua ação se exerceu por todos os campos da economia tropical. Com o jesuíta, o homem arrumava a sua paisagem. Os jesuítas mantiveram as fazendas mais prósperas, os engenhos mais perfeitos desta terra. Eles estiveram por todo o Brasil e América. Aos índios, eles reconheceram a sua humanidade e lhes ensinaram a fé. Eles apenas toleravam a escravidão negra. Eles deram o exemplo da fé e do trabalho racional. Calmon se identifica com o projeto jesuíta para o Brasil. Para ele, os jesuítas tiveram uma "ação construtiva", preservando a natureza, os índios, cultivando a fé dos próprios colonos, "arrumando a paisagem", pacificando os conflitos, organizando a defesa, com coragem e determinação. Calmon defendia, como eles, uma monarquia cristã que reconhecesse toda a população como "humana" e "brasileira" e procurasse resolver os conflitos de forma salomônica, com brandura, serenidade e justiça. D. Pedro II teria continuado esse projeto jesuíta e realizado um governo racional e cristão, construtivo, unificador e pacificador e, para Calmon, foi a maior expressão brasileira.

Todavia, pode-se perguntar se, apesar das suas virtudes, o projeto jesuíta poderia levar, realmente, o Brasil ao encontro consigo mesmo. O projeto jesuíta seria a autêntica expressão da alma nacional? Os jesuítas não poderiam ser uma expressão brasileira, pois já tinham a sua própria expressão religiosa, e eram estrangeiros. A sua relação com o mundo brasileiro era de catequese e aculturação. Talvez as dificuldades de expressão própria encontradas pela nação viessem também da forte presença jesuítica. Eles impediram a criação de palavras e imagens brasileiras, pois representavam uma força e uma cultura externas. Em Minas, a nação brasileira pôde criar uma arte e um pensamento próprios porque não havia colégios jesuítas. Houve muitos padres nacionalistas, que gritavam no púlpito contra a Metrópole. Antonil era jesuíta. Mas, entre as "chularias" de Gregório de Matos e a "pureza" do padre Vieira, havia uma enorme e fundamental diferença, a diferença entre a expressão nacional própria e a expressão do interesse nacional em língua estrangeira. Para nós, Calmon tende para a segunda forma de expressão, pois pensa e escreve sobre o Brasil como um jesuíta português!

Calmon e a bifurcação da evolução brasileira

O primeiro Calmon e a Independência com a República

No início do século XIX, portanto, a evolução nacional levara o Brasil a se instalar em seu vasto território; a se dar conta de suas enormes riquezas minerais, vegetais e animais; a tornar-se grande produtor agrícola e grande criador de gado; a orgulhar-se de vitórias militares contra índios, franceses, espanhóis, holandeses; e a uma população igual à de Portugal: 4 milhões de habitantes. O território, já delimitado, estava conquistado e ocupado por brasileiros do Amazonas ao Rio Grande do Sul, faltando apenas resolver a questão da Província Cisplatina. As bandeiras riscaram os contornos do Brasil e a diplomacia portuguesa veio atrás dos sertanistas, reconhecendo o que estava feito, sobrepondo o direito ao fato. O Tratado de Madri reconheceu o *uti possidetis*, isto é, reconheceu juridicamente a ocupação de fato do território. A fronteira norte, menos dramática do que a fronteira sul, foi definida pelos tratados de Utrecht (1714), de Madri e de Santo Ildefonso (1777). A história da colônia do Sacramento e dos Sete Povos das Missões foi trágica e Calmon a narrou minuciosamente. Fisicamente, portanto, o Brasil já era um "país", uma "nação". Agora ele precisava partir para o encontro político consigo mesmo, para a conquista do direito de fazer a sua própria história. O Brasil queria acelerar a sua evolução no sentido de se autoconduzir, fazer-se, ser sujeito da própria história. O sonho da independência nacional exigia já a sua realização.

O domínio português tornara-se mais que inaceitável e intolerável, era absurdo! O domínio de Portugal, a outra semente brasileira, que Calmon havia deixado de lado, o outro Brasil, cuja evolução não o interessara, estava lá e evoluíra paralelamente à evolução brasileira. A semente da descoberta portuguesa evoluíra para uma estrutura administrativa discricionária, autoritária, extorsiva, que impedia a livre evolução da nação. O governo da Metrópole considerava o Brasil uma pluralidade de colônias e submetia-o a uma severa e única fiscalização. O governador-geral ficava na Bahia, representante do rei, protetor militar de toda a Colônia. Pelas circunstâncias geográficas, e para tornar mais eficiente o fisco, Portugal descentralizou a administração em capitanias e municípios. Dentro das capitanias, os municípios tendiam a ter vida própria, isolados, distantes. Alguns municípios eram mais extensos do que os estados atuais. As primeiras vilas tinham um aspecto militar, cercadas por caiçaras. O governo municipal era o que permitia a disciplina e a existência social. Mas, para Calmon, foi nesses municípios, de dentro da estrutura do Estado português, que se organizou e se manifestou o interesse local, a vontade brasileira, o espírito nacional. No município colonial se deu o principal confronto entre a nação brasileira e o Estado português. A sua luta pela liberdade se estendeu por todo o país.

Durante o século XVIII, com a descoberta das minas, o Estado português aumentara a pressão fiscal sobre o Brasil. O domínio português asfixiava a nação. A "evolução externa" limitava e sufocava a expansão da semente interna. A legislação colonial restringia as iniciativas econômicas e políticas. A resistência ao poder da Coroa foi, inicialmente, estimulada pelos padres, que gritavam nos púlpitos a favor do Brasil. As câmaras municipais e os conventos foram os primeiros núcleos nacionalistas. A separação entre Portugal e Brasil se radicalizou com a resistência dos municípios à restrição a sua autonomia e com a luta dos padres contra a opressão da administração colonial. Houve revoltas contra leis intoleráveis ou autoridades

CIVILIZAÇÃO BRASILEIRA E OTIMISMO ULTRACONSERVADOR (INGÊNUO)

despóticas. As câmaras municipais defendiam altivamente os interesses dos municípios. Os vereadores falavam pelo povo com desassombro e atrevimento. Na falta deles, os padres gritavam nos púlpitos. A irritação nativista, o espírito de autonomia local, o sentimento do bem comum do Brasil se apoiaram no crescente prestígio das câmaras municipais. Alguns "homens de consideração", "bons", lideravam o protesto dos habitantes, impondo novos rumos à política portuguesa em relação ao Brasil.

Do século XVIII em diante, a jovem nação se rebelou contra os privilégios dos comerciantes reinóis, contra a extorsão do fisco, contra o poder centralizador e discricionário da Metrópole. Ela passou a se autoexprimir politicamente em inúmeras rebeliões, sedições, conjurações, revoltas, revoluções. Muitos foram os confrontos entre brasileiros e portugueses, sobretudo no Nordeste. Calmon os narra com simpatia. No Maranhão, a revolta popular de Bequimão teve o apoio da Câmara. A restrição à escravatura vermelha, conquistada pelos jesuítas, levou os senhores de engenho à conspiração. A revolta foi duramente sufocada e Manuel Beckman foi julgado e enforcado em 1685. Na Bahia, em 1711, brasileiros e portugueses divergiram em relação ao monopólio do comércio do sal grosso. O sal era vendido muito caro pelos portugueses, e os brasileiros, liderados pelo Maneta, quebraram lojas e cometeram desatinos. A população se aquietou com dificuldade. Em Pernambuco, na Guerra dos Mascates, a inquietação tinha mais fundas raízes. Os senhores de engenho de Olinda lutaram contra mercadores portugueses do Recife, aqueles, devedores, e estes, credores. Os portugueses do Recife venceram. Houve enforcamentos, degredos. Mas o ódio continuou e reapareceu em 1817 e 1824. Na Bahia, em 1798, a Rebelião dos Alfaiates eclodiu. Era uma revolta da plebe, de mulatos ousados e eloquentes. Defendiam uma república baiense. Atrás dos alfaiates alguns poderosos se escondiam. Quatro pobres artistas foram enforcados. Para Calmon, nunca se soube ao certo se eles queriam a emancipação da Bahia, ameaçando a integridade do país, ou se os alfaiates lutaram exclusivamente contra as desigualdades sociais.

Em Minas, a questão era a do imposto devido ao rei. A luta entre paulistas e emboabas deixara em Minas um povo vaidoso do seu poder. Os habitantes eram fortes, tinham armas, organização, solidariedade, a independência e as riquezas resultantes da vitória contra os paulistas. Eles entraram em confronto com o conde de Assumar, que se tornara um implacável representante do rei. O povo de Minas lutou contra vários impostos sobre o seu ouro e diamantes. Em 1720, o movimento de Felipe dos Santos sofreu violenta repressão. Felipe dos Santos jurara "morrer pela liberdade" e foi violentamente executado. O povo retraiu-se. Até 1789, os mineiros ficaram quietos. A Conjuração Mineira reuniu poetas, proprietários e eclesiásticos, que sonhavam com a República, sob as influências americana e francesa. Era a época dos filósofos da liberdade de pensamento. O grupo que se rebelou era letrado, oriundo de Coimbra. Estudantes brasileiros pediram a Jefferson apoio para a independência do Brasil. Tiradentes era um alferes exaltado, amigo de novidades políticas, loquaz, imaginoso, arrebatado, meio louco. Era maçom. O pretexto para a revolta foi a derrama ou execução da dívida de impostos. O povo mineiro começou a gritar "viva a liberdade!", "liberdade, ainda que tardia!" (em latim!). Pretendiam mudar a capital para São João del Rei, criar uma universidade em Vila Rica, a abolição da escravatura, estimular a indústria. Silvério dos Reis denunciou os próprios companheiros, e o visconde de Barbacena prendeu todos os conspiradores. Tiradentes manteve no julgamento os planos; os outros, fraquejaram. Tiradentes morreu só. Foi mártir e precursor! Esse episódio só entrou para a história através dos documentos oficiais da sua repressão, um dos dramas judiciais mais dramáticos da história brasileira.

Para o primeiro Calmon, essa revolta mineira significou o ápice do encontro do espírito brasileiro consigo mesmo. A partir de então, a luta pela emancipação política tornou-se irreversível, inevitável. Já se consolidara a consciência nacional, que se tornara ativa. O povo brasileiro adquirira gradualmente o conhecimento de si próprio, revelara-se, amadurecera para a liberdade. A independência viria, a liberdade, ainda que tardiamente. No início do século XIX, radicalizou-se o movimento da independência. Inspirados em livros franceses, proprietários rurais, intelectuais, políticos e padres brasileiros aprofundaram a luta pela emancipação do Brasil. Os escritos revolucionários franceses circulavam entre alguns letrados brasileiros. Aquelas leituras propunham a revolução democrática. A maçonaria tecia entre os países e as castas uma rede de entendimentos. Os maçons portugueses e os da Inglaterra ligavam-se espiritualmente. No Brasil, as ideias revolucionárias começaram a ganhar corpo e a agir. A maçonaria teve um papel de liderança revolucionária.

Em 1817, no Nordeste, o espírito da revolução da independência tornou-se ação. Em Recife, explodiu uma das revoluções mais radicais da América. O movimento era nacionalista, antiportuguês, antieuropeu, antiescravista, republicano, liberal. O agricultor brasileiro lutava ainda contra o comerciante português, o seu credor. Os recifenses lutavam pela nacionalização do comércio. Os movimentos pernambucanos tiveram uma feição mais urbana e radical. Calmon narra detalhadamente o episódio que deflagrou a Revolução de 1817 e a violenta repressão que sofreu. Foi a primeira luta franca entre forças brasileiras e forças da Metrópole. A revolução ultrapassou o nível da conjuração, da rebeldia de alguns, para se tornar um confronto sangrento entre forças nacionais e externas. Para o primeiro Calmon, o sacrifício dos líderes não foi inútil, pois acelerou o processo patriótico de formação nacional. Com a derrota das revoluções pernambucanas, incluindo a de 1824, a luta pela independência foi adiada, mas não extinta.

O segundo Calmon e a independência com a monarquia

No início do século XIX, portanto, a evolução política parecia que coroaria a evolução nacional com a independência e a república. O Brasil já existia geográfica, econômica, social e culturalmente e parecia pronto para tornar-se livre do domínio português. A busca do "encontro do Brasil consigo mesmo" se radicalizou com as rebeliões, conjurações, revoltas, revoluções. Já se vislumbrava a separação total de Portugal e a instalação de um governo nacional liberal, republicano, democrático, federativo, antiescravista. Mas fatos novos ocorreram na Europa, as guerras napoleônicas, e, ironicamente, a família real veio parar no Rio de Janeiro! O absolutamente imprevisível e inesperado ocorreu: o Brasil tornou-se o centro e a sede do Império português! Em 1808, a família real instalou-se no Brasil e, desde esse grandioso "evento", a evolução política nacional se bifurcou: a semente brasileira evoluía ainda para a independência com a república, mas a semente portuguesa se fortaleceu com a possibilidade da independência com a monarquia. O Estado português, agora dentro, deixou de ser associado a exploração e opressão e passou a ser visto como o líder da independência brasileira! Isso teria sido impensável no século XVIII, quando as rebeliões foram feitas contra o Estado português e cruelmente reprimidas por ele. A história colocava um novo problema: a independência com a monarquia poderia representar o encontro do Brasil consigo mesmo ou a vitória final do Estado português e a morte? Afinal, o que fazer: a independência com a república, coroando a evolução interna, ou com a monarquia, com a aceitação e a submissão à evolução externa (e seria independência?)? A Revolução de 1817-24 foi importante porque deixou claro que o Nordeste manteve a opção pelo primeiro caminho. Mas, agora, havia um segundo caminho, que não havia antes, que dividiu as forças revolucionárias brasileiras. Muitos líderes brasileiros passaram a ver o próprio rei, o tirano de antes, como líder do processo de emancipação, ficando em sua órbita e sob o seu controle.

Nesse momento, ocorre uma mudança surpreendente, para o leitor, na "interpretação construtiva do Brasil" de Calmon: ele opta pela independência com a monarquia! A sua narrativa, nesse momento, torna-se ambígua, pois tem-se a impressão de que traiu o projeto da "vida nova em terra nova", a revolução brasileira, cujas ações até então ele acompanhara com empatia. Até aqui, pelo entusiasmo com que narrou a resistência nacional à Metrópole, pela simpatia com que acompanhou a evolução da semente interna da árvore brasileira, ele parecia ser um rebelde liberal, republicano, nacionalista, democrático. Era empático com os rebeldes vencidos e parecia que "escovava a história do Brasil a contrapelo". Ele havia deixado de lado a história da conquista portuguesa, a semente cabralina do descobrimento do Brasil, que também evoluíra, concretizando-se na administração portuguesa e no pacto colonial. Os portugueses haviam descoberto e, de fato, se apropriaram do Brasil, mas Calmon dera atenção ao mundo brasileiro que se expandia. A evolução brasileira mostra duas árvores crescendo juntas, uma se nutrindo da outra. São árvores ao mesmo tempo próximas e opostas. Na cova brasileira original havia duas sementes, que evoluíram abraçadas uma à outra, a externa explorando a interna. Até 1808, Calmon era contra a descoberta e a posse portuguesa do Brasil e falava da autodescoberta da vida brasileira enraizada, autônoma, com a sua alma natural e a sua vida nova. Ele havia subido e se empoleirado na árvore brasileira e via o Brasil dali; mas, agora, tendo em vista os acontecimentos, pulou para o galho da outra e passou a ter outra visão do Brasil.

A partir de 1808, Calmon deixou de ser empático com a rebelião brasileira republicana e, cortesão radical, passou a agradecer ao destino pela transmigração da família real! Ele vinha fazendo a defesa do projeto nacionalista, mas para de fazê-lo para aplaudir a presença do rei em terras brasileiras. Talvez se possa dividir o seu pensamento, nesta obra, em duas fases: até 1808, um primeiro Calmon, revolucionário, nacionalista e republicano; após, um segundo Calmon, ultraconservador, nacionalista e monarquista. Calmon deixou-se fascinar pela "grandiosa presença" do imperador em pleno Rio de Janeiro, e passou a vê-lo como o verdadeiro herói revolucionário, que daria ao Brasil a vida independente que desejava e pela qual lutava. Para ele, agora, "o Brasil foi o país que mais lucrou com a epopeia napoleônica, que nos deu Rei, reino, abertura dos portos, indústrias, colonização, império"! Agora, "a fortuna nos foi favorável e avara com nossos vizinhos"! Agora, "a solução monárquica da emancipação do Brasil manteria, na ordem, a unidade das províncias"! Agora, Calmon se posiciona ao lado de d. João VI e torna-se um reles cortesão. A sua origem nobre falou mais alto. Mas ele se excede em sua capacidade de ambiguidade, pois afirma que "aceitará", não mais elogiará, as próximas rebeliões, argumentando que seria contra, mas falará delas porque tudo que venha a ocorrer no Brasil, qualquer que seja a direção tomada pela história brasileira, ele estará sempre disposto a "compreender". A sua hipócrita atitude romântico-cristã em relação à "doce-amargosa" história brasileira é de tudo aceitar e compreender. Não importa o que ocorra, para ele, será o Brasil buscando construir e realizar o seu destino. Ele sustenta que todos os personagens e eventos o interessam apenas porque são "brasileiros". Na verdade, ele se sentia assegurado de que o rumo tomado estava garantido e as rebeliões eram importantes apenas para fortalecer a opção monárquica.

Calmon finge estar acima dos dramas, das derrotas, dos heróis, das alternativas partidárias e tem a pretensão de olhar o Brasil do ponto de vista superior do "interesse nacional", mas o olha do ponto de vista da família real. Cristão, o seu olhar jesuíta finge aceitar todos aqueles que ele considera que "gostam e lutam pelo Brasil". Ele se justifica dizendo que vê o Brasil como uma construção difícil, e não quer destruí-lo propondo a luta entre brasileiros. Para ele, todos os personagens que tiveram uma "ação construtiva" devem ser reconhecidos e aplaudidos. E o personagem que poderia

CIVILIZAÇÃO BRASILEIRA E OTIMISMO ULTRACONSERVADOR (INGÊNUO)   69

unir, reunir, confraternizar todos os brasileiros, para ele, a partir de 1808, era o imperador. Mas Calmon não se tornou monarquista de repente, pois, na verdade, foi sempre um fanático defensor do imperador. Ele não mudou de posição, surpreendido com a chegada da família real. Ele escreveu sua obra em 1935 e já conhecia os eventos da história brasileira. Ele narrou com simpatia a rebelião brasileira colonial porque já conhecia o seu "glorioso desfecho". Ele considerava a vinda do rei uma coroação milagrosa do processo de autodescobrimento do Brasil. Foi Deus quem o mandou, para unificar definitivamente a nação brasileira, evitando o fratricídio e a fragmentação do território.

Em 1808, para ele, a vida brasileira se resolveu com a inclusão da dinastia portuguesa como um personagem interno. A evolução externa entrou na interna, e a família real e a administração portuguesa tornaram-se brasileiras. D. João VI, ao vir para o Brasil, era como se Cabral tivesse redesembarcado no Brasil e não fosse, depois, para as Índias. Estabeleceu-se, apropriou-se e governou, aceitando e valorizando a sua descoberta. A família real veio para o Brasil, valorizou o Brasil e, para Calmon, isso foi uma sorte, um presente de Deus. O Brasil se encontrou: as evoluções paralelas se encontraram. As árvores brasileiras se uniram em uma única história. A vinda do rei não representou uma ruptura da evolução do autodescobrimento, mas o seu feliz coroamento. Agora o Brasil evoluiria com maior rapidez e eficiência. A temporalidade evolutiva vencera a possibilidade do tempo revolucionário. Não haveria mais confronto entre o mundo brasileiro e Portugal, pois o rei, finalmente, aceitara o Brasil, dando início a uma era magnífica. D. João VI agiu a favor do Brasil e, ao abrir os portos à Inglaterra, antecipou a "independência brasileira", pois esse ato derrubava o pacto colonial.

O Brasil passou a ter um rei, e a decisão brasileira tornou-se soberana. A subordinação a Portugal era apenas histórica. A metrópole econômica era agora a Inglaterra, que passou a realizar o comércio diretamente com o Brasil, dispensando o porto de Lisboa. Em 1810, foi assinado o tratado que favorecia o comércio direto com a Inglaterra, que foi como um atestado de maioridade do Brasil. Sob o governo de d. João VI, o Brasil cresceu, urbanizou-se, surgiu uma burguesia própria, as atividades econômicas se aceleraram. Com d. João VI, o Brasil entrou em um ritmo de "modernização". De 1808 a 1816, o príncipe regente, que, para Calmon, "gostava do Brasil", fez a imprensa, o Supremo Tribunal de Justiça, a Academia de Medicina, fábricas, bibliotecas, o Jardim Botânico, museu, praças de comércio, o Banco do Brasil. A Coroa só mantinha dois monopólios: dos diamantes e do pau-brasil. As artes mecânicas foram valorizadas, antes mister plebeu que impedia o acesso a cargos públicos. D. João VI sentira a necessidade de atrair o colono estrangeiro e "limitar as zonas de condensação dos escravos negros". Como já sabemos, Calmon temia uma revolução negra, e d. João VI, sabiamente, tomou medidas para evitá-la. O brasileiro começou a se habituar a manejar dinheiro, antes habituado à permuta de gêneros. Em 1821, d. João VI teve de retornar a Portugal, interrompendo, para Calmon, "um dos períodos mais brilhantes da história do Brasil".

Todavia, na saída, d. João VI, que "gostava realmente do Brasil", esvaziara os cofres! Ele poderia representar o "encontro do Brasil consigo mesmo", a independência? Ou teria representado um enorme afastamento do Brasil consigo mesmo, a morte? Será que Calmon ousou esboçar uma ironia quando afirmou que d. João VI "partiu levando 200 milhões de cruzados do Banco do Brasil e a alfaia que pôde transportar"? Ele seria incapaz de ser irônico com o rei. Calmon, ressentido, provavelmente, considerava que d. João VI traíra o Brasil e a sua fiel adesão, sim, não por ter roubado os cofres brasileiros, mas por não ter feito a opção pelo Brasil e ter nos trocado pelo trono português. Ele retornou pressionado pela Revolução Constitucionalista do Porto, em 1821, quando as ideias liberais, com um atraso de 30 anos em relação à França, chegaram a Portugal. Era o fim do absolutismo em Portugal. As Cortes portuguesas exigiram o retorno de d. João VI e a recolonização do Brasil. O Brasil também estava embebido do idealismo revolucionário e ansiava por sua autonomia. Calmon retorna à sua narrativa entusiasmada da rebelião brasileira contra as Cortes. Mas, agora, a rebelião era legítima, pois liderada pelo próprio príncipe regente.

Para Calmon, d. João VI foi generoso ao presentear o Brasil com seu filho como príncipe regente. D. Pedro I garantiu a união das províncias. Era um herói romântico, cheio de paixões, ambições, de coragem pessoal, de amor à aventura. Foi o herói da "independência com a monarquia", impedindo o movimento popular que poderia realizá-la contra a monarquia. As Cortes quiseram arrebatar d. Pedro ao Brasil, exigindo o seu retorno a Portugal, mas o grupo brasileiro que o circundava, liderado por José Bonifácio, o fez desobedecer. Felizmente, para Calmon, ele se decidiu pelo "Fico". D. Pedro tinha a seu lado o Rio de Janeiro, São Paulo, Minas Gerais e o Rio Grande do Sul. As Cortes o consideraram inimigo. Ameaçaram deserdá-lo. Em Portugal, falou-se até na deposição de d. João VI. Para as Cortes, a Coroa do Brasil seria a suprema aventura. Apoiado por José Bonifácio e outros brasileiros, d. Pedro decidiu lutar pelo trono brasileiro. Em 7 de setembro de 1822, gritou as palavras que sintetizavam o programa da nação brasileira: "Independência ou Morte". D. Pedro foi consagrado imperador em 1º de dezembro de 1822. Para Calmon, agora mais do que nunca monarquista, o Brasil prosperou, modernizou-se, então, apesar de ser aflitivo o estado das finanças públicas. Calmon não se lembraria, mas foi a monarquia que destruiu o Tesouro Nacional: o fisco extorsivo da Colônia, o desfalque de d. João VI, as despesas das guerras da Independência e da Cisplatina, a indenização paga a Portugal pelo reconhecimento da independência etc.

CIVILIZAÇÃO BRASILEIRA E OTIMISMO ULTRACONSERVADOR (INGÊNUO)

Faltava ainda a despesa da Abdicação. Durante o governo de d. Pedro I, a rebelião republicana, que Calmon passou a renegar, continuou a sua luta. O antagonismo colonial entre o senhor de engenho e o negociante, o desejo do mazombo de controlar o comércio, esses ódios seculares explodiram em uma ira patriótica. O sentimento antiportuguês, que antes Calmon dizia compartilhar e não compartilhava mais, era intenso. Não se perdoava ao imperador o fato de ser "português". O lado português de d. Pedro I despertou, então, e ele dissolveu a Assembleia Constituinte, em 1823. Outorgou autoritariamente uma Constituição, em 1824. Contra a sua atitude antibrasileira, em Pernambuco, explodiu a Confederação do Equador, dando continuidade à Revolução de 1817 e à evolução do autodescobrimento. O imperador enviou tropas a Recife e a reprimiu. Mas, mesmo vencedor, d. Pedro I continuou a ser "o português". Calmon, o cortesão compreensivo, agora contrário às rebeliões de 1817 e 1824, diante da intolerância dos brasileiros, o absolve: "D. Pedro I era exacerbadamente brasileiro! A sua ação foi muito construtiva: ele fez a Independência e consolidou a união nacional". O seu elogio a d. Pedro I, contra todo o sentimento rebelde brasileiro, mostra que Calmon sempre fora monarquista e pró-português. Na verdade, ele preferira a monarquia à independência. Era um ex-brasileiro.

A grande derrota de d. Pedro I foi a perda do Uruguai. Portugal considerou sempre o rio da Prata a fronteira natural do sul, o que incluiria ao território brasileiro a Província Cisplatina. Em 1816, d. João VI havia anexado a Banda Oriental, que se tornou a Província Cisplatina. Até 1825, essa província ocultou seu sentimento de emancipação. Mas, com o apoio argentino, eles iniciaram o combate antiportuguês. Estava em disputa o controle do rio Paraná. O Brasil monárquico era um vizinho poderoso e incômodo. A Argentina deu todo apoio aos uruguaios. A paz foi obtida com a autonomia da Cisplatina, que não seria nem brasileira, nem argentina. O Uruguai não podia manter a sua independência sem o apoio e a vigilância do Império, pois era uma república minúscula. Para Calmon, a diplomacia do Império expandiu pelo continente sul-americano o "espírito cristão e democrático do Brasil". O que o Império quis foi afastar das fronteiras um vizinho indesejável. Ele não cobiçava terras alheias. Não era um imperialista sul-americano. O Brasil não era industrial e não lutava por mercados como a Inglaterra. Para Calmon, o imperialismo brasileiro nunca existiu de fato. O imperador não era guerreiro, nem os militares dominavam a política. A aristocracia era agrícola e a independência e suavidade dos costumes se opunham à vida severa da caserna. Só depois da Guerra do Paraguai apareceu o Exército brasileiro, com escolas, disciplina, equipamentos, e que, infelizmente, iria agir contra o Império.

A organização política do Império tinha por base a velha municipalidade, resultante tanto das instituições portuguesas quanto da extensão geográfica do Brasil. A Constituição de 1824 não refletiu o meio nem as tendências da evolução nacional. Estabeleceu uma nação unitária, quando era descentralizada desde o início. A Constituição da Monarquia foi corrigida sucessivas vezes: 1832, 1841, 1847, 1880, 1888. O imperador podia dissolver a Câmara. Mas o unitarismo imposto se opunha à tendência ao parlamentarismo inglês. Os conflitos entre o imperador e a Câmara se sucederam. D. Pedro teve que abdicar. O imperador aceitara o Legislativo com dificuldade. Ele o ignorava e se limitava a lhe pedir leis. A Câmara o censurou eloquentemente. A oposição ao seu absolutismo cresceu. Ele ignorava a Constituição que ele próprio outorgara. D. Pedro I, em visita a Minas, foi recebido em Ouro Preto com o sino de finados. O conflito entre brasileiros e portugueses em relação ao imperador se manifestou em diversos episódios, como o da Noite das Garrafadas (1831). Os brasileiros estavam insatisfeitos com o seu autoritarismo. O povo levantou-se e d. Pedro I, infelizmente, para Calmon, teve de abdicar.

D. Pedro I também presenteou o Brasil com seu filho, que era ainda uma criança. Por isso, o poder foi ocupado, pela primeira vez, por políticos brasileiros. O período da Regência (1831-40) pode ser visto como uma primeira experiência republicana brasileira. Dir-se-ia que a nação se assenhoreava de seus destinos, que a evolução do autodescobrimento chegava ao seu apogeu. Mas, para Calmon, a Regência foi uma experiência desastrosa e a prova cabal de que a monarquia era a solução. O regime brasileiro apareceu, então, para ele, em sua dupla face: "mentalidade indígena e cultura europeia". No século XIX, esse dualismo, sangrento e dramático, foi comum aos países sul-americanos. Agora, Calmon considera que os defensores da independência com a república cultuavam a "superstição do nacionalismo" e a "superstição democrática". Na Regência, a pátria esteve em perigo e foi necessária a reação conservadora. Os monarquistas temiam o "jacobinismo revolucionário, acatólico e antiburguês", que poderia levar à dissolução nacional. A palavra de ordem era: ordem! As regências provisória e permanente não representavam os sentimentos antimonárquicos, mas não conseguiram controlar os antimonarquistas. As crises se sucediam. Liberais e conservadores se enfrentaram e se alternaram no poder. O Brasil parecia à beira da anarquia. Temia-se a recaída na ditadura sul-americana. A Regência foi então, para Calmon, legitimamente esmagada pelo regresso conservador, e a monarquia foi salva dos atentados terroristas dos republicanos.

Enfim, a "independência com a dinastia portuguesa" significou um encontro do Brasil consigo mesmo ou o afastamento do Brasil de si mesmo? Calmon afirma que, na Regência, "falou-se pela primeira vez em descontentamento social, de pobres *versus* ricos, homens das cidades *versus* fazendeiros". Não seria essa discussão e a sua luta que representariam o "encontro do Brasil consigo mesmo"? Por que e para quem representariam a anarquia e a desordem? Na análise da Regência, as suas ambiguidades se desfazem, o seu tom melífluo, ensaboado, "fidalgo", "filantropo" se desfaz, e o ponto de vista de Calmon sobre a civilização brasileira torna-se visível. Ele vê o pe-

CIVILIZAÇÃO BRASILEIRA E OTIMISMO ULTRACONSERVADOR (INGÊNUO)

ríodo da Regência como uma ameaça à paz e à unidade nacional. O Brasil esteve próximo da autodissolução, da anarquia, quase se transformando em mais uma caótica república latino-americana. As ações empreendidas pelos governantes brasileiros desse período não foram "construtivas". A Regência agiu contra o Brasil. O seu ponto de vista jesuítico, aparentemente superior, acima dos conflitos, agora ganha toda a nitidez. Ele se diz a favor do Brasil e, para ele, "gostar do Brasil" significa ser antiliberal, antirrepublicano, antipopular e racista. Ele teme o radicalismo liberal e popular e prefere o governo autoritário e conciliador dos imperadores portugueses. Ele teme o governo de brasileiros e a participação política da "mentalidade indígena", popular. Ele teme a revolução negra e a presença popular no poder. Na Regência, para ele, "nacionalismo" e "democracia" tornaram-se "superstições". Ele temia uma Revolução Francesa no Brasil, feita por "radicais jacobinos, acatólicos e antiburgueses", o seu fantasma ancestral. O seu espírito jesuítico, diplomático, pacificador revela-se defensor do mundo branco, aristocrático, conservador, monarquista. Para Calmon, *o encontro do Brasil consigo mesmo era a independência com a dinastia portuguesa!* A Regência o fez se decidir: a Monarquia impediria a luta entre brasileiros, garantiria a unidade e a paz. A sua ação seria "construtiva", pois impediria os conflitos.

O período regencial foi tão traumático que, no final, para Calmon, até os liberais preferiam o rei. Ele ironiza: foi a oposição liberal que deu o Golpe da Maioridade! Os próprios herdeiros da tradição revolucionária nacionalista, em 1840, passaram a preferir a independência com a monarquia. Para Calmon, o caminho que ele defendia tornou-se consensual. O Brasil estava cansado de incidentes, motins, rebeliões, crises. O padre Feijó renunciou, pois não podia governar sem orçamento, sem o apoio das províncias e dos conservadores. Os liberais de Feijó adiantaram-se aos conservadores tramando a conspiração da maioridade. Como não conseguiram proclamar a República, restabeleceram o trono antes do tempo e Pedro II, com 14 anos, o assumiu. Para liberais e conservadores, a Regência fora uma experiência democrática violenta, que revelara a fragilidade nacional, a "deseducação das massas" e a incapacidade dos brasileiros de se autoconduzirem politicamente. Entre 1837 e 1840, o temor ao caudilhismo desencadeou a reação monárquica. Em defesa da paz e da unidade nacional, os liberais desistiram provisoriamente da República e passaram o poder à criança real. Para Calmon, o fato de o imperador ser ainda uma criança era emblemático e auspicioso: o Brasil renascia! As duas evoluções paralelas se encontraram novamente nessa criança e, doravante, o Brasil estaria livre de conflitos, rebeliões, e entraria no seu leito natural de desenvolvimento sereno e integrado.

Uma vez no poder, o imperador foi sábio ao preferir o apoio dos conservadores e evitar seus "interesseiros apoiadores" de 1840. O espírito conservador retornou vitorioso. Essa opção do imperador pelos conservadores reacendeu os ódios liberais. A Revolução Liberal, de 1842, em São Paulo e Minas Gerais, liderada por Teófilo Otoni e o padre Feijó, foi dura e legitimamente sufocada. O radicalismo da Revolução Farroupilha, no Rio Grande do Sul, foi finalmente reprimido em 1845. Em 1848, a Revolução Praieira, em Pernambuco, foi "pacificada" e fechou-se, assim, definitivamente, o turbulento período regencial. O sábio imperador, apesar de 1842 e 1848, magnânimo, ainda chamou os liberais ao governo, exigindo deles "mais tolerância e amor ao Brasil". O parlamentarismo copiado da Inglaterra deu ao país um largo período de tranquilidade. O imperador estabeleceu uma política de alternância dos partidos no governo e a nossa vida política passou do partidarismo à conciliação, da intransigência à tolerância. Calmon se mostra perplexo com uma curiosidade política brasileira do Império: os conservadores realizavam as ideias liberais e estes, as conservadoras. Para ele, os liberais, "intransigentes como sempre", apenas para se oporem, agiram até contra a redenção dos escravos! Havia confusão, fusão, indiferenciação, entre os dois partidos. Conservadores sustentavam governos liberais, e os liberais fizeram o Golpe da Maioridade e a Guerra do Paraguai! O que Calmon parece insinuar é que os políticos brasileiros, sobretudo os liberais, não tinham condições de governar o Brasil, pois não conseguiriam elaborar um programa de governo consistente e, se conseguissem, não teriam firmeza para segui-lo.

O imperador salvou o Brasil. Para Calmon, o Segundo Império foi o momento áureo, o mais construtivo, da evolução nacional. No governo de d. Pedro II, o Brasil encontrou-se plenamente consigo mesmo, pois era independente, pacífico e democrático. Após 1848, a política imperial anglicanizou-se e criou molas e para-choques. O principal para-choque era o poder do imperador, que era absoluto. O seu inabalável prestígio pessoal consumou a paz e permitiu a evolução da "democracia". Foi um largo período de "democracia" e tranquilidade, raro na América do Sul. Foi o milagre do Brasil. O imperador alternava os governos liberais e conservadores com um transigente espírito de conciliação, renovação e reformas. O primeiro imperador realmente brasileiro consolidou a soberania, pacificou as lutas políticas, reuniu os adversários, soldou a união nacional. O imperador, como o Cristo ressuscitado, de braços abertos, misericordioso, tinha uma visão do Brasil de cima, global, absoluta e magnânima, pacífica, integradora. Ele tinha um vivo espírito cristão, era culto como um jesuíta, hábil como o melhor diplomata, íntegro como um asceta, via a todos os brasileiros e a todos valorizava e buscava integrar. Estava acima dos grupos, dos interesses particulares e das paixões políticas. A sua ação e a sua decisão tinham um único fim: preservar a paz e a unidade do país. Ele se sentia e agia como se fosse a própria encarnação da alma nacional. Para Calmon, d. Pedro II amava o Brasil e os brasileiros, sofria com a opinião europeia sobre a miscigenação, compreendia e aceitava a sua turbulência e trabalhava para dar-

CIVILIZAÇÃO BRASILEIRA E OTIMISMO ULTRACONSERVADOR (INGÊNUO)

-lhes progresso, paz e união. Para Calmon, d. Pedro II, divina e paternalmente, "estreitou o Brasil em seus braços".

O Império, para ele, foi o momento dourado da vida brasileira, e o imperador foi o maior e mais ilustre brasileiro. Graças a d. Pedro II o Brasil se manteve íntegro e soberano. Além de reino da paz e da democracia, o seu governo deu ao Brasil um período de "modernização" social, econômica, técnica e cultural. Foi um governo competente nas esferas econômica e social. Ao Brasil chegaram, então, com atraso, melhoramentos técnicos: a locomotiva, as fábricas de tecido, o vapor, a iluminação a gás, um regime bancário, a maquinaria agrícola, enfim, a indústria, que revolucionara a Inglaterra. Irineu Evangelista de Sousa, o visconde de Mauá, foi o pioneiro da mudança. O Brasil era ainda um país fornecedor de matérias-primas, importador de manufaturas e continuava agrícola quando, por toda parte, a máquina substituía o homem. Mas novos interesses industriais emergiram em divergência com os interesses agrícolas dominantes. A Inglaterra, líder da revolução social e tecnológica ocidental, forçava a modernização da vida social e econômica brasileira e hostilizava os monopólios e a escravidão. Ela agrediu a bandeira brasileira nos mares e as relações entre os dois países estremeceram. Os conflitos com a Inglaterra exigiram uma política industrial, apesar de a agricultura continuar sendo considerada a riqueza real e própria do país. Em 1850, a abolição do tráfico liberou capitais, que foram para as atividades mercantis e industriais.

A modernização atingiu fortemente o setor de comunicações e transportes, vinculados ao escoamento da principal produção agrícola, o café. A cultura do café foi ao mesmo tempo conservadora e modernizadora. Em São Paulo, houve uma súbita conquista de territórios, com uma produção impressionante. O café apareceu quase com o Império e foi muito bem-aceito no mercado externo. A aristocracia paulista do café vivia faustosamente. A nação continuou a sua migração do litoral para o sertão. O café se deslocava para o interior do país arrastando multidões. Os velhos projetos de estradas de ferro e de caminhos carroçáveis saíram do papel. Foram construídas as estradas de ferro D. Pedro II, as Centrais da Bahia e do Brasil. As estradas de ferro transformaram a economia e o espaço do Império, criaram regiões prósperas onde havia o deserto, fundaram e aproximaram cidades. As estradas de ferro foram fundamentais para a integração nacional e Calmon as descreve com a sua imagem do imperador: "braços de aço que estreitaram o país em um abraço". A colonização entrou pelo interior com os trilhos de ferro.

Com o vapor, as comunicações fluviais também "abraçaram o Brasil". Os rios principais, que levavam ao interior mais profundo, no século XIX, eram o Paraná e o Amazonas. O rio Paraná convivia com navios estrangeiros, e o comércio internacional era forte ali. O Amazonas era exclusivamente nacional. A diplomacia imperial era liberal com o primeiro e severa com o segundo, temendo incursões estrangeiras. Evitou-se muito a presença de estrangeiros na Amazônia. Ali não vigorava a livre navegação. Os Estados Unidos pressionaram e obtiveram acesso. Havia uma opinião nacional favorável à abertura do rio Amazonas aos estrangeiros. Em 1866, a Amazônia foi aberta ao comércio mundial. A extração da borracha deu-lhe notoriedade. Houve afluxo de populações, imigrantes, capitais. A produção da borracha dinamizou economicamente a região. A borracha ia para os Estados Unidos, onde tinha inúmeras aplicações. Mas a terra amazonense continuou cada vez mais brasileira. Manaus tornou-se um centro cultural moderno em plena selva! Outros meios de comunicação modernos que estreitaram as relações no país foram o telégrafo e o telefone, corrigindo o mal das distâncias. Por esses meios modernos, o Brasil se integrava à civilização ocidental. Os velhos engenhos de açúcar foram substituídos por usinas. Por todo o país, a invasão da máquina foi acompanhada do estrangeiro, que passou a ser visto como a alternativa ao trabalho escravo. Foi levantada, então, pelos liberais a tese de que o futuro do Brasil dependia da troca do escravo pelo trabalhador livre.

A imigração de europeus e asiáticos passou, então, a ser estimulada e realizada pelos grandes senhores de terras. Aliadas ao interesse dos cafeicultores, as perturbações econômicas na Europa e nos Estados Unidos também facilitaram a vinda de imigrantes. O senador Vergueiro iniciou a colonização estrangeira, dando ao trabalhador parceria no granjeio e frutos da fazenda. Ele inaugurou a época imigrantista em São Paulo. O braço europeu veio substituir o escravo, "reforçando-se o contingente branco da população", racismo dissimulado de Calmon, que não se estende sobre esse aspecto da imigração. Para ele, a grande imigração marcou a diferença entre o Brasil luso-americano, histórico, e o Brasil contemporâneo. No Brasil moderno de d. Pedro II, a moeda passou a circular melhor, a criação de instituições bancárias aumentou a oferta de crédito, acelerando a vida econômica, apesar das contínuas crises bancárias. Quanto ao investimento, hesitava o Brasil entre a política tradicional de fomento da produção agrícola e a criação de um espírito industrial. Os novos industriais, para prosperarem precisavam sempre de cada vez mais crédito. Na luta por mais crédito e por maiores investimentos, estabeleceu-se uma antinomia entre a mentalidade progressista, que imitava os Estados Unidos, e a mentalidade conservadora, rural e escravista. Aos poucos foi vencendo a primeira, a partir de 1885-88, com a Abolição, a imigração, o aumento da oferta de crédito bancário.

Mas a grande mudança social modernizadora ocorrida na fase dourada do Império foi a abolição do trabalho escravo. Segundo Calmon, nenhuma questão social agitou tanto a nação. A juventude letrada, romântica e revolucionária, não tolerava mais o cativeiro, que era visto como um vestígio da barbárie colonial. A escravidão tornara-se uma abominação histórica. A parte mais generosa da elite a combatia discretamente desde a Independência. A influência intelectual e política nesse combate era inglesa e

CIVILIZAÇÃO BRASILEIRA E OTIMISMO ULTRACONSERVADOR (INGÊNUO)   77

americana. Desde 1831, os brasileiros já sabiam que chegaria o dia da Abolição, e a colonização europeia seria a solução para o trabalho. Em 1850, a Lei Eusébio de Queiroz terminou com o tráfico, e a população negra tendeu a minguar, bloqueada nas senzalas. Desde 1851, começou a gritaria pela Abolição. Intelectuais da Europa e dos Estados Unidos a solicitaram formalmente a d. Pedro II, que agiu pessoalmente a favor dela, contra os grupos mais conservadores. O limite à abolição era que ela era um fato econômico. Os escravos eram o "brasil", o capital, o investimento principal de muitos agricultores. O escravo era o braço no país agrícola. Como abandoná-la, a "brasileira escravidão"? Para Calmon, foram necessários 20 anos para a conversão dos homens. O movimento abolicionista desceu do alto às ruas e do povo ao trono. Os políticos foram arrastados pelos poetas e jornalistas. Castro Alves foi o maior agitador. A Lei do Ventre Livre desencadeou o movimento, e organizações emancipacionistas formaram-se em todo o país, favorecidas pelo próprio d. Pedro II.

Joaquim Nabuco fundou, em 1880, a Sociedade contra a Escravidão. José do Patrocínio gritava que "a escravidão era um roubo". A fuga de negros foi facilitada, promovida, ocultada. A Guerra de Secessão era um estímulo forte. O Partido Conservador, inicialmente, lutou contra a Abolição, que, para ele, representaria a desorganização da lavoura, a "ruína deste vasto império". Sem indenização, a Abolição seria a ruína; e, para a indenização, não havia dinheiro. Arguia-se a legalidade da escravidão, já que o tráfico tinha sido extinto em 1831. Em 1885, a Lei Saraiva Cotegipe aboliu a escravidão dos sexagenários. Os oficiais militares se recusavam a perseguir negros aquilombados. O Exército se declarava abolicionista. A família paulista Prado libertou de uma vez todos os seus escravos. Os senhores mais perspicazes anteciparam-se à crise, desfazendo-se de seus escravos. Nas cidades, os abolicionistas empolgavam o povo. Os comícios populares se multiplicaram.

A princesa regente era favorável aos abolicionistas. Para Calmon, romântico, o coração de mulher falou mais alto do que o tino político, pois "naquela corrente de sentimentos estava, afinal, a afetividade brasileira". A princesa apoiou o Quilombo do Leblon. A Coroa corria riscos, mas a princesa não recuou. O imperador estava fora e disse que "se aqui estivesse as coisas não teriam ocorrido assim". Será que ele não teria feito a Abolição? Para Calmon, por um lado, a Abolição foi o empobrecimento repentino de toda uma casta. A confusão econômica! Por outro, foi uma festa no Brasil o que foi uma guerra nos Estados Unidos. A multidão venceu sem crueldades. O próprio Partido Conservador jovem deixou-se arrastar pela opinião pública. Calmon retira das ideias liberais e do Partido Liberal o mérito da Abolição. Para ele, foi uma ação que reuniu a princesa, o Partido Conservador e o povo! Era inútil lutar contra. A princesa assinou a Lei Áurea, a "Redentora", "estreitando afetuosamente o Brasil em seus braços". A multidão festejando nas ruas também "estreitava calorosamente o Brasil em seus braços". A regente ganhou a partida, mas, infelizmente, perdeu o trono! Contudo, pergunto, a Abolição não teria revelado também a "escravidão das elites"? As elites poderiam evitá-la? Em que medida foi um gesto nosso, soberano, ou imitativo da civilização, imposto de fora para dentro? Calmon, naturalmente, não se colocava tais questões.

Calmon escreveu um maravilhoso, empolgante, capítulo sobre a Abolição. Lendo-o, tem-se a impressão de que ele sempre a defendera e de que fora um abolicionista desde o descobrimento. E, se nos lembrarmos das primeiras páginas do seu livro, ele era realmente um defensor da "vida nova" que aflorara aqui. O primeiro Calmon podia ser antiescravista. Todavia, agora, a empatia do segundo Calmon não era com o negro escravo, mas com a generosidade da princesa. Nobre e cortesão, ele aplaudia a nobreza da princesa, emocionava-se com a sua afetividade. Ele aceitava a Abolição porque até a princesa e os conservadores a apoiavam. Os americanos já a haviam feito. Os europeus a exigiam. A civilização a impunha. Ele a aceitava porque fora uma decisão da princesa. Mas ele também a lamentava, profundamente, porque levou o Império à ruína. Foi uma decisão trágica, pois contra a Monarquia. Para Calmon, o Brasil não merecia perder o seu maior defensor, aquele que agiu da forma mais construtiva para a sua integração e modernização. D. Pedro II, que se entregara de corpo e alma ao Brasil, que o construíra com uma dedicação paternal, que o salvara da guerra civil e da fragmentação, não merecia ser eliminado da nossa história, assim, por um golpe de Estado. O Brasil sobreviveria ao seu exílio?

Todavia, não foi apenas a Abolição que arruinou o Império. A ruína já começara em 1870, com a vitória na Guerra do Paraguai. A partir de então, os militares entraram na vida política do país. Por um lado, a vitória na Guerra do Paraguai permitiu que o país se recompusesse financeiramente, que ganhasse prestígio internacional, que se fortalecesse o espírito patriótico da defesa da unidade nacional. O Império obteve a hegemonia sul-americana. A entrada de capitais estrangeiros foi o melhor resultado de luta tão sangrenta, que nos consumiu 50 mil vidas. Mas, fortalecidos, os militares, insatisfeitos com o pouco reconhecimento do imperador, que era um homem sábio e pacífico, tumultuaram os anos seguintes. O Exército passou a se opor ao imperador e a desestabilizar a ordem imperial. O Exército competia com o imperador para ser reconhecido como representante da unidade nacional e tinha a seu favor o fato de a ter defendido e preservado no campo de batalha. No final do século XIX, a República e a sua sombria turbulência reapareciam no horizonte do Brasil. Calmon, assustado, via o Brasil voltar a mergulhar em seu desejo suicida de se encontrar consigo mesmo pelo seu "lado mais sanguinário e menos seguro". A outra face da evolução brasileira, já elogiada e renegada por Calmon, emergia. Para ele, era ódio e desordem à vista! Teve reinício o que mais abominava, a guerra entre brasileiros, e o que mais temia, a possibilidade da fragmentação do Brasil.

O segundo Calmon e o retorno da independência com a república

Calmon não aceitaria a tese de que "encontrar-se consigo mesmo e ser feliz" significa não suspender os conflitos e não viver artificialmente em paz. Na verdade, para nós, o Império não foi uma época tão áurea, pois congelou as tensões e adiou o enfrentamento dos conflitos nacionais. O jovem imperador fascinou, conquistou a todos, que se renderam ao seu poder. A paz imperial não poderia durar para sempre, pois uma paz artificial não pode ser duradoura. No final do século XIX, a outra direção da independência, que a vinda da família real interrompera, voltou a se oferecer como possibilidade objetiva. As crises do século XVIII e do período regencial voltaram à tona e, agora, os brasileiros queriam enfrentá-las e resolvê-las, eles mesmos, sem interferências externas. Os ódios liberais somados aos ódios do Exército e aos ódios da Igreja se soltaram da âncora do imperador. O Brasil continuava a procurar o seu caminho, a civilização brasileira prosseguia a sua evolução e não poderia ficar prisioneira do magnetismo do imperador. Calmon, decepcionado, continua a sua história, mas com menos empatia pelos novos sujeitos históricos, atemorizado pela violência que se desencadeou, receoso pelo futuro da nação brasileira, que ele dizia amar e querer ver no gozo de uma vida pacífica, unida e democrática. Ele continuou a narrar a história brasileira, apesar de tudo, porque "o seu espírito cristão estava pronto a perdoar", a sua vocação de historiador estava pronta a investigar, o seu espírito diplomático, pronto a se opor ao conflito e a promover a paz e o diálogo.

Calmon "aceitou" a República. Apesar de a nação brasileira voltar a arder e os "bons ódios" voltarem a crepitar, ele a "aceitava", assim como d. Pedro II aceitara compartilhar o poder com os ódios liberais. Profundo admirador de d. Pedro II, ele se entristece e se revolta com a sua queda e o seu exílio. O imperador não merecia (e compartilho com ele essa ingenuidade) o exílio. Para Calmon, ele era a encarnação da alma nacional, e o castigo que lhe foi imposto, o afastamento do mundo brasileiro, foi ingrato, injusto e cruel. Ele merecia ter terminado os seus dias no Brasil, pois estava velho e doente e (para mim também) foi sem dúvida um grande brasileiro. Para ele, se d. Pedro II não fosse um imperador, o Império já seria uma República democrática. Teria sido mesmo necessário mudar o regime? Mas, como não havia como evitar esse fato, pois a história já consumara o fim do Império, Calmon se rende, então, e passa a descrever o "Golpe Republicano", no melhor estilo da história política tradicional: fatos, nomes, sentimentos, frases, entusiasmos, traições, elogios, alianças, rupturas, em uma linguagem política personalista, afetiva, envolvente. A contragosto, em luto, ele retoma o fio da evolução brasileira pós-imperadores. A outra evolução, a primeira, a interna e, para mim, a genuinamente brasileira, que continuara a correr e a pressionar como uma corrente marinha submersa, voltara a prevalecer. Voltamos às situações anteriores a 1808 e a 1840, à bifurcação da evolução brasileira, e agora a opção feita era pela República. Calmon se esforçaria para narrar essa história que renegara e da qual supunha que o Brasil já estivesse livre.

No final do século XIX, ele prossegue, o imperador estava doente e seu governo em crise. O Terceiro Reinado era fonte de temores e tema de discussões. O genro francês era impopular. A imprensa republicana via-o como "o francês", um reacionário intolerante, que a Revolução Francesa banira de sua terra. Temia-se que "o francês" se tornasse um ditador. Calmon era descendente da nobreza francesa, de católicos perseguidos e expulsos da França e, por isso, esse "francês", o conde d'Eu, devia significar para ele algo mais do que para os brasileiros. O fato é que os brasileiros não queriam ser mais governados por um estrangeiro e, por isso, cogitou-se em um neto de d. Pedro II. Para Calmon, essa ausência de um herdeiro político de d. Pedro II era também um motivo da crise, mas a Proclamação da República foi desencadeada sobretudo pelos dois grandes problemas do final do século XIX: a Abolição e a Questão Militar. Com a Abolição, a grande propriedade retirou o seu apoio à Monarquia. A aristocracia sentiu que uma nova ordem quebrara a sua tradição. As ideias republicanas ganharam mais adesões entre os proprietários e até os conservadores, desgostosos, se submeteram à sua influência. E querendo mostrar os liberais como inconsistentes e contraditórios, para Calmon, foram eles que, isolados e sempre do contra, defenderam a Monarquia no final. Calmon se consolava ao pensar que o Brasil continuava do lado certo, contra os liberais, pois foram os próprios conservadores que optaram pela República.

Com a Questão Militar, o Exército também retirou o seu apoio à Monarquia. A crise social, os vícios eleitorais indispuseram o Exército com o trono. A política entrou no Exército tornando-o indisciplinado. Ele já desejava estabelecer uma ditadura militar desde o fim da Guerra do Paraguai. O Exército deixou-se contaminar pelo idealismo exaltado dos povos vizinhos. Inclinou-se pelas soluções radicais, porque a paz impedia o militar de obter promoções, desestimulava-o. O imperador não se interessava pela guerra e não reconhecia os direitos do Exército. No governo houve quem defendesse o fim do Exército após a guerra. Os partidos não queriam mal às Forças Armadas, pelo contrário, procuravam cercar-se de altas patentes, que atraíam votos. Mas alguns gabinetes não confiaram a militares as pastas militares. Então, formaram-se os episódios que compuseram a Questão Militar: o Exército e o Parlamento entraram em confronto. Deodoro liderou os militares contra os políticos. A propaganda republicana e o abolicionismo se apossaram dos militares, que, unidos, fizeram a revolução republicana.

Portanto, sem um sucessor carismático, sem o apoio dos grandes proprietários de escravos, sem o apoio do Exército, e doente, o imperador

CIVILIZAÇÃO BRASILEIRA E OTIMISMO ULTRACONSERVADOR (INGÊNUO)

não pôde se manter no poder. Ele não pôde contar com o apoio dos partidos que o sustentavam porque, para Calmon, os partidos eram inconsistentes, flutuavam em suas opiniões, adaptavam-se. Não foram fiéis aos seus programas. Usurpavam o programa um do outro. Conservadores e liberais não se combatiam como deviam, confundiam-se. Não se sabia quem era da esquerda ou da direita. Luzias e Saquaremas eram muito parecidos. O conservador podia ser o mais avançado reformista; o liberal, era "o intransigente", inclusive, à direita. Para Calmon, o que foi feito de bom no Império, as leis abolicionistas, por exemplo, foi feito por conservadores; o que foi feito de pior, como a Guerra do Paraguai, foi feito pelos liberais. Os políticos marchavam trocando posições entre si como convencidos de que a verdade estava sempre do lado oposto. Evoluíam de conservadores a liberais e retornavam. A meu ver, eles estavam mais interessados em agradar ao imperador e em ser indicados para postos do que em propor um programa de governo autêntico. O imperador, então, ao contrário do que pensa Calmon, fez mal à vida política brasileira, impedindo-a de se exercitar na luta e se definir. O controle da vida político-partidária pelo imperador, a sua política "conciliatória e tolerante", que reduzia a luta política à disputa de postos na administração, não foi "construtiva". Ele se cercou de dois partidos oficiais e cooptou ou eliminou a oposição. No final, ele próprio foi vítima dessa vida política debilitada, desvitalizada pelos seus mimos e repreensões, que não lhe serviu para defender o seu poder.

Felizmente, para o Brasil, não para o imperador (e Calmon), as ideias republicanas ressurgiram, revitalizando a vida política brasileira. Elas sempre existiram no Brasil, antes e depois da Independência, fora do controle do imperador e francamente contra o seu poder. Elas estavam ligadas às rebeliões coloniais e aos defensores da independência sem os imperadores. Elas prosseguiam a evolução nacionalista interna, interrompida pela era dos imperadores. No final do século XIX, a vida política pulsava fora dos dois partidos tradicionais, controlados e desvitalizados pela política imperial. Os republicanos viam o Império, cercado por repúblicas, como uma aberração política na América. A ideia republicana voltou à praça pública em 1860. A imprensa já era republicana. O Partido Republicano nasceu em 1868 e era liberal-radical. A vitória do republicanismo seria a inserção do Brasil ao mundo americano, com a Federação, a igualdade, a soberania do povo. A Abolição fortaleceu o republicanismo. São Paulo era a maior força republicana. O Partido Republicano Paulista apareceu em 1870. O Rio Grande do Sul, terra de imigração estrangeira, aberto às influências do Prata, também era radicalmente liberal, fazia oposição ao Império, era positivista. Minas Gerais também era republicana. Apenas no Nordeste, completamente dominado pelo imperador e os seus partidos, o movimento republicano era mais moderado. Mas, apesar da sua importância política, e isso, de fato, para mim, é uma frustração, não foram os partidos republicanos que fizeram a República, em 1889, pois não tinham força para tanto.

A Proclamação da República foi um golpe militar, que ostentava um discurso republicano nacionalista. A "vida política viva", não oficial, fora do controle do imperador, crescia à margem, no Partido Republicano, nos grupos abolicionistas e positivistas, na maçonaria, nas facções dissidentes dos partidos oficiais. O Exército reunia e sintetizava todas essas forças vivas: republicanos, positivistas, abolicionistas, dissidentes liberais e conservadores, maçons e até os descontentes da Igreja. O Exército ao mesmo tempo sintetizava essas forças e não as representava. O Exército tornou-se a força catalisadora da linha evolutiva nacionalista republicana, era visto como o representante das vertentes dessa evolução que, agora, com o seu apoio, se sentiam em condições de resistir às pacificações, repressões, devassas, degredos e enforcamentos dos imperadores. Ele continuava a corrente histórica da luta dos nordestinos contra os holandeses, dos rebeldes e revoltados contra as sentenças da Coroa. Ele era o "encontro do Brasil consigo mesmo" possível, naquele momento, na evolução nacionalista republicana. O Exército representava os rebeldes do passado, agora com a força necessária para realizar a sua revolução. Deodoro da Fonseca, doente, era ainda o líder. A rebelião não contava com o apoio das patentes superiores. Os envolvidos eram capitães, tenentes, alferes. O mentor, o profeta da República, era Benjamin Constant. Foi o Exército que atraiu os políticos republicanos para a República e não o contrário. O movimento foi rápido, precipitado, imprevisto. Os oficiais superiores retraíam-se ou desaprovavam. Foram disseminadas notícias falsas sobre as "maldades" que o governo pretendia fazer com os oficiais revoltosos. Os líderes da conspiração seriam presos e enviados para o Mato Grosso e a Amazônia. Essa notícia foi a centelha que desencadeou a ação dos militares.

O Império se decompunha. Em julho de 1889, saindo de um teatro, d. Pedro II sofrera um atentado. Ele "perdoou o agressor", no seu melhor estilo. Mas surpreendeu a indiferença do evento entre a aristocracia. No dia 15 de novembro, dia do golpe, o imperador veraneava em Petrópolis. Desafiado pelas forças rebeldes, o Exército leal ao imperador decidiu não lutar contra os seus "irmãos". O Exército se uniu dando vivas à República, surpreendendo o povo e o próprio Partido Republicano. A ação se limitou a um desfile militar. A força dos civis foi de pouca valia, pois eram desorganizados. Muitos políticos eram "evolucionistas" e esperavam que, após a morte do imperador, a República inevitavelmente viria. Os civis republicanos foram úteis, depois, para a estabilidade do novo regime. O país se deu conta do que se passara em novembro de 1889 somente no ano seguinte. A imprensa da época sustentava que o povo assistira àquilo "bestializado", atônito, sem saber o que significava. Deodoro constituíra o Governo Provisório: Rui Barbosa, Benjamin Constant, Quintino Bocaiuva, Floriano Peixoto. D. Pedro II foi exilado com a família e morreu, em 1891,

CIVILIZAÇÃO BRASILEIRA E OTIMISMO ULTRACONSERVADOR (INGÊNUO)

em Paris. Ele perdoara os seus golpistas, como perdoara os liberais, o seu agressor etc. Em 1889, o Exército nacional doou ao Brasil um novo regime.

Em 1889, operou-se uma profunda mudança em todos os aspectos da vida nacional: República federativa, com máxima descentralização administrativa, separação entre Igreja e Estado, foi alterada a política econômica, adotadas práticas financeiras diferentes das do passado, o "encilhamento", que foi uma prosperidade fictícia, especulativa. O sucesso econômico passageiro afastou os espíritos dos impasses políticos. O Império refreara as iniciativas, a imaginação econômica. O Governo Provisório emitiu moeda sem o lastro ouro. Empresas e companhias se multiplicaram. Fortunas se faziam e se desfaziam rapidamente. O câmbio caiu. Tudo isso permitiu ao novo regime se consolidar, pois o desvario comercial distraiu a atenção. O projeto de Rui Barbosa era o industrialista. O Governo Provisório trabalhava muito, mas, dividido, durou pouco. Extinguiu a liberdade de imprensa. Deodoro separou-se dos republicanos mais influentes. Havia falta de confiança recíproca entre os governantes. Rui Barbosa pediu demissão nove vezes em um ano. Deodoro, que se tornara um ditador, foi abandonado pelos republicanos e precisou buscar o apoio de ex-membros do antigo Partido Conservador. A República retornava às fórmulas monárquicas. A elite do Partido Conservador aderiu à República. A alternância conservadores/liberais voltava ao poder. O hábito político foi mais forte do que os acontecimentos.

A Constituição foi promulgada em 1891: regime presidencial, autonomia dos estados, Supremo Tribunal Federal como fiscal da Constituição, substituindo o Poder Moderador. O texto era sóbrio. O Brasil passara do modelo inglês da política do Império para o modelo norte-americano da política republicana. Mas, lamenta Calmon, o país não encontrou a paz interna, a calma dos espíritos. Ele já suspeitava de que seria assim e, por isso, tornara-se opositor da linha evolutiva republicana. Para ele, essa direção da história brasileira não era "construtiva", pelo contrário, ameaçava destruir o Brasil sempre que se manifestava. Os rebeldes do passado, se tivessem vencido, teriam fragmentado e destruído o país. Os homens da Regência, se não tivessem recuado para a Monarquia, teriam destruído o país. Seria, agora, a vez do Exército de tentar destruir o país? A crise republicana foi profunda. Calmon a descreve como um terremoto político. Deodoro e Floriano foram candidatos a presidente e a vice, uma combinação explosiva. O regime decepcionava. O crédito público arruinara-se. Por falta de paz política, os recursos externos se retraíram. Deodoro decidiu-se por um golpe de Estado dentro do golpe. Em 1891, ele decretou a dissolução do Congresso, como d. Pedro I fizera em 1823. O Congresso procurou o apoio do vice Floriano Peixoto. Houve ameaça de luta entre deodoristas e florianistas. Deodoro preferiu renunciar, para evitar a tragédia. Agiu como d. Pedro I, em 1831, e como d. Pedro II, em 1889. O vice assumiu o poder e restabeleceu o Congresso. Ele governou como um "Marechal de Ferro" até 1894. Em defesa do regime republicano, ele enfrentou revoltas do Exército e outras regionais. O país se esvaía em conflitos, desacreditado no exterior. A pacificação do país parecia impossível. Calmon se desespera, pois não havia mais imperador-menino para se repetir um Golpe da Maioridade!

Para Calmon, de 1889 a 1898, a história republicana foi tão trágica como fora durante o período regencial. Houve a Guerra de Canudos, que, para ele, não era monarquista, mas um conflito de fundo religioso, produzido pela barbárie sertaneja, que só assumiu proporções gigantescas pela brutalidade dos meios repressivos, por parte de um governo empenhado em satisfazer a opinião das capitais. Prudente de Moraes sofreu atentado e o ministro do Exército morreu em seu lugar. O extremismo deixou o país arruinado. Mas, diante do tamanho do caos, felizmente, Calmon se acalma, os jacobinos foram se calando. O fermento revolucionário foi passando e a ordem foi sendo restabelecida. Em 1898, Campos Sales pôs o Brasil no caminho da ordem, concluindo uma difícil evolução. Após a fase tormentosa de sua instalação, a República começava a se organizar. O governo Campos Sales foi de reconstrução nacional. Calmon passa a se interrogar: será que a evolução nacionalista republicana conseguiria ser vitoriosa e levar o Brasil a um porto seguro? Ele oscilava em sua avaliação: ora acreditava, ora temia a República.

Para Calmon, mantendo o seu otimismo, após a tormenta inicial, a partir de 1898, a República entrou em uma "fase construtiva", embora a reconstrução nacional parecesse impossível. A situação financeira do país era grave. A dívida externa cresceu, o câmbio foi muito desvalorizado. A solução foi o *funding*, ou empréstimo de consolidação, que substituía o pagamento da dívida externa, negociado em Londres por Campos Sales. A opinião internacional era pessimista em relação ao Brasil. O *funding* serviu para acalmá-la. Mas, desde a saída de d. João VI, desde o pagamento da indenização da Independência e desde a saída de d. Pedro I, agravada pela corrupção onipresente em todos os níveis do Estado, a situação do Tesouro era de crise permanente. Campos Sales protegeu a indústria nacional, estimulou a iniciativa privada. O governo Campos Sales foi de regeneração financeira, após a pacificação política. Ele buscou o equilíbrio interno e o prestígio exterior. Ele assegurou a ordem substituindo a política de partidos pela "política dos governadores". A aliança São Paulo-Minas deu equilíbrio ao poder central. A diplomacia adotou uma atitude cordial com os países latino-americanos, e as questões de fronteira foram sendo resolvidas diplomaticamente.

Depois, o governo Rodrigues Alves foi uma época de intenso trabalho, remodelando a civilização material do Brasil. Afonso Pena o prosseguiu: portos, saneamento, cidades modernas, imigração. O Rio de Janeiro transformou-se em uma cidade-modelo: avenidas, porto, saneamento. Osvaldo Cruz combateu com êxito a febre amarela, e as condições higiênicas do Rio de Janeiro foram restabelecidas. Em 1905, obteve-se da Santa Sé o

CIVILIZAÇÃO BRASILEIRA E OTIMISMO ULTRACONSERVADOR (INGÊNUO) 85

único cardinalato da América do Sul. Com Afonso Pena, o Brasil chegou a uma situação de prosperidade e ordem interna invejáveis. O barão do Rio Branco aumentara o prestígio do Brasil no exterior. As Forças Armadas foram prestigiadas. No governo do marechal Hermes da Fonseca houve um retorno das crises, foi um governo trágico pelas desordens frequentes. Houve descontentamentos, motins, estado de sítio. Mas Wenceslau Brás restabeleceu a ordem. A I Guerra trouxe salutares consequências para o Brasil: desenvolveu nossas indústrias, despertou o espírito cívico de defesa nacional, nossos produtos se valorizaram. O Brasil assumiu responsabilidades internacionais. Um "nacionalismo construtivo" se implantou.

Calmon e a nostalgia do Império

Calmon termina a sua viagem pela *História da civilização brasileira* em 1922, ano em que foi comemorado o Centenário da Independência e em que foram repatriados os restos mortais do seu saudoso e eterno d. Pedro II. Era uma data muito especial, extremamente adequada para a sua rememoração da trajetória brasileira. Ele produziu uma "história comemorativa" e, talvez, tenha aceitado entrar pela República adentro apenas porque o esperava aquela data-símbolo do Brasil dos imperadores. Ele encerra a sua reflexão sobre o Brasil nessa data propícia a uma homenagem, a uma defesa e a um voto de esperança no retorno da Monarquia. Mas, como o imperador, Calmon, apesar de tudo, perdoava a República e lhe desejava sucesso. A "fidalguia" é a "capacidade de aceitar e perdoar erros e até injustiças". Calmon era visto pelos seus amigos como um "fidalgo" e, para ele, otimista, ingênuo como sempre, a República já podia se considerar bem-sucedida. Ele considerava o saldo do balanço histórico republicano, apesar de tudo, positivo. Houve o primeiro recenseamento geral em 1920 e já se sabia quantos eram os brasileiros, o que faziam e podia-se calcular o que esperar da nossa civilização. Em 1920, a população era de 31 milhões de habitantes. Para Calmon, em 1922, nossa civilização já era outra: perdera as linhas tradicionais agrícolas e litorâneas, industrializara-se, tinha uma economia sertaneja e modernos meios de transporte. São Paulo crescera vertiginosamente. A Amazônia crescera com a borracha, a indústria siderúrgica se desenvolvera em Minas, o café se expandira. O Brasil se fortalecera economicamente. A indústria e as lavouras canavieira e cafeicultora conviviam harmoniosamente. Mais otimista e ingênuo do que nunca, ele conclui, eufórico, a sua comemoração do Império: em 1922, no Centenário da Independência, "a civilização brasileira era um êxito!".

Calmon entrou pela República adentro, mas, na verdade, não a aceitara. Ele apenas se rendera aos fatos e "perdoara" os seus agentes e defensores. Em suas últimas frases, ele relativizou um pouco o seu romantismo ingênuo. Para ele, era tão extensa, geograficamente, a nossa civilização, que, em 1922, parecia que apenas "esboçara as suas tendências e diferenciara a sua fisionomia". Calmon termina a sua "doce comemoração" com um travo amargoso: ele tinha a impressão de que tudo estava ainda por fazer! Mas, como todo crente que sente fraquejar a sua fé, ele reafirmava mais dogmaticamente ainda o seu otimismo. Ele estava inabalavelmente convencido de que há um espírito nacional brasileiro que se procura e se expressa nos fatos da história brasileira e que deseja encontrar-se consigo mesmo e ser feliz. Ele não ousa fazer previsões e profecias, pois, para ele, o papel do historiador é acompanhar a história e registrar os fatos. A história não definirá a vida brasileira, que já está definida, determinada. A única profecia possível é que o Brasil vai necessariamente realizar a sua brasilidade. A sua essência virá à luz e o historiador deve saber interpretar essa essência brasílica nos eventos da história brasileira e oferecer essa "consciência histórica" aos brasileiros. Calmon não só espera como se sente tranquilo quanto a isso: a unidade da nação brasileira é inquebrável e ela marcha necessariamente para a sua realização e autonomia. Ele tem dificuldade em aceitar que essa marcha seja difícil, dramática, que os "bons ódios" também possam ser construtivos e produzir a liberdade. O seu ingênuo espírito ultraconservador quer poupar os brasileiros dos sofrimentos que o espírito nacional tem que inevitavelmente passar para se encontrar e ser livre. Ele via a República como uma turbulência, não como o declínio da nação. O caminho seria muito mais suave se as duas tendências da evolução brasileira voltassem a se reunir em um novo governo monárquico. Mas, para ele, otimista, romântico, ingênuo, a nação brasileira já era uma realidade, que se completaria com as suas novas experiências, tornando-se progressivamente mais autoconsciente, poderosa, livre, feliz.

CIVILIZAÇÃO BRASILEIRA E PESSIMISMO ULTRACONSERVADOR (CÍNICO):

Afonso Arinos de Mello Franco e o medo da emergência do "monstro da lagoa brasileira"

Afonso Arinos de Mello Franco, político e intelectual pseudoliberal

Afonso Arinos de Mello Franco (1905-90) nasceu em Belo Horizonte, filho de uma família aristocrática, ligada diretamente aos poderes estadual mineiro e nacional desde o Império. Neste e na República, vários membros da família se destacaram como ministros, senadores, deputados, diplomatas e escritores: Virgílio Martins de Mello Franco (avô paterno), Cesário Alvim (avô materno), Afrânio de Mello Franco (pai), Afonso Arinos de Mello Franco (tio), Virgílio Alvim de Mello Franco (irmão), Afrânio de Mello Franco Filho (irmão), Caio de Mello Franco (irmão). Afonso Arinos casou-se com Ana Guilhermina Rodrigues Alves Pereira, neta do ex-presidente Rodrigues Alves. O nome *Arinos* não consta do seu registro de nascimento. Foi acrescentado depois, em homenagem ao tio homônimo, o autor de *Pelo sertão*, com quem Arinos se identificava afetiva e intelectualmente. Arinos morou primeiro em Belo Horizonte, depois no Rio de Janeiro. Sua vida se dividiu entre Belo Horizonte, Rio de Janeiro e, depois, Brasília. Estudou nos colégios Brasileiro, Anglo-Mineiro, Arnaldo e Pedro II. Fez direito no Rio de Janeiro e foi promotor de justiça em Belo Horizonte, diretor dos Diários Associados em Belo Horizonte e assessor jurídico do Banco do Brasil no Rio de Janeiro. Foi professor de história do Brasil e de direito na Universidade do Rio de Janeiro. Exerceu a advocacia no Rio, onde frequentava a Livraria Católica, de Augusto Frederico Schmidt, local de encontro de um grupo de intelectuais católicos, entre eles Alceu Amoroso Lima, Sobral Pinto, San Tiago Dantas, José Lins do Rego. Em Minas, conviveu com Carlos Drummond de Andrade, Pedro Nava, Emílio Moura, Abgard Renault; fora de Minas, esteve próximo ainda de Sérgio Buarque de Holanda, Gilberto Freyre, Ronald de Carvalho, Manuel Bandeira. Era um apreciador e estudioso da literatura francesa, especialmente de Marcel Proust. Um de seus grandes feitos, talvez mais político do que literário, foi ter vencido, em 1958, Guimarães Rosa na disputa pela cadeira de José Lins do Rego na Associação Brasileira de Letras.[15]

Arinos começou a participar da política nacional ainda jovem, em 1930, quando sua família apoiou a Revolução. Vargas nomeou seu pai ministro das Relações Exteriores, e Arinos o acompanhou em missões diplomáticas no Chile e em Genebra. Mas teve de se internar para tratamento de tuberculose na Suíça, em 1931. Voltou ao Brasil em 1932, após a Revolução Constitucionalista. Sua identidade política modificou-se nesse período, entre 1930, o golpe, e 1932, a luta paulista pelo caminho constitucional democrático. Entre 1930 e 1932, na Suíça, o tratamento de saúde que recebeu se estendeu à área das ideias políticas. Ele foi para lá golpista e getulista e voltou constitucionalista e liberal-democrata. A política, para ele, era também uma questão familiar. A construção da sua nova identidade política provavelmente lhe trouxe conflitos familiares. Ele começou a se diferenciar politicamente de sua família, do pai e do irmão, lutando por uma Constituição e contra o autoritarismo de Vargas. O conflito em casa deve ter sido duro por algum tempo pelo menos, pois seu pai foi nada menos que ministro das Relações Exteriores de Getúlio, e Arinos tornou-se um combatente vigoroso da ditadura varguista. Seu casamento com a neta do ex-presidente Rodrigues Alves talvez seja um sinal de sua aproximação do derrotado projeto constitucionalista paulista para o Brasil.

Sua luta contra Getúlio Vargas tornou-se obsessiva. Depois do assassinato de seu irmão Virgílio, a família se uniu a Arinos em seu combate persistente a Vargas, pois o considerou o mandante do crime. Nessas altas rodas aristocráticas brasileiras, o público e o privado se misturam e muitas vezes o que parece um heroico combate público não passa de mesquinha vingança pessoal. A luta de Arinos contra Getúlio era política e pessoal. Em 1943, ele teve a iniciativa do Manifesto dos Mineiros, em defesa do liberalismo e contra o Estado Novo. Em 1946, foi eleito deputado constituinte, suplente de Milton Campos. Este tornou-se governador de Minas Gerais e Arinos assumiu o mandato. Sua atuação na Assembleia revelou seu espírito liberal-democrata: foi contra a cassação dos mandatos dos deputados comunistas e do registro do PCB, sempre se apoiando na Constituição. Foi reeleito deputado em 1950, pela UDN, e tornou-se líder da bancada udenista. Em 1951, apresentou o projeto de lei contra o preconceito racial, a Lei Afonso Arinos, uma espécie de reedição da Lei Áurea, que o tornou famoso e benquisto. Mas ele próprio reconhecia as dificuldades de aplicação da lei e duvidava da sua eficiência na luta contra o racismo. Que pena aplicar? A infração não é penal, mas cultural. O racismo entranhou na cultura brasileira e não se pode mandar prender toda a população brasileira. Contudo, apesar desse entranhamento cultural, Arinos via o problema da discrimina-

---

[15] Beloch e Abreu, 1994.

ção racial no Brasil de forma mais otimista. Para ele, a discriminação racial no Brasil era sobretudo das elites. A aplicação da lei atingiria apenas as elites. Em outros países, ele a via mais grave, pois era popular. Nos Estados Unidos há a Ku Klux Klan, e desempregados desesperados matam negros. Ele considerava que o problema racial no Brasil era mais brando e localizado nas elites. No Brasil, para ele, não havia ódio racial como em outros países. Segundo ele, essa lei lhe "saiu do coração". E Getúlio Vargas, apesar de ter sido dele a proposta da lei, a aceitou e assinou.[16]

Na Assembleia, como orador e líder da bancada udenista, continuou seu combate ao segundo governo de Getúlio Vargas. Foi o mais ardente orador anti-Vargas entre 1951 e 1954. Em discurso inflamado, em 13 de agosto de 1954, pediu a renúncia de Getúlio Vargas. Geralmente atribui-se a essa sua "palavra-ação" o suicídio de Getúlio. A oratória de Arinos passou a ser admirada e temida, pois foi considerada capaz de levar Getúlio à morte. Este se tornou seu grande patrimônio político: "o homem que levou Getúlio ao desespero". Ele dizia que se arrependia do discurso e que se surpreendera com o seu efeito. Em seu discurso-bélico, ele perguntava *"o que é a verdade?"* e mostrava contundentemente os fatos do atentado a Carlos Lacerda, para ele planejado por Getúlio. Ele afirmava não ter pretendido aquele resultado, mas não recusava os louros e benefícios que, depois do feito, vieram coroá-lo e glorificá-lo. Ele se celebrizou como o "alter-Getúlio", "o defensor da Constituição", "o paladino do estado de direito", "o lutador pela manutenção e pela liberdade do Congresso", o que, para um homem público, no Brasil, é a reputação mais enobrecedora.[17]

Em 1961, no governo Jânio Quadros, como ministro das Relações Exteriores, Arinos foi original. Sua política externa chocou aqueles que defendiam o alinhamento com os Estados Unidos, pois propôs o restabelecimento das relações do Brasil com países socialistas como a China e a URSS. Ele defendeu a vitória e o poder de Fidel Castro em Cuba. O revolucionário "Che" Guevara foi convidado a visitar o Brasil e foi condecorado por Jânio Quadros. E Afonso Arinos foi o responsável por isso tudo! Na Câmara e no Senado, sua política exterior foi reprovada. Jânio renunciou. Depois, Arinos se defendeu argumentando que Fidel não nasceu marxista e soviético e só depois de conquistar o poder é que optou pelos soviéticos. Os Estados Unidos atiraram Cuba nos braços da URSS. Cuba não era, inicialmente, um país comunista e, por isso, Jânio Quadros e ele foram injustiçados. Por suas estripulias no Ministério das Relações Exteriores, seu mandato no Senado quase foi cassado. Nesse período, ele defendeu o parlamentarismo, pois achava o presidencialismo inviável no Brasil. Ele lutou pelo parlamentarismo com Tancredo Neves. A tese parla-

---

[16] Franco, 1981.

[17] Alberti, 1994; Sarney, 1981.

mentarista foi derrotada no plebiscito de 1963 e João Goulart assumiu. Terá sido por isso que ele apoiou o Golpe de 64, ao lado de Magalhães Pinto? Considerando sua luta contra o Estado Novo, sua defesa dos deputados e do registro do PCB, sua iniciativa do Manifesto dos Mineiros, sua lei antirracista, sua atuação como ministro das Relações Exteriores de Jânio Quadros, sua permanente defesa da legalidade, do Estado de direito, do parlamentarismo, sua identidade liberal-democrata, pode parecer estranho. Como pôde apoiar 1964? Terá sido para vencer as dificuldades para a sua sobrevivência política criadas por sua atuação no ministério de Jânio Quadros? O fato é que parece que teve de fazer graves concessões. Foi fundador da Arena e do PDS, partidos que sustentaram os militares no poder. Terá tido alguma participação na elaboração da Constituição de 1967? Depois de 1968, afastou-se ou foi excluído do regime militar e, em seus últimos anos de vida, afirmou que considerava o AI-5 a "mais violenta manifestação ditatorial da história do Brasil". Ele encerrou a sua atividade parlamentar em 1971 e passou a se dedicar às suas atividades literárias e acadêmicas. Em 1988, no fim do regime militar, Arinos retornou à política como senador constituinte.[18]

Para Rangel (1981) e Merquior (1981), revendo tanto a sua ação como ministro das Relações Exteriores quanto as suas reflexões sobre as relações internacionais, Arinos foi um intelectual-político brilhante. Ele foi um criador de políticas externas, um teórico jurídico e histórico-político das relações internacionais. Ele defendia a autodeterminação dos povos, a soberania nacional, a independência nas relações exteriores, a descolonização, o desenvolvimento e o desarmamento. Ele já percebia o mundo dividido em Norte-Sul e não apenas em Ocidente-Oriente. A diferença entre o Norte e o Sul é econômica, dificilmente superável. A diferença entre o Leste e o Oeste é ideológica e, para ele, superável. Ele defendia o regime de liberdade individual e a transformação das instituições em ritmo moderado, a fim de que elas pudessem resolver os problemas sociais do século XX. Ele defendia os valores nos quais fora criado, mas sempre sensível à democracia, inclinando-se ora para a direita, ora para a esquerda, entre a ordem e a reforma. Sua ação revelava alguma indecisão, oscilando entre o conservadorismo e a modernização. Ele se sentia perplexo em uma sociedade de mudanças aceleradas. Para a política externa era avançado; para a interna, conservador. Internamente, o lado afetivo ofuscava a razão. Ele contestou a construção de Brasília e a arquitetura de Niemeyer. Quando jovem, tinha tendência socialista e se revelou moralmente solidário com os vencidos de 1935. Ele leu Marx e não foi nas cartilhas soviéticas do PCB. Era católico, mas seu relativismo moderado acabou levando-o à descrença.

---

[18] Beloch e Abreu, 1984.

Arinos se apresentava como defensor da liberal-democracia, um moderado de centro-direita. Ele era conservador, mas defendia as regras do jogo democrático. Sua formação jurídica e suas experiências políticas o tornaram apegado aos quadros constitucionais. A identidade política de Arinos se definiu em suas viagens à Suíça, em suas leituras de autores europeus e na luta contra a ditadura varguista. Muitas vezes assumiu posições progressistas e lutou por elas, mas conservava uma reverência pelo passado, com o qual se comprometia mais do que com o futuro. Para Lucas (1969), Arinos tinha a índole dos representantes das fases de transição, de mudança social: revelava-se indeciso, perplexo, incapaz de conduzir-se com a inflexibilidade dos seus antepassados, instalados em um mundo estável, com classes superpostas e estratificadas. Ele pensava e agia dentro dos limites institucionais, respeitando o enquadramento social. Arinos nunca seria um herói revolucionário. Na transformação social, ele era brando, hesitando entre a tradição e a modernidade. Para ele, a meta da consciência moral era a prosperidade e a justiça social, e acreditava que esses objetivos morais podiam ser atingidos pelo aperfeiçoamento das instituições burguesas. Arinos vivia uma contradição crítica: por um lado, a necessidade da mudança social; por outro, o risco de levá-la a cabo com a perda de certos princípios tradicionais sem os quais, para ele, a vida brasileira seria mais difícil. Ele recebia o novo, mas não queria abandonar o antigo. Ele parecia um novo Rui Barbosa, menos ingênuo, defendendo a lei contra as soluções violentas, buscando soluções legais para as crises.

A personalidade de Arinos, segundo ele mesmo e alguns comentadores, se dividia em dois hemisférios: o político e o intelectual. Ele ora se apresentava como político, ora como homem de letras. E são dois hemisférios que, nele, estavam em conflito. Arinos se caracterizava pelo pensamento e pela ação contraditórios. "Contradição" aqui entendida no bom sentido. Não se tratava de inconsistência, oportunismo, amnésias estratégicas. A contradição enriquecia o seu pensamento e a sua ação, afastando-o do dogmatismo, da intolerância, do proselitismo. Ele se considerava um "cético fecundo": duvidava, para não errar. Como político, era conservador, defensor do passado, sustentador do mundo brasileiro das elites, mas hesitava, dividia-se, agia com lentidão; como intelectual, por um lado, buscava proustianamente a reconstituição do passado e, por outro, não era somente aberto às novas ideias, mas um estudioso delas. Dividido entre o velho e o novo, ele se interrogava e refletia sobre as razões das suas ações. Por isso, os políticos mais realistas da UDN, como seu irmão Virgílio, o viam "vivendo nas nuvens", menos político e mais intelectual. Ele mesmo se considerava mais eficiente no hemisfério intelectual, o que o fazia parecer hesitante, confuso, no hemisfério político. Ele sustentava que não tinha vocação para o poder. Era apenas o "homem que falava", o orador, da UDN. Os outros se reuniam e decidiam, e ele entrava com aquilo em que era forte, a oratória, e tinha o encargo de convencer. Ele era também forte na técnica jurídica e organizava os regimentos e regulamentos do Congresso e governos. Sua força política era como intelectual, a linguagem e o argumento, que ele não via como "força", mas como "razão". Ao se apresentar apenas como orador e jurisconsulto, e não como político, apesar de ser o líder da bancada da UDN, ele parecia querer se eximir das decisões políticas, omitir-se, empoleirar-se no muro. Os realistas o hostilizavam por sua estratégia de brandura e flexibilidade.[19]

Para Merquior, ao evitar a radicalização ideológica, ele se tornou o maior liberal-democrata da América Latina. Um constitucionalista liberal-progressista. A sua flexibilidade, as suas hesitações, a sua brandura era o que ele tinha de melhor em relação aos "duros" que o cercavam. Assim, ele teria superado tanto o elitismo conservador quanto o elitismo autoritário das esquerdas. Arinos denunciava que o Brasil sempre fora um império interno, que colonizava o seu próprio povo. E lutou para que o Brasil evoluísse para a nação democrática, representativa e participativa. Defensor do Estado de direito, ele procurou colaborar para o aperfeiçoamento da técnica jurídica. Ele tentou conciliar progresso social e liberalismo. Crítico do poder militar, sobretudo após 1968, ele se dizia contra a razão tecnocrática, a força política mascarada de cientificidade. A tecnocracia não resolvia crises, porque não era representativa, mas autoritária. Para ele, segundo Merquior (1981), a única forma de resolver o nosso enigma seria pela liberdade. Só a nação livre poderia resolver as suas crises. O desenvolvimento econômico deveria servir à maioria. O Brasil deveria investir mais em educação e saúde. Depois de 1968, para ele, o Brasil radicalizara a sua estrutura imperial de poder, caracterizada pela concentração do poder por uma estrutura militar forte, por uma burocracia poderosa, pela falta de capilaridade, que fazia com que as reivindicações e as necessidades da base não subissem até o alto. Ele lutou por uma Constituição que acabasse com esse império militar e instalasse, finalmente, a República no Brasil.[20]

No plano intelectual, Arinos se dedicou ao direito e à história. Ele se tornou uma referência nas áreas dos direitos constitucional e internacional. Mas preferia a história, área em que é pouco lido e pouco reconhecido. Sua obra histórica poderia ser considerada uma referência pela universidade? Esta cita Arinos mais como fonte da história política e da história das ideias no Brasil e não como um paradigma teórico-metodológico ou um pesquisador de arquivos. Há poucos comentários críticos sobre sua obra histórica. A universidade o vê mais como um ator político-social do que como um historiador. Geralmente, sua obra histórica é desvalorizada como bacharelesca, de um jurista, amarrado às fórmulas e ao preciosismo literário. Duvida-se de que este bacharel seja capaz de uma análise dinâmica e consistente

---

[19] Lucas, 1969; Alberti, 1994; Franco, 1981.

[20] Franco, 1981.

CIVILIZAÇÃO BRASILEIRA E PESSIMISMO ULTRACONSERVADOR (CÍNICO)   93

da realidade. Mas Arinos desejaria ser reconhecido como historiador e, aqui, estou até disposto a recebê-lo dessa forma. E diria que sua história é próxima da historiografia mais atual, uma história da cultura, que ele definia como a busca da "alma do tempo brasileiro". Sua concepção da história vinha de autores franceses ainda atuais, como Voltaire, Montaigne, Rousseau, Proust, procurando combinar os fatos a um dado abstrato, o fato moral. Ele se deixou influenciar também pelos filósofos alemães neokantianos, especialmente por Oswald Spengler. Ele mesclou influências contraditórias, o pensamento historicista alemão, que valorizava a tradição, e o iluminista francês, que defendia o progresso, e talvez nesse ecletismo estivesse a raiz das suas hesitações e contradições. Sob a influência alemã e de Proust, valorizava o passado, a tradição, os valores dos antepassados; sob a influência iluminista francesa, preferia o futuro, a mudança, o progresso, a reforma, a vitória da razão.[21]

Como historiador, ele era um grande escritor, um narrador. E quanto ao estilo, esteve próximo da historiografia atual, que fez as pazes com a literatura e a poesia. Ele usava a imaginação criadora para intensificar a realidade, oscilando entre a ciência e a arte. Para ele, na historiografia, seguindo sua verve de orador, a imaginação era indispensável e não significava o mesmo que fantasia. A imaginação dá grandeza aos ambientes. Ela enche de realidade e vida a história. A imaginação e a generosidade são condições necessárias para a interpretação, que faz da história uma arte literária. Ele pendia para a reconstituição do passado, proustianamente, dando asas à memória afetiva, dando-lhe dramaticidade e colorido. Como historiador, era um literato, um poeta romântico. Arinos não era um filósofo denso, mas possuía uma concepção da história — patriótica —, articulando a história comemorativa à documental. Em seus estudos biográficos, a história, a vida coletiva, se misturava à vida individual. Ao fazer a biografia do pai em *Um estadista da República*, fez história da República. A trajetória individual de seu pai se confundiu febvrianamente com o mundo histórico da República. Sua grande obra histórica, reconhecida pela universidade, é *O índio brasileiro e a Revolução Francesa*, um ensaio em que relaciona a luta pela liberdade e pela justiça dos revolucionários franceses à "bondade natural" dos índios brasileiros.[22]

Arinos produziu uma obra vasta e variada: ensaios, memórias, críticas, discursos, conferências, obras de história, direito e economia. Ele nos interessa, aqui, como historiador, como intérprete do Brasil. Suas obras históricas mais importantes são: *Introdução à realidade brasileira* (1933), *Preparação ao nacionalismo* (1934), *Conceito de civilização brasileira* (1936), *O índio brasileiro e a Revolução Francesa* (1937), *Síntese da história econômica*

---

[21] Lucas, 1969.
[22] Ibid.

94 AS IDENTIDADES DO BRASIL 2

do Brasil (1938), *Terra do Brasil* (1939), *História do Banco do Brasil* (1947), *Um estadista da República: Afrânio de Mello Franco e seu tempo* (1955, três volumes), *Presidencialismo ou parlamentarismo?* (1958), *A alma do tempo* (quatro volumes, publicados separadamente nos anos 1960). Escolhi, para analisar sua interpretação do Brasil, seu livro de 1936, *Conceito de civilização brasileira*, por estar interessado em discutir o que ele ousou construir neste livro: uma imagem do Brasil. Interesso-me pelas imagens, interpretações, construções, invenções, ideias, identidades do Brasil, construídas ao longo da nossa história. O título de seu livro de 1936 é de uma enorme e fascinante pretensão. Ele pretendeu construir nada menos do que o "conceito" do Brasil! Sua ambição era encontrar, atrás e através das mudanças históricas, a forma atemporal, essencial, ontológica do Brasil. Sua pretensão era recuperar o tempo brasileiro e produzir um "retrato do Brasil", um desenho da alma brasileira. Mas a alma é dizível? O espírito de um povo pode ser apreendido em um relato? Sobre o "tempo brasileiro", pode-se construir um discurso? Arinos ousou fazê-lo nesse livro de 1936 e, por isso, o leremos sem pressa e com generosa atenção crítica.[23]

Ele considerou, mais tarde, superficial seu livro de 1936 e pareceu querer arquivá-lo como apenas uma precipitada reflexão juvenil. Aceito (e desejo!) que Afonso Arinos tenha se afastado de sua visão do Brasil da juventude e compreendo por que a teria renegado. Não pretendo torná-lo prisioneiro dessa obra de 1936. Mas suponho que essa "obra superficial" não esteja muito distante de uma possível verdade profunda de Afonso Arinos. Aceito a tese psicossociológica, embora com restrições, que sustenta que o que parece superficial pode revelar o mais profundo. Essa obra mostra que Arinos era um herdeiro da política violenta do passado brasileiro, com um superficial verniz de intelectual europeu e moderno. Contudo, meu interesse não é pela autenticidade/inautenticidade pessoal de Arinos. Quero pensar as identidades do Brasil e não as identidades de Afonso Arinos. Vou pensar o Brasil através de uma obra de Afonso Arinos. Minha intenção é, através das suas reflexões juvenis, encontrar a imagem do Brasil de uma época. A sua interpretação aristocrática do Brasil, por ser ingênua e juvenil, revelou profundamente a sua sociedade e o seu tempo. Febvre diria que sua obra, como as dos outros intérpretes desse livro, revela a "estrutura mental", o "equipamento mental" do mundo histórico brasileiro. Vamos historicizar o seu "conceito" de civilização brasileira, que julgo pertencer às elites brasileiras dos anos 1930.

Minha hipótese: indo além da breve e positiva apresentação, que fiz anteriormente, do seu pensamento e ação, mas preservando-a, pois sua personalidade é contraditória, sustento que, nessa obra de 1936, Afonso Arinos fez uma pregação racista e autoritária contra a população brasileira. A bibliografia comemorativa e menos crítica dos seus amigos e admiradores o

---

[23] Venâncio Filho, 1990.

CIVILIZAÇÃO BRASILEIRA E PESSIMISMO ULTRACONSERVADOR (CÍNICO)

apresenta como liberal-democrata, progressista, tolerante, legalista, mas, nessa obra de 1936, contraditoriamente, ele revelou-se cínico, pois o seu suposto discurso liberal-democrata, sua defesa do Estado de direito, na verdade, era antiliberal e antidemocrática, contra a população brasileira. Para ele, a lei precisava ser defendida porque era o escudo protetor das elites contra a população brasileira, que ele considerava bárbara e primitiva. Para ele, o Estado deveria se manter distante da sociedade civil e estabelecer com ela uma relação de controle e repressão de seus impulsos primitivos. Com a interpretação do Brasil de Arinos, aprendemos a versão liberal-cínica do pensamento autoritário das elites brasileiras. Se, ao escrever o seu livro, ele quis alertar as elites para a ameaça que representava para elas a ascensão ao poder do povo mestiço, minha intenção, ao analisar sua visão do Brasil, é alertar a população brasileira para o perigo que representa para ela a aceitação e o reconhecimento de intelectuais-políticos que, sob a máscara liberal-democrática e patriótica, cinicamente, querem mantê-la sob o domínio da indiferença, do desprezo e da violência das cruéis elites brasileiras.

A obra: *Conceito de civilização brasileira* (1936)

Disposições teórico-metodológicas

Haveria uma "civilização brasileira" com uma forma definida, com uma identidade representável e reconhecível? Para Arinos, sim. Em uma sofisticada introdução teórica, ele descreve o Brasil como um enigma fascinante. E inquietador. Ele o descreve como um país contraditório, um mundo de oposições extremas, físicas, sociais e culturais. Aqui, para ele, se reúnem algumas das conquistas das "civilizações superiores" e os aspectos mais rudimentares da evolução histórica. É um país paradoxalmente riquíssimo e miserável, fortíssimo e vulnerável, culto e iletrado. Nessa obra, Arinos enfrenta o desafio de construir o "conceito", uma imagem unitária, dessa realidade histórica paradoxal e, na introdução, expõe a atitude teórico-metodológica que iria assumir para atingir o seu objetivo. Para ele, a realidade histórica brasileira, por ser múltipla e complexa, ao mesmo tempo exige o esforço de análise e parece resistir a qualquer forma de acesso. No entanto, apesar de resistir à análise, nos anos 1930, o Brasil começara a se revelar aos historiadores e já podia ser objeto de estudos seguros e confiáveis. Antes, não. E ainda nos anos 1930 havia muitos obstáculos ao "estudo científico, profundo e imparcial" do Brasil. Mas já se tornara possível desenhar o retrato do Brasil, narrar objetivamente a experiência vivida brasileira, e seria este o seu objetivo.

Para ele, o maior obstáculo à construção de um "conceito de civilização brasileira" era a qualidade da vida intelectual no Brasil. As disposições teórico-metodológicas dos intelectuais brasileiros, o subjetivismo, o idealismo, o bacharelismo, o dogmatismo, o romantismo impediam uma análise objetiva do Brasil. Talvez porque a realidade brasileira parecesse dividida em extremos, as ideias também se reduziam a grupos de proposições esquemáticas. O esquematismo e o reducionismo predominantes impediam uma percepção nuançada da realidade brasileira. A realidade brasileira era complexa, e o pensamento brasileiro era esquemático e dogmático. O espírito das elites pensantes era elementar. Qualquer ideia política era levada para um dos extremos, a direita ou a esquerda. Não havia posições intermediárias. O clima intelectual não reconhecia matizes. Os anos 1930, de fato, foram dominados por projetos autoritários, à esquerda e à direita, e, em 1936, Arinos denunciava essa situação intelectual e política de dogmatismo e radicalismo. Ele denunciava a ausência de um "esforço desapaixonado e imparcial" da inteligência brasileira nas análises sobre o Brasil. Toda análise histórica degradava-se em radicalismo político.

Todavia, Arinos conseguiu escapar desse ambiente político e intelectual dogmático e autoritário? Teria sido mesmo um brando liberal-democrata entre extremistas? Qual seria seu ponto de vista sobre o Brasil, em 1936? A partir de que coordenadas sociais, históricas e teóricas ele desenharia a fisionomia da civilização brasileira? Se os anos 1930 já permitiam uma "análise científica" do Brasil, ele imagina que essa análise foi realizada apenas por ele! Ele imagina que escapou dos radicalismos do seu tempo. Arinos assume uma disposição teórico-metodológica olímpica, considerando-se um intelectual europeu, sofisticado, capaz de estudar o Brasil com imparcialidade e neutralidade. Desprezando a "inteligência local", ele se identifica com as inteligências francesa e alemã, que, segundo ele, não transformam a verdade filosófica ou científica em política e consideram essa atitude uma degradação de valores, uma confusão de elementos heterogêneos. Arinos, como um estrangeiro, olhando o Brasil do alto das neves eternas dos Alpes suíços, morando em outra língua, imagina que não confunde verdades teóricas e suas consequências políticas. Para ele, a investigação intelectual seria um criativo "trabalho de cultura"; a cristalização de seus resultados em concepções políticas seria um decadente processo de "civilização". A investigação intelectual é um fenômeno cultural que precede logicamente a sua adaptação interessada, que é um fenômeno político-social e secundário no tempo. Não há nexo de causalidade necessária entre o processo de criação e o processo de adaptação. O processo lógico da adaptação é posterior e pode transformar uma verdade em erro, por estar dominado por interesses e paixões. Ele sustenta que seu ponto de vista sobre o Brasil é puramente intelectual e não pretende ser nem otimista, nem pessimista, pois "a inteligência científica não ri e nem chora". Seu olhar sobre o Brasil seria "lúcido, plácido, sem amor, sem cobiça, sem ódio ou medo". Com esse livro, ele declara "não visar nenhum fim que não esteja compreendido em seu conceito". Em linguagem

CIVILIZAÇÃO BRASILEIRA E PESSIMISMO ULTRACONSERVADOR (CÍNICO)   97

kantiana, seu estudo produziria, então, um "juízo analítico" sobre o Brasil. Uma tautologia: a civilização brasileira é o Brasil! Ele quer dizer que seu estudo é um "estudo científico" e não tem pretensões políticas. É um trabalho de cultura, anterior e exterior à utilização política que poderia ser feita. É somente uma reflexão neutra e imparcial sobre o Brasil, uma produção exclusiva do seu hemisfério intelectual. Ele parece acreditar ser capaz de olhar o Brasil assim, do exterior, como um intelectual europeu. Vamos reconstruir a sua interpretação do Brasil e examinar de perto essa sua pretensão cientificista de imparcialidade e neutralidade.

Para sustentar essa sua posição, ele se situa teoricamente, de forma explícita, na linha alemã neokantiana. Na introdução teórica ao seu estudo, ele se refere a autores alemães, de Kant a Spengler, citando especialmente Alfred Weber e Leo Frobenius. Sua posição teórica, que quer distinguir juízo de fato e juízo de valor, ciência e política, lembra Weber. Assim como os autores neokantianos, ele se opõe explicitamente ao marxismo. Mas não o ignora, pois leu Marx. Ele não nega o seu valor como teoria social, como análise política e econômico-social, mas discorda de sua base filosófica e de seu projeto político. Para ele, quanto à cultura, Marx se equivocou. Hegel tinha razão e a inversão marxiana era equivocada. Ele se opõe à tese marxiana da precedência da produção material, da subordinação da cultura à civilização. Para ele, a produção não pode anteceder a concepção. O homem não pode agir antes de contemplar o mundo e de interpretá-lo teoricamente. O ideal precede o real. Arinos concorda com as posições alemãs tradicionais, representadas em sua época por Spengler, segundo as quais cada cultura produz a sua civilização. Mas afirma ter se apropriado de forma original da teoria spengleriana, ousando discordar das suas conclusões pessimistas e chegar a conclusões "realistas".

Arinos, como Spengler, pensa o Brasil com os conceitos de "cultura" e "civilização". Para ele, como para Spengler, a "cultura" é um processo "subjetivo" de criação de valores, que inaugura uma "civilização"; essa "civilização", posteriormente, irá realizar e explorar aqueles valores culturais. Para Spengler, quando se torna "civilização", a "cultura" declina e morre. Para Arinos, diferentemente de Spengler, a civilização não é necessariamente a consumidora e a destruidora da cultura que lhe deu origem. Ela não representa necessariamente a decadência dos valores culturais que lhe deram origem. Arinos não concorda que as culturas funcionem como organismos vivos, que nascem, crescem, amadurecem e morrem. Para ele, a cultura seria capaz de se reorganizar e se recriar sempre. Ela se renova sempre. Nem na vida orgânica, nem na metafísica há decadência e fim, mas transformação. A cultura não se esclerosa por uma mecanização técnica de suas criações. Os valores culturais se renovam porque o espírito nunca esgota sua capacidade de reelaborar a sua interpretação do mundo. As culturas variam porque são transmitidas e recriadas a cada geração. Arinos não aceita a tese de Spengler da morte das culturas quando se tornam civiliza-

98   AS IDENTIDADES DO BRASIL 2

ções. O seu lado francês, iluminista, transformou Spengler. Para ele, diferentemente de Spengler, há progresso. O seu "realismo científico", em tese, é politicamente otimista, pois, para ele, as culturas se transformam, renascem e progridem. Seria com esse "otimismo antispengleriano" que Arinos sustentaria a sua interpretação da civilização brasileira?

A meu ver, sua busca de uma inteligibilidade do Brasil, como a de todos os intérpretes do Brasil dos anos 1930, não era nuançada, nem poderia ser desapaixonada e imparcial. Arinos também é esquemático, dogmático e profundamente autoritário. Ele dividiu esquematicamente a população brasileira em dois grupos: a massa mestiça, dominada pela psique afro-índia, e o grupo reduzido da população branca, portadora dos valores da civilização europeia. Em uma primeira metáfora, para ele, a civilização brasileira seria como uma casa de dois andares. O sofisticado e confortável andar superior governa. O selvagem e populoso andar inferior obedece. Sua análise do Brasil, apaixonadamente conservadora, trabalha com esses opostos: superior/inferior, razão/força, puro/impuro, civilização/barbárie. No andar superior reside o poder do passado; do andar inferior vem a ameaça do poder futuro. Empático com o lado superior/racional/puro/civilizado/passado, Arinos revela o grande medo das elites diante da ascensão ao poder dos "mestiços". Nessa obra, ele expressa os temores e presságios das elites brancas, rurais, cafeicultoras, ameaçadas pela "República mestiça". Elas temem que a "população inferior" tome de assalto o "andar superior" e governe. Ao contrário de Freyre, Arinos separou e ergueu um muro entre a casa-grande e a senzala, entre "superiores" e "inferiores". Para ele, as elites não desejavam viver em promiscuidade com a gentalha. Elas não se identificavam com a população brasileira e a temiam. A civilização brasileira traz dentro de si essa profunda tensão, que poderá levá-la ao declínio e ao fim. Como Arinos poderia, então, identificando-se com a "população do andar superior", formular um "conceito", uma representação imparcial e objetiva do mundo brasileiro? Como poderia contestar Spengler e chegar a conclusões otimistas em seu "estudo científico da civilização brasileira"?

Arinos não admitiria esta minha avaliação e, se a conhecesse, protestaria com veemência (e eu o ouviria com atenta admiração e lhe diria, respeitosamente, que meu comentário não é pessoal, mas historiográfico e político) contra o meu ponto de vista "ideológico", insistindo em que sua análise do Brasil era objetiva, incontestável, utilizando os "métodos e técnicas mais sofisticadas" da historiografia europeia. Ele admitia que, nesse terreno metodológico, quase nada era originariamente brasileiro, mas sociólogos e historiadores estrangeiros, adaptados ao caso brasileiro, serviam como exemplos e guias. Para ele, os historiadores brasileiros já tinham conseguido, admiravelmente, reunir uma grande quantidade de dados culturais, históricos e sociológicos, mas faziam ainda desse material uma narrativa linear, horizontal, superficial, dominados por um romantismo ingênuo. A história

CIVILIZAÇÃO BRASILEIRA E PESSIMISMO ULTRACONSERVADOR (CÍNICO)

do Brasil, para ele, mesmo em seus maiores especialistas, era apenas uma investigação minuciosa e fatigante de episódios políticos. A História do Brasil era um esforço grandioso de reunião dos fatos passados, mas, lamentavelmente, os estudos históricos não tinham propósito orgânico, visada sintética, orientação filosófica. A História do Brasil não elaborara ainda um "conceito de civilização brasileira". Os historiadores não tinham ainda traçado a "fisionomia", a "alma", o "espírito", a "identidade essencial" do Brasil.

Arinos queria inovar, ultrapassando essa História do Brasil factual, e fazer um "estudo científico da civilização brasileira" que transformasse esse depósito de fontes primárias em uma estrutura lógica, concentrada, em uma explicação do passado e em uma indicação do futuro. Seu "conceito de civilização brasileira" reuniria as peças esparsas em um todo vivo, mostrando o sentido da trajetória histórica do Brasil, do passado ao futuro. Para ele, a história científica não pode se reduzir a uma súmula fria dos fatos passados, sem ordem íntima e necessária, mas construir um organismo exato e lógico em seu desenvolvimento. Arinos quer ver o Brasil como uma totalidade, com uma origem comum e um destino convergente. Ele quer conceber a civilização brasileira como um mundo unido e homogêneo. O *sentido histórico* da vida brasileira, para ele, não pode ser entregue à divagação de demagogos ou à ilusão visual de profetas, mas à ciência social. Ele desejava construir um "conceito científico" da civilização brasileira, que seria a representação objetiva do processo histórico brasileiro real. Mas, se Arinos me interessa, não é como profeta, nem como "cientista", mas como filósofo e historiador, como "intérprete do Brasil". Seu esforço é legítimo, não por pretender oferecer a "representação objetiva", mas por pretender construir uma "interpretação do Brasil".

Em sua interpretação do Brasil, ele apresenta uma hipótese sobre a alma brasileira, descrevendo sua trajetória temporal. Ele discerne uma tendência, um "sentido", como vetor e como significado, desde a origem ao futuro, situando o seu presente. Inspirando-se em Spengler, primeiro, ele discute o tempo da origem, as culturas que geraram a civilização brasileira. Arinos segue Spengler: a civilização é o resultado orgânico e lógico da cultura, sua realização técnica e material. Cada cultura gera a sua civilização específica. Portanto, a civilização brasileira apenas explora o potencial do seu mundo cultural original. É como se o caminho do Brasil já estivesse definido desde a origem. Ele se tornará o que já pode potencialmente ser. A cultura seria algo como um estoque original de valores que a civilização apenas desdobra e realiza. Assim, as possibilidades da civilização brasileira estão de certa forma predeterminadas, dadas, pois a origem determina as possibilidades futuras. Para Arinos, considerando a sua cultura original, a civilização brasileira poderia ter duas trajetórias e dois destinos: na perspectiva pessimista, determinista, uma trajetória declinante com um destino

100 AS IDENTIDADES DO BRASIL 2

trágico; na perspectiva otimista, histórica, uma trajetória declinante, mas recuperável, com um destino heroico.

Ele hesita entre o determinismo pessimista e o otimismo histórico, entre Spengler e o Iluminismo, em relação ao tempo brasileiro. Por um lado, contra Spengler, otimista, ele não acredita que a civilização represente necessariamente a decadência, pois as culturas podem se transformar, renascer e progredir. Fugindo de Spengler, para ele, se tomássemos conhecimento do lado bárbaro, selvagem, inferior, da civilização brasileira, nós, brasileiros, talvez, pudéssemos superá-lo, fazendo as boas opções e tomando as decisões "superiores". A identidade brasileira, então, não seria prisioneira de uma essência inferior original, de um destino irrevogável. Por outro lado, Arinos me parece profundamente spengleriano, pessimista, pois concebe como "inferiores" as culturas que geraram a civilização brasileira, e elas necessariamente renascerão. Nessa perspectiva, há uma ontologia brasileira, uma identidade essencial, inferior, da qual os brasileiros não poderão escapar. Para ele, pessimista, a civilização brasileira desenvolve um potencial cultural selvagem que renascerá com mais vigor, destruindo-a, fazendo-a retornar à barbárie. Mas, diante dessa possibilidade terrível, ele retorna ao otimismo histórico, desejando mudar esse destino trágico. Então, para ele, torna-se urgente pensar o presente-futuro inquietante da civilização brasileira, e é para isso que ele constrói seu "conceito de civilização brasileira". Sua intenção é fundamentalmente política. Para ele, é preciso retornar às origens culturais do Brasil, reconstruir a sua trajetória, para tentarmos mudar o nosso destino e encontrar as soluções para o mal que nos ameaça por dentro e nos condena à barbárie. Mas resta uma dúvida: o conhecimento do "mal de origem" é suficiente para impedir que o determinismo do declínio e da morte da cultura se realize? Há lugar para otimismo na perspectiva spengleriana da morte inevitável das culturas? O iluminismo de Arinos permitiu, de fato, a superação do seu pessimismo spengleriano?

A cultura original brasileira

Para Arinos, a cultura original do Brasil seria como um triângulo retângulo indo-afro-europeu: cateto menor — linha indígena, cateto maior — linha africana, hipotenusa — linha europeia. Esse é o peso de cada uma das três culturas em relação ao todo: a indígena tem um peso menor, a negra, um peso maior, e a europeia, o valor de uma hipotenusa. Mas, menor ou maior, todas pesam sobre a civilização brasileira, formando um conjunto, com ações e reações recíprocas. A "civilização brasileira", o mundo brasileiro atual, seria o desdobramento do encontro dessas três culturas, duas "inferiores" e uma "superior", que já era uma civilização, que se deu na origem. Para Arinos, pensar o Brasil, seu passado e suas perspectivas, é descrever sua trajetória desde o momento do encontro daquelas culturas primitivas com a civilização superior até o presente. Aquela fusão original criou uma cultura única e nova, definindo a identidade do Brasil e o que ele poderia se tornar. A "civilização brasileira" não resultou de uma ou de outra dessas culturas tomadas isoladamente, nem da relação de uma delas com a europeia, mas da combinação das três em uma cultura única e original. A originalidade da civilização brasileira decorre desse triângulo original, formado nos séculos XVI e XVII. A Arinos não interessa o índio ou o negro ou o português em particular, mas sua original articulação nessa região da América Latina, desde o século XVI. O choque-encontro dessas três raças/culturas criou um mundo cultural singular, que gerou a civilização brasileira. São três "raças" ou "culturas"? Arinos fez uma longa introdução teórica para construir seu conceito de "cultura", mas, ao longo de sua análise, a ideia de "raça", reprimida por suas "intenções científicas", reaparece vigorosamente.

Portanto, para Arinos, para se conhecer o Brasil seria preciso partir desse mundo cultural da origem e avaliar o resultado desse encontro de índios, negros e brancos. Ele constata uma enorme dificuldade das elites brasileiras para aceitar as suas origens; por isso, teriam sido até então analisadas de forma pouco adequada. As influências de índios e negros sobre a civilização brasileira eram reconhecidas com dificuldade, pois as elites, contra o próprio fenótipo, se sentiam arianas. As elites e a inteligência brasileira as aceitavam coletivamente, mas não pessoalmente. Ninguém das elites admitiria um ancestral afro-índio. As elites e a inteligência brasileira não se consideram descendentes de raças inferiores. São mais tolerantes com o índio, que não foi escravo, mas admitir um ancestral negro seria impossível. Apesar dessa "resistência pessoal", curiosamente, Arinos concluiu que, no Brasil, não havia preconceito de raça, como nos Estados Unidos e na Alemanha. Para ele, o mulato claro, no Brasil, não é incomodado e não há prepotência sobre o negro. Não há preconceito de raça porque nosso povo, embora o admita com dificuldade, é mestiço e incapaz de sentir sincera aversão pelo preto, ao qual se sente ligado. Mas ele admite que "há preconceito de cor". A alta sociedade é mulata de sangue e branca de pele. O contato com europeus e americanos a impedia de aceitar a cor mestiça. Nas profissões que se relacionam com estrangeiros é preciso ser branco. A sua geração, segundo ele, foi a primeira a compreender objetivamente a importância das influências afro-indígenas na nossa formação.

Nos anos 1930, após alguns estudos mais objetivos, a inteligência brasileira se convenceu de que a formação brasileira tem uma sólida base não branca. Até os anos 1930, essas culturas fundadoras foram tratadas de forma literário-romântica, mais descritiva e menos interpretativa. No século XIX, o estudo do índio e do negro foi mais literário e político. Não havia necessidade de exatidão científica. Havia até uma necessidade contrária, a de despojar as duas raças de sua "realidade", para fundi-las em figuras idealizadas, sintéticas, para que pudessem ser apresentadas ao público como símbolos dos movimentos nacionalista e abolicionista. Criava-se "o índio", "o negro", um tipo literário ideal, perdendo de vista as suas diversidades concretas. A imprecisão era necessária à síntese. O discurso nacionalista apagava as diferentes identidades e homogeneizava a diversidade para tornar-se politicamente eficiente. Nos anos 1930, índios e negros passaram a receber tratamento científico pelas ciências sociais. A observação direta de populações e documentos tornou-se uma exigência. A tendência para a interpretação histórico-sociológico-antropológica era recente no mundo e recentíssima no Brasil. Nos anos 1930, índios e negros já podiam ser vistos em sua diversidade. Para Arinos, o grande livro sobre a influência índia e negra no Brasil, com bases históricas, científicas, ainda estava por aparecer e, talvez, o seu estudo pudesse abrir caminho para o seu surgimento.

Ele pretende expor as influências índia e negra na nossa formação, pela primeira vez, segundo ele, com "imparcialidade". Sem idealizar romanticamente o índio e o negro, sem envolver o seu estudo em lutas nacionalistas e abolicionistas. A identidade brasileira é originariamente tensa, nascida do encontro dramático entre povos e culturas que lutaram entre si e se desprezavam. A unidade foi construída na rejeição e na luta. O triângulo retângulo era menos amoroso do que violento. As culturas se fundiram ao mesmo tempo em que as populações lutavam entre si. Entre povos em luta, mas que compartilham o mesmo território, o reconhecimento recíproco exige um trabalho difícil. A dificuldade do reconhecimento e da aceitação não se limitou apenas a índios e negros, atingindo também a influência portuguesa. Se, por um lado, pelas elites brancas, os índios e os negros são dificilmente reconhecidos como constituintes da identidade brasileira, por outro, pela inteligência brasileira com posições radicais de esquerda, a participação lusitana na formação brasileira também era diminuída ou incompreendida. O "português parasita" foi o entrave ao desabrochar da civilização brasileira. À direita, as elites neoportuguesas francófilas e anglófilas também se sentiam mal na companhia dos seus ancestrais e descendentes mestiços, meio-africanos, com uma cultura pouco ocidental. Contudo, os "meio-brancos" pobres não sofreram a exclusão e não foram tão brutalmente impedidos de ascender socialmente quanto os descendentes de índios, negros e os mestiços com os sinais das "culturas inferiores", com as "marcas da abjeção", cuja vida sempre foi marcada pela exclusão social e pelo bloqueio do gozo dos direitos cidadãos.

Para Arinos, a elaboração do "conceito de civilização brasileira" exigia que se vencessem essas resistências e preconceitos, que impediam que se fizesse uma "análise científica" do Brasil. E quando afirma que estudará a civilização brasileira com "imparcialidade e objetividade", acredita que superou a dificuldade das elites em reconhecer e aceitar as suas origens inferiores. Mas Arinos é insuperável em seu cinismo! Ele próprio revela essa impossibilidade, pois não trata também dessas influências com a pretendida "imparcialidade". Ele é representativo das elites brancas e intelectuais brasileiras dos anos 1930, pois, conhecendo bem nossa origem afro-indígena (ele

CIVILIZAÇÃO BRASILEIRA E PESSIMISMO ULTRACONSERVADOR (CÍNICO) 103

tem "Arinos" no nome), lutou desesperadamente contra essa origem. Ele usa palavras liberais, democráticas, científicas, cristãs, para dizer o que vai fazer, mas, quando faz, defende o oposto, o autoritarismo, a exclusão social, o racismo, a intolerância. Por um lado, para ele, não podemos ignorar a força das três influências e da sua combinação original e devemos tomar consciência das influências afro-indígenas; por outro, é um pregador contra essas influências afro-indígenas e está longe de ser "neutro e imparcial" quanto à influência portuguesa. Ele se propõe a ser "imparcial e neutro" como aquele general que, em pleno campo de batalha, quer "manter a cabeça fria" para ver e analisar melhor o inimigo e criar estratégias terríveis para vencê-lo. Ele não quer apenas analisar imparcialmente, visando somente construir um conceito. Ele quer analisar objetivamente para agir com frieza, tecnicamente. Ele queria sustar as suas resistências e preconceitos para calcular e ver melhor o alcance do perigo que ameaçava a civilização brasileira. Ele queria olhar o inimigo interno do Brasil diretamente nos olhos, conhecer-lhe os limites e brechas, para vencê-lo rápida e definitivamente. Ele queria fazer um diagnóstico objetivo da "doença brasileira", para salvar o Brasil europeu da companhia indesejável e das "influências nefastas" das culturas inferiores.

Em sua "análise científica", os europeus, felizmente, venceram as culturas inferiores. Arinos aplaude e se vangloria dos seus ascendentes brancos como um adolescente do seu pai. Para ele, os primeiros colonos portugueses eram "grandes", "fortes", "valentes", "machos", "imbatíveis". Eles realizaram um "trabalho colossal", que lhes permitiu ter uma vida folgada, na rede, na "cacunda do preto"! Os juízos de valor de Arinos sobre a ação do português colonial são os mais elogiosos e "com-descendentes". Ele aplaude a sua sexualidade exacerbada. Eram cabrões no meio de cabras! Nos primeiros tempos, segundo ele, o "trabalho português" foi sobretudo "sexual"! No Brasil pré-colonial, a principal contribuição dos portugueses foi o sêmen, afirma o piedoso Arinos. Ele não reflete muito sobre como as índias e as negras exploraram essa jazida de reservas naturais portuguesas. Arinos se exalta com a lembrança de seus avós machos e violentos. A conquista militar, ele a põe em segundo plano. A espada mais firme de conquista, segundo ele, foi o priapo inesgotável! Ele aplaude o invasor estuprador. Este não era selvagem! Para ele, felizmente, o português agiu assim, pois senão não haveria Brasil e brasileiros. Foi daí, desse "trabalho português original", do priapo e do sêmen portugueses, que surgiu a raça mestiça, adaptada física e psicologicamente à terra, que iria desbravar o sertão. Começavam as gerações de mulatos, de cafuzos ou caburés, de curibocas ou mamelucos. Já mestiço, o português não tinha preconceito de raça. Apesar de reconhecer que já era mestiço, Arinos afirma que ele foi um "clarificador", um filtro de "sangues impuros"! A partir do século XVI, eles se fixaram na terra dos indígenas e *dessa forma*, para ele corajosa e gloriosa, fundaram a nação brasileira!

A vitória portuguesa de fato, pela força, transformou-se, em Arinos, em direito, em necessidade racional. Será que Arinos compreendia bem a diferença entre "força" e "razão", conceitos que constituem a base da sua interpretação do Brasil? Arinos descreve como um Éden o nosso inferno original. O seu absurdo mito de fundação da nação, ao invés de trazer a esperança, já é a plena consumação da sua ruína.

Arinos, contudo, não é tão ingênuo! Ele percebe que houve uma invasão e conquista. E optou por ser empático com a força do vencedor, ao qual dá "razão". Na cultura triangular original do Brasil, para ele, houve ao mesmo tempo choque e interpenetração de culturas. Houve rejeição, confronto, luta e aproximação, aceitação, entrelaçamento. Esse combate/entrelaçamento se acentuou no terreno religioso. O Brasil foi um campo de batalha religiosa. Arinos deixa claro o seu ponto de vista branco e elitista, apesar de pretender ser neutro e imparcial, quando se refere aos negros como "gado humano de raça inferior, rebanho africano". Deste "rebanho inferior" vinham desde crendices bárbaras até o maometismo, e tudo isso foi incorporado ao meio espiritual da Colônia. Dos "indígenas inferiores" veio a "santidade", um ritual que incluía a erva santa. As santidades eram como as macumbas dos pretos. Era uma expressão cultural de hostilidade política ao branco invasor. Ele mesmo afirma que "o oprimido lutava contra o opressor" através das santidades e macumbas. Índios e negros tentavam atuar magicamente sobre os brancos. Invocavam as forças misteriosas das selvas para derrotá-los. Ele descreve o encontro entre as três raças/culturas como uma luta de vida ou morte. Não foi um encontro amigável. Mas, lutando, as culturas/raças foram se assimilando.

Os portugueses venceram porque já eram uma "civilização", isto é, já tinham desenvolvido um alto controle técnico sobre a natureza e sobre si mesmos. Do relato de Arinos, conclui-se que a vitória dos brancos no Brasil pode ser vista como a demonstração mais clara de que não há "forças ocultas" interferindo na vida dos homens. Se as houvesse, não teria sobrado um único branco para contar a sua história oficial, pois os índios e os negros resistiram, unidos, usando todos os seus recursos e conhecimentos das forças espirituais, ocultas, para derrotarem os canhões e fuzis dos invasores. Em vão! Arinos percebe que houve invasão, conquista, estupro, destruição de povos e culturas... e se identifica ao Santo Ofício, que perseguiu a santidade e a macumba como heresias. Ele cobre com o "manto da razão" a violência portuguesa. A postura de Arinos é completamente branca: ele combate índios e negros ombro a ombro com seus ancestrais, mas, como eles, tornou-se capaz de alguma empatia com os vencidos, desejou as suas mulheres, deixou-se envolver por suas crenças e valores. Infelizmente, para ele, tornou-se também um "homem bom de sangue infectado", uma atormentada e ineficiente "alma mestiça".

A civilização branca, felizmente, para ele, venceu. Mas foi uma vitória de Pirro, porque as culturas inferiores se infiltraram nos fundamentos da civilização branca, integrando-se na sua substância. Eis a ameaça ao futuro da civilização brasileira: a civilização branca se alterou muito no Brasil. Os povos vencedores adotaram elementos importantes dos vencidos. Arinos procura desculpar os portugueses por essa promiscuidade, argumentando que eles, os vencedores, eram "muito machos" para resistirem a tantas índias e negras vencidas e nuas. Além disso, estavam fora do seu ambiente natural, e o novo mundo lhes era hostil, desconhecido. Eles se sentiram frágeis, carentes, longe das mães e esposas brancas. Mas não os perdoa: a miscigenação comprometeu o futuro do Brasil, ao criar um povo mestiço, um excelente campo de desenvolvimento das "culturas inferiores". Arinos lamenta que a vitória branca não tenha sido absoluta. Infelizmente, houve aproximação e entrelaçamento com as culturas inferiores e a civilização branca foi conspurcada pelos dois outros agentes étnicos. Ele compara o Brasil a um lago cristalino que recebeu dois rios, que se uniram antes de entrar no lago e o modificar. O rio afro-indígena fez do lago europeu algo diferente, cujo acabamento se processa ainda hoje. As águas brasileiras, lamenta Arinos, não são puramente europeias. São águas turvadas pela chegada das águas índio-africanas. Arinos quer identificar as tendências gerais em que agiram essas influências modificadoras da civilização branca. Otimista, ao identificar os "resíduos históricos" que tornam o lago brasileiro escuro, impuro e turbulento, pretende decantá-lo, salvá-lo de tendências obscurantistas, supersticiosas, míticas, irracionais, bárbaras, violentas, selvagens.

Arinos deseja que o Brasil se embranqueça, se europeíze, se civilize, vencendo as suas origens não europeias. Ele quer purificar e pacificar as águas brasileiras, eliminar os "resíduos históricos" que a poluem e ameaçam. O leite derramado pelos conquistadores, ele quer devolvê-lo à tigela, limpo e branco. Seu "conceito de civilização brasileira" parece um atentado contra a alma mestiça brasileira. Ele deseja impor-lhe, autoritariamente, a fôrma europeia. Ele propõe que se faça, à civilização brasileira, a crueldade que ele fez consigo mesmo: civilizou-se, aculturou-se, tornou-se um quase suíço, um *nowhere man*! Arrancou-se pela raiz e, pálido, exânime, flana por entre os bens culturais do seu ex-país. Ex-brasileiro, dos seus próprios resíduos históricos, ele, aliviado, já se sentia decantado. Ele imaginava que sua salvação pessoal já estava garantida e, como bom cristão, desejava salvar a civilização brasileira oferecendo-se como exemplo. Ele falou às elites brasileiras como um menino índio catequizado falaria, em latim, aos seus pais e aos chefes da sua aldeia: "aceitem a verdade, convertam-se, esqueçam a nossa tradição selvagem. Os jesuítas e os brancos, a razão superior que veio de fora, veio para nos salvar de nós mesmos, para nos limpar de nossos impulsos inferiores".

Para ele, pessimista, a civilização brasileira está contaminada por "resíduos históricos" inferiores. O resíduo histórico, em vez de ficar à margem da história, a ela se funde, impregnando-a. Os resíduos históricos "sujam"

106 AS IDENTIDADES DO BRASIL 2

a lagoa toda e precisam ser filtrados e empurrados para o fundo. Ele define como "resíduos históricos" aqueles elementos da origem já assimilados que aparecem em traços identificáveis da civilização atual. Para ele, há traços fisionômicos do nosso povo, por exemplo, que são oriundos das três raças e, não, só de uma. O gosto pela piada de sexo, pela revista de sacanagem, marca do brasileiro (outros povos não gostam de piadas e revistas de sacanagem?), vem das três raças. Arinos decompõe e analisa os "resíduos afro--indígenas", que, para ele, "funestamente", foram assimilados pela civilização branca. Ele busca identificar as características gerais e psicológicas mais importantes da mestiçagem e suas origens. Se ele quer passar a alma brasileira em uma peneira fina, que deixe passar apenas o pó branco e retenha e exclua os caroços e torrões índios e negros, o seu estudo pode ser considerado puramente "histórico", "conceitual", "imparcial", "objetivo", "científico"? Tudo que é genuinamente brasileiro é visto como selvagem e bárbaro. Sua interpretação do Brasil é a das elites, que não se identificam com a população brasileira, a desprezam e a temem. A sua interpretação do Brasil é uma cínica pregação política, racista, autoritária, que destila preconceito e ódio contra o passado afro-indígena e a atual população brasileira mestiça.

A civilização brasileira e a ameaça dos "resíduos históricos afro-indígenas"

Imprevidência e dissipação

Para Arinos, a civilização brasileira herdou da cultura inferior indígena inúmeros males. Um desses males é *a desproporção entre o esforço despendido no trabalho e o resultado obtido*. Os indígenas não articulavam de forma eficiente meios e fins. Eles podiam trabalhar muito, mas não controlavam o resultado. Eles não eram indolentes, mas imprevidentes. Para o branco, o índio trabalhou muito: guardando gado, remando nas canoas, carregando pedras, nas lavras, labutando nas lavouras de cana. Ele cultivava a terra, pescava, caçava, guerreava. A civilização europeia "entrou pelo sertão carregada nos braços dos índios". Para ele, talvez fosse preferível que essa aliança não tivesse jamais ocorrido. Talvez tivesse sido melhor, para o Brasil, que o índio tivesse sido exterminado ou que tal convívio não tivesse sido tão profundo. No presente, essa forte herança indígena deve ser filtrada, superada, para que a civilização brasileira não decaia na barbárie. O que o índio ofereceu de negativo supera em muito os possíveis ganhos com a sua convivência.

Esse resíduo irracional indígena, a falta de previsão, o esforço sem controle do futuro, sem poupança, imprimiram-se funestamente na civilização brasileira. O índio era nômade. Seu trabalho era imediatista. Ele trabalhava

CIVILIZAÇÃO BRASILEIRA E PESSIMISMO ULTRACONSERVADOR (CÍNICO)   107

na medida da sua necessidade. O índio apenas satisfazia as suas necessidades básicas, sem planos, sem sentido econômico, sem previsão. Não planejava nada, não calculava prejuízos e ganhos, não armazenava, não poupava. Tudo que era produzido era imediatamente dissipado. A "raça" tinha um espírito infantil de dissipação. Para Arinos, esse espírito imprevidente e dissipador, infelizmente, impregna a alma brasileira. A iniciativa privada e a administração pública no Brasil são marcadas por essa desorganização, por essa desproporção entre o esforço atual e a segurança. O brasileiro não tem a compreensão nítida do fim do trabalho que realiza. A produção é feita sem planejamento, sem explicitação dos objetivos. Vivemos mergulhados no presente, entregues à sua experiência imediata. É como se desconhecêssemos a dimensão temporal do futuro. A nossa imprevisão, a nossa falta de poupança, a nossa desatenção pueril com o futuro, para Arinos, nos foram trazidos pela alma tupi-guarani. A história financeira do Brasil, dos seus empréstimos públicos, federais, estaduais e municipais, segundo ele, é de estarrecer. É o país das estradas não econômicas e da produção sem meios de transporte. A administração pública no Brasil é imprevidente, irracionalmente conduzida. O Estado brasileiro não funciona em moldes burocráticos europeus. O Brasil é um país fora da lógica iluminista europeia. A civilização brasileira não funciona como a civilização europeia. Para Arinos, esse resíduo indígena é indesejável e seria preciso erradicá-lo para que a civilização brasileira se organize de forma racional e supere a miséria que a flagela.

O desapreço pela terra

Outro resíduo indígena que funestamente se imprimiu na civilização brasileira, para Arinos, foi o *desapreço pela terra*. O índio era incapaz de se tornar "proprietário de terra". Mas os índios não conheciam bem a natureza brasileira e não sabiam explorá-la de acordo com as suas necessidades? Eles a conheciam bem e a sabiam explorar, mas, para Arinos, não tinham o desejo que dignifica o homem: o de "possuir a terra". Infelizmente, passaram esse "desapego pela terra" à massa rural mestiça brasileira. Arinos não ignora que a propriedade latifundiária tem causas políticas e econômicas e não se liga apenas a essa herança do índio. Mas, para ele, a propriedade latifundiária deve-se sobretudo a esse traço psicológico inferior da massa camponesa. No Brasil, nenhum camponês luta pela terra, logo, ela se concentra nas mãos de poucos. Onde há mais sangue europeu predomina a pequena propriedade ou se dilui a grande. Ele sustenta que até Prestes julgava que a revolução agrária no Brasil seria difícil e devia ser conduzida dentro de normas especiais, pois o camponês mestiço não se interessa em ocupar a terra.

Para Arinos, infelizmente, essa é uma característica singular do povo brasileiro. A falta de interesse pela terra é grave, pois contrária ao progresso e até a uma revolução social. O desejo fundamental do camponês deveria ser o trabalho da terra. A população brasileira não ama a terra e sempre que pode a abandona. As populações rurais são nômades. Mineiros e baianos vão e vêm a São Paulo. Esse sentimento é compreensível no indígena, que não precisava cultivar a terra. Mas é um sentimento deslocado no homem brasileiro rural, que precisa cultivá-la para se libertar da miséria. O camponês europeu é o esposo da terra. Ele a fecunda e vigia, esperando os frutos. Tem temores e esperanças. A terra é sua companheira. Mesmo quando não é proprietário, ele a trata como se fosse. O servo tinha apenas a posse da terra e a tratava com apreço. Ao contrário do europeu, os índios faziam roças de curta duração. A terra era muito fácil, abundante e generosa. Se o índio tivesse dificuldades com a natureza, talvez a sua agricultura tivesse se desenvolvido. Ele não seria nômade. Mas não foi assim e, infelizmente, a relação com a terra da massa rural mestiça brasileira é de desapego e desinteresse.

Essa herança indígena se agravou com nosso tipo de trabalho agrícola. A grande lavoura colonial brasileira não facilitou o apego do homem à terra. Era um tipo complexo de exploração. Tinha algumas características feudais e já era capitalista. Arinos se mostra conhecedor de uma discussão clássica da teoria marxista, a da transição do modo de produção feudal ao capitalista. Para ele, a grande lavoura colonial era uma atividade que representava o espírito da época do descobrimento: a transição do feudalismo ao capitalismo. A estrutura latifundiária impedia a pequena propriedade e o espírito explorador da terra em pequenas porções. Assim, se o nomadismo indígena levou o mestiço rural a não se interessar pela terra, o colono branco, que poderia ter se apegado à terra, foi proibido disso, porque a organização capitalista da lavoura sufocou a formação da pequena propriedade rural. A grande lavoura do café consolidou essa situação. Além de ir adentrando pelo interior em busca de terras virgens, depois de cansar as terras cultivadas, essa marcha para o interior não favoreceu a fixação do homem. O imigrante europeu e o asiático, nos séculos XIX-XX, também teve a sua iniciativa de pequeno proprietário de terra inibida pela expansão da estrutura latifundiária.

Para Arinos, portanto, a herança indígena e a estrutura latifundiária são responsáveis pelo desapego da massa rural brasileira pela terra. Mas os europeus têm uma tradição sedentária, são amantes da terra e sabem explorá-la de forma racional. A origem branca do desapego pela terra, a estrutura latifundiária, é superável, pois um camponês branco, como os do sul do Brasil, sempre lutará pela terra. O problema maior é a origem indígena desse traço da alma brasileira: a massa rural mestiça poderá algum dia dar à terra o seu devido valor e explorá-la racionalmente para a superação da sua própria miséria? A massa rural é sobretudo índia e negra. Para Arinos, o negro foi bom agricultor, mas, escravo, também não possuía o desejo de propriedade da terra. A alma brasileira mestiça, enfim, para Arinos, não tem apreço pela propriedade da terra, é nômade, e isso inviabiliza qualquer projeto, até revolucionário, de superação da miséria pelo aumento da produção rural.

A salvação pelo acaso

Outra marca da alma brasileira que Arinos atribui a traços residuais de índios e negros fundidos é a *salvação pelo acaso*. A influência conjunta das culturas inferiores é a superstição, a magia, o mistério, o predomínio de forças pré-lógicas sobre o comportamento social. Do índio, o seu sentimento do acaso, do imprevisto, do azar; do negro, o seu temor difuso, a esperança na proteção de forças desconhecidas, a sua magia. Eis os dois grandes causadores do estranho misticismo do povo brasileiro atual. Somos marcados por essa mentalidade pré-lógica. A vida subjetiva do povo brasileiro desfigura as "religiões superiores" com seu espiritismo, crenças bárbaras, como a macumba. O cristianismo europeu, no Brasil, foi alterado pelas religiosidades indígena e negra. A alma brasileira é mágica, pré-lógica. Isso tem fortes e funestas consequências sobre a vida coletiva e civil, econômica, política e social da nação.

Místico, o povo brasileiro herdou um caráter de "jogador". O brasileiro confia na sorte. Ele conta com o apoio de forças mágicas. O instinto ancestral de aventura predomina em todos. Para Arinos, o desenvolvimento das loterias, aqui, é surpreendente. O jogo do bicho tornou-se uma instituição nacional. Não há "cozinheira, empregada, varredor de rua" que não jogue no bicho. Arinos cita essas atividades com desprezo. Para ele, entre os brasileiros, sejam ricos ou mais modestos, reina uma esperança com cada centavo que sobra. Buscam uma ilusão incorpórea e enganadora. Todos jogam. É um atributo nacional e um vício individual. A polícia não pode fazer nada contra isso. A fusão de elementos culturais afro-indígenas determina um modo de ser coletivo, que não pode ser evitado. Esses elementos culturais estão dentro de cada brasileiro e o constituem como brasileiro.

O brasileiro afro-indígena possui uma religião: é um jogador. É uma religião com seus estados de sorte e de azar, e com seus amuletos, oferendas, devoções particulares: figas, pés de coelho, números preferidos ou cabalísticos, cartas fiéis ou ingratas. O "mulato de camisa de meia", a população mestiça, e o "elegante dos cassinos", as elites, se aproximam nesse espírito brasileiro. Só Arinos, um quase suíço, um *nowhere man*, não se identifica com o brasileiro nessa religiosidade! Ele não se considera mestiço de índio e negro. Ele sustenta com candura: "*eu, que faço parte daquele reduzido grupo de brasileiros a quem o jogo entedia de maneira invencível, quando entro num dos cassinos cariocas, levo o propósito de apenas observar os jogadores*" (p. 162). É um antropólogo suíço! Mas, se ricos e pobres no Brasil têm essa alma afro-indígena, de onde viria a alma pura desse "reduzido grupo de brasileiros"? Seriam os brancos educados e aculturados na Europa? É provável, pois Arinos só vê um modo de os brasileiros escaparem dessa funesta herança selvagem: a educação. Ela traria a transformação do que temos de mais arraigado e primitivo. Essas tendências incoercíveis podem ser aplicadas em objetivos sociais. O seu conceito de educação é, portanto, claro: as tendências selvagens são incoercíveis, mas podem ser canalizadas racionalmente. Aqui se esclarece o seu projeto para o Brasil: o Brasil tem essas "origens inferiores", que são dadas e inevitáveis. Mas, pela educação, pode-se dar um destino superior, europeu, a essas tendências brasileiras. Ele propõe aos brasileiros que façam a si o que ele fez consigo mesmo: europeizou-se, superou suas tendências selvagens, alfabetizou-se em línguas estrangeiras. Tornou-se um "antropólogo de si mesmo", sem qualquer participação na observação, evitando encontrar-se consigo mesmo.

Arinos confessa que vai aos cassinos, mas garante que não toca em nenhum dado ou carta. O seu espírito se mantém exterior àquele ambiente pré-lógico. Ele vai apenas para observar os brasileiros no exercício da sua herança afro-indígena. Ele os frequenta como um historiador europeu. Mas não tão distante, pois se entristece com o espetáculo que presencia. Ele descreve a sala de jogo como um templo: tapetes verdes, veludos, silêncio, conversa baixa. Os cassinos são igrejas do diabo. Os fiéis oferecem fortunas para sustentá-las. O homem da classe média, o funcionário público, depois do trabalho, todos, vão para o templo sacrificar-se ao seu deus. Todos que querem prosperidade apelam para o jogo. Há sorteios de prédios, terrenos, vales, concursos, prêmios. Por toda parte, o jogo, a combinação caprichosa da vida. Até o Estado participa dessa paixão nacional. Com as finanças encalacradas, emite títulos com sorteios e obtém grande sucesso. Para Arinos, agindo com esse espírito afro-índio, o Estado brasileiro se desmoraliza, perde sua autoridade superior. Os palácios dos governos estaduais e municipais se assemelham aos templos-cassinos. E o Senado, a Câmara, os palácios federais, estaduais e municipais estão lotados de jogadores!

Para Arinos, as consequências da assimilação desse resíduo afro-índio são funestas para a civilização brasileira. O brasileiro não tem um espírito de economia privada e, sem economia privada, não pode haver riqueza pública. E com o estímulo do Estado-jogador! Cada vez mais jogador, o brasileiro dissipa tudo o que ganha. Arinos repõe o seu implícito argumento-estribilho: "na França não é assim!". O camponês europeu não gasta a sua poupança. O brasileiro precisa vencer a sua origem selvagem e começar a economizar para ter o que gastar. Ele não pode continuar dissipando o que não tem. As consequências políticas são tão graves quanto a econômico-financeira. Esse espírito de jogo fortalece a esperança da salvação nacional por meio de milagres. Esse ambiente místico é favorável à eclosão de propostas políticas insensatas, violentas, dirigidas por profetas. A ordem pública torna-se impossível. O povo não percebe que a mera mudança de regimes não é suficiente. Qualquer regime político se sustenta na riqueza produzida. A produção anual do Brasil é inferior ao seu consumo. Qual milagre, qual prêmio de loteria seria capaz de transformar essa situação? O essencial é o trabalho e a poupança. E o espírito de trabalho e poupança está fora do horizonte do brasileiro afro-índio. Além disso, para o povo brasileiro, os grandes homens não são os que trabalham, mas os mágicos, os jogadores, os prestidigitadores. O estadista não será bem-sucedido se propuser o enfrentamento de dificuldades, se impuser sacrifícios e disciplinas rudes ao povo. Este aprecia o golpe do malandro, a rasteira, a tapeação, o despiste. O herói popular é aquele que tem cartas na manga. O povo confia em habilidades secretas, poderes obscuros, que o salvarão milagrosamente. Arinos nos faz lembrar que essa estratégia já falhou contra os invasores portugueses. O seu temor, que legitima o seu esforço, é que o futuro do Brasil seja o mesmo de indígenas e negros, isto é, a derrota, o extermínio, o estupro, a aculturação, a decadência de sua civilização.

O amor à ostentação

Para Arinos, nossos antepassados afro-indígenas nos legaram outra herança, que nos impede de superar nossa situação de ignorância e miséria: o amor do adorno, do enfeite, da ostentação simuladora. Ele propõe uma tese curiosa: "o espírito selvagem é inimigo da simplicidade". A beleza discreta revelaria uma superioridade intelectual. O critério estético superior valoriza a simplicidade como uma fusão ideal de todas as complicações. O espírito superior é simples, porque engloba as diferenças, as multiplicidades, numa unidade mais alta: "como o branco, cor mais simples, que reúne todas as cores". Conclusão: uma prova de que os brancos são intelectualmente superiores é seu critério estético superior, que prefere a simplicidade, a beleza discreta, as cores menos vivas. Os povos mais atrasados, inferiores, têm os sentidos mais vivos, mas a sensibilidade menos aguda. O selvagem vê, ouve, tateia, cheira melhor do que o civilizado. Só a cor forte lhe chama a atenção e o perfume intenso lhe dá prazer. O primitivo tem inclinação ao enfeite escandaloso do corpo: vestimentas decorativas, plumas, colares, tatuagens, pinturas. O bárbaro prefere o que é aparente e ostentoso. As decorações os protegem contra a influência de forças mágicas hostis e como excitantes eróticas. O vestuário e o adorno na vida sexual do índio e do negro são capitais.

Para Arinos, quanto ao critério estético, o povo brasileiro é mais afro-índio do que europeu. O brasileiro popular gosta de roupas coloridas, acetinadas, de cores vivas, cheiros fortes, pinturas, brilhantinas. Sobretudo o mulato e o caboclo. Os caboclos e mulatos despendiam tudo o que podiam nos atavios e cuidados do corpo. Qualquer peão colonial andava com roupas de cetim. Arinos observou isso em suas empregadas. Ele tinha empregadas pretas, mulatas e portuguesas. A portuguesa, branca e europeia, é intelectualmente superior, e isso aparece em seus critérios estéticos. Ela é bem-tratada e bonita, é econômica, organizada, discreta no vestir. Sua roupa de vestir e seu uniforme são práticos, duráveis, de tecido escuro e resistente. As brasileiras mulatas e pretas envolvem-se em cetins, sedas, musselinas. E Arinos observa esse resíduo afro-índio não só nas empregadas, mas também na sua patroa. Ele sustenta que as empregadas usam cetins e sedas "pelo menos da mesma qualidade que as usadas pela patroa". Isso quer dizer que as "patroas", as elites, também cultivam gostos afro-indígenas. As brasileiras usam faixas, brincos, pentes de cor, batom, perfumes violentos, unhas coloridas. A mulata sai para os bailes como uma luxuosa ave tropical, como um arco-íris! As mulatas cariocas andam tão ornamentadas quanto as baianas do passado. Não usam mais joias de ouro e prata, mas se arruínam nas lojas americanas com contas de vidros coloridos, correntes de metal folheado, espelhos. Arinos acha "feias" as mulheres brasileiras com tantas cores e cheiros. Quase suíço, discreto, vestindo ternos em tons escuros, ele prefere o perfume suave, a simplicidade no vestir e adornar-se da europeia.

E não são somente as mulheres brasileiras que apreciam cores, cheiros e adornos. Os homens brasileiros também. No interior, nas construções de estradas, os armazéns das empreiteiras vendem potes de brilhantina, gravatas chamativas, camisas de cores berrantes aos trabalhadores. Estes se organizam como os ancestrais selvagens: trabalham apenas para comer, não se fixam, não ocupam as terras, não querem saber de cultivá-las, não ajuntam um vintém, dissipam tudo em bobagens, migram em busca de trabalho, com as mulheres e filhos remelentos e barrigudos, a viola dolorosa e plangente. Os brasileiros trabalham durante todo o dia; à noite, cantam e dançam no bar, com a sua alma mestiça e ingênua. Esse resíduo cultural reforça as conclusões anteriores sobre o brasileiro: a falta de espírito de economia e planejamento. Mas o que Arinos mais teme nesses resíduos afro-indígenas é a sua repercussão sobre a esfera política e administrativa brasileira. Horrorizado, ele constata que essa herança funesta pode ser observada nos hábitos do governo e na organização do poder público. Embora não pareça, pois ele não se identifica com a população brasileira, Arinos está discutindo a alma brasileira com as melhores intenções políticas: ele se preocupa com a ignorância e a miséria que oprimem a civilização brasileira e as atribui à herança selvagem, que precisaria ser subjugada na alma do brasileiro. O seu espírito é fúnebre: ele teme pela morte da civilização brasileira. Entristecido, ele se pergunta: haverá alguma chance de sobrevivência para o Brasil?

Arinos se preocupa sobretudo com o Estado republicano, que, para ele, significou a ascensão ao poder do mestiço. Eis o seu problema: os afro-indígenas no poder poderiam levar o Brasil ao sucesso? Ele observa a política republicana e a considera ameaçadora para o futuro brasileiro. Ele toma como exemplo da ineficácia da política afro-indígena republicana a sua direção urbanista. A República rompeu com o campo e preferiu investir na cidade. Ela veio alterar a linha tradicional da civilização brasileira. As cidades são construídas como adornos faraônicos, vistosos, e sem nenhum sentido econômico. A primeira Constituição republicana já sonhava com a construção de uma cidade na selva. Manaus, na euforia da borracha, ergueu-se no meio da floresta como um cenário de teatro. Tinha colunas de mármore

CIVILIZAÇÃO BRASILEIRA E PESSIMISMO ULTRACONSERVADOR (CÍNICO)   113

da França, bailes de máscaras, companhias de teatro europeias. As capitais enfeitam-se como noivas de província: avenidas americanas, jardins ingleses, pontes, arranha-céus, luz elétrica, asfalto, vidros. Até Minas Gerais, refratária ao luxo e a influências estranhas, ao planejar Belo Horizonte, não resistiu a esse grande movimento da civilização republicana. Goiás seguiu o exemplo de Minas. O Rio de Janeiro era a síntese do caráter ostentatório da civilização brasileira. Como uma Gata Borralheira, na República, a cidade do Rio de Janeiro se livrou de suas misérias e andrajos. Tornou-se uma princesa: encheu-se de prédios suntuosos, largas avenidas, jardins, festas, shows, danças, luzes e cores e tornou-se a paixão nacional.

Essa política urbanística da República, para ele, liga-se ao resíduo afro-índio do "amor à ostentação". A urbanização, nos países civilizados, tem a ver com a industrialização. Aqui, os governos republicanos promoveram a decadência do campo. Na Colônia, a administração era portuguesa e dava preferência ao campo, por causa da base econômica agrícola. No Império, continuou o mesmo. As eleições nunca existiram lá, os mestiços não tinham voz e o Parlamento era dominado pelos homens brancos dos engenhos e do café. O Poder Moderador era "europeu de raça e sentimentos". Na República, desapareceu o poder português colonial e "a raça e o sentimento brancos" do Poder Moderador. Por mais falsa que seja a nossa democracia, na República, a vontade popular influi mais na direção dos governos e, por isso, o gosto da ostentação e do ornamento se afirmou na administração pública. O poder se concentrou no Executivo, geralmente ocupado por mestiços. As grandes obras urbanas se assemelham à mestiçagem dos seus empreendedores. Arinos ousa ameaçar: *"não vou demonstrar isso para não ferir sensibilidades respeitáveis. O leitor que o faça!"*. Ele imagina que, demonstrar que os líderes republicanos e os empresários urbanos têm uma ascendência afro-indígena, seria, para eles, desmoralizador! E se alguém revelasse a sua própria ascendência afro-indígena? Arinos se identifica com o poder português colonial, com os jesuítas, com o Poder Moderador imperial, com as elites agropecuárias, que considera afastadas e protegidas das influências afro-indígenas. Como ele, são de "raça e sentimento europeus". Será que, nos anos 1930, já se podia mesmo fazer um "estudo profundo e imparcial" do Brasil?

O ponto de vista de Arinos sobre o Brasil, agora, é cristalino e está longe de ser "imparcial e científico". Ele se revela antirrepublicano e antidemocrático. Ele se opõe ao movimento modernizador que vivia a civilização brasileira. Ele defende o campo cafeicultor contra as políticas republicanas de urbanização e industrialização. Ele duvida do vigor da industrialização brasileira. Ele reduz a urbanização apenas a uma expressão do selvagem "amor à ostentação". Para ele, a indústria e a cidade são pródigas ilusões do mestiço. Ele protesta contra o crepúsculo da sua civilização rural cafeeira. A civilização brasileira se dividira até então em ciclos econômicos rurais. Até mesmo a urbanização das minas, para ele, manteve o fundo rural

114
AS IDENTIDADES DO BRASIL 2

da nossa civilização. Era um mundo agrário, aristocrático, lusófilo, francófilo e anglófilo, branco e cristão. Até a República, o povo mestiço estava ainda em "seu lugar", deixando-se guiar pelas rédeas curtas das altas elites luso-brasileiras. Para ele, na República, a pressão direta do sentimento da massa veio alterar aquela feliz situação colonial e imperial de domínio das elites sem resistência popular.

Na República, "nossa civilização rural" — a dele, Arinos — foi definhando, tomando um aspecto antiquado. O espírito que preside a nova estrutura do Estado se apoia no sentimento popular da raça mestiça, afeiçoada ao luxo das aparências e desapegada da terra. A massa é hostil ao campo. Nessa opção pela cidade, aparece o nomadismo e o apego ao ornamento afro-indígenas. Esses resíduos não são exclusivos da época republicana. Mas sua influência na orientação da civilização brasileira se fortaleceu com a República, em que o poder do Estado é exercido por mestiços e sob a pressão direta deles. Para ele, na República, a civilização brasileira vive um paradoxo: a base da economia é ainda agrária, mas o Estado combate a lavoura, retirando-lhe recursos e empregando-os em outras atividades. Os técnicos do governo republicano são inimigos do café brasileiro e da "civilização brasileira". Pela primeira vez, ele se inquieta, uma civilização agrária em declínio não cederá o poder a outra civilização agrária. Arinos formula claramente a questão que inquieta a ele e ao seu grupo: "*a quem passará o café as suas insígnias de chefe? Não será a nenhum representante da agricultura*". Então o futuro lhe parece ameaçador. Ele considera a decadência da sua civilização agrária, que era de "raça e sentimento europeus", como a decadência da "civilização brasileira". Ele não distingue as duas coisas: civilização agrária e civilização brasileira. O declínio da primeira representaria a decadência da segunda. Arinos, nesse livro, explicita o seu medo. Por um lado, procura alertar as elites agrárias para o declínio do seu mundo e para a necessidade de reagir a essa tendência; por outro, resigna-se e considera spenglerianamente inevitável a decadência da sua civilização agrária. O que ele e seu grupo realmente temem é a emergência do povo brasileiro, o "monstro da lagoa" — a lenda escocesa —, pelo qual nutrem profundo e explícito desprezo.

O irracionalismo político

Para Arinos, outro grave resíduo afro-índio ameaça a República, decadente reino do brasileiro-mestiço: o desrespeito à ordem legal. As culturas africana e indígena não conheceram nada como o Estado moderno europeu, pois eram rebeldes à organização técnica da política. Elas tinham seu Estado embrionário, que garantia um mínimo de legalidade. Mas, no terreno técnico, seu desenvolvimento foi rudimentar. A ordem jurídica deles não era racional. A técnica jurídica aparecia entrelaçada a mitos e magia. O sistema jurídico só se exprimia pela força. O poder era respeitado porque te-

CIVILIZAÇÃO BRASILEIRA E PESSIMISMO ULTRACONSERVADOR (CÍNICO)   115

mido. Não obedecê-lo traria malefícios e catástrofes. A vontade do soberano era divina e destroçava as resistências. Era justa porque capaz de fazer o
mal. Apesar dos suplícios, os súditos negros adoravam o rei. O temor in-
fundia respeito. A ordem legal do bárbaro se baseia no terror que o poder
político pode realizar e, não, no bem. É o reino da força. Ao contrário, para
Arinos, a civilização branca não apoia o poder no terror, mas nos ditames
da razão. Arinos reconhece que, mesmo nas civilizações superiores, a lei é
elaborada também em favor de interesses e contra a razão. Mas, nas sociedades europeias, para ele, o coeficiente de razão cresceu em relação ao da
força. A força sozinha não se mantém no poder, mesmo nas ditaduras. Na
civilização branca, a força pela força não governa. Ela precisa do apoio da
razão, mesmo quando recorre à violência. Arinos teria se esquecido da invasão e da conquista do mundo indígena e da escravidão do negro? A razão vem *a posteriori* legitimar a força. Não há história mais selvagem e violenta do que a dos europeus. A razão é a força europeia. Após a invasão e a
conquista do território dos outros, americanos e europeus montam um espetáculo jurídico para condenar "racionalmente" os vencidos por terem re-
sistido à invasão! Eles denominam essa heroica resistência de "crimes de
guerra"! E legitimam sua invasão e conquista cobrindo-as com a razão do
"seu" direito internacional.

No Império, veio predominar a razão política do regime parlamentar.
Para Arinos, esse "resíduo afro-índio" impede a organização técnica
do Estado brasileiro. O mestiço no poder resiste à lei e à forma burocrática
de organizar o poder. O Estado republicano assimilou o "resíduo afro-índio" da concepção da legalidade ligada ao terror. Durante quatro séculos,
esses impulsos das massas mestiças foram contidos por um complexo aparelho artificial de Estado. Apesar de artificial, essa estrutura política dava um
fundamento de razão à vida social de nosso povo. Na Colônia, os jesuítas
representaram a razão contra a força. Na vida colonial, houve uma luta da
razão contra a força: os colonos, brancos-mestiços, se orientavam pela força;
os jesuítas, europeus, buscavam o apoio da razão. Em relação aos indígenas, os
colonos, que tinham assimilado os resíduos afro-indígenas, queriam escra-
vizá-los à força. Os jesuítas, que não se deixaram dominar pelos resíduos
afro-indígenas, os defenderam recorrendo à razão. O jesuíta teve um papel
civilizador contra o terror afro-índio. Por isso, a escravidão de negros e índios foi mais doce aqui. Arinos sustenta que o jesuíta foi o iniciador desse
complexo aparelho intelectual de refreamento dos impulsos primários da
cultura afro-indígena. Ele trazia um compromisso eterno com a razão evangélica. Muitos deles morreram nesse combate civilizador. Eles foram os primeiros cultores da legalidade contra a força afro-indígena, que ameaçava
tragar a administração e a vida social da Colônia.

No Império, veio predominar a razão política do regime parlamentar.
Embora artificial, durante 60 anos, foi uma fortaleza protetora da nação. O
regime parlamentar foi uma construção técnico-política sutil, destinada a
controlar e a orientar as correntes tumultuosas da opinião popular. O regime

parlamentar foi o resultado da velha e polida Europa ocidental. O Parlamento imperial funcionava, não como a expressão do verdadeiro sentimento e das tendências do povo brasileiro, mas como a negação desses sentimentos e tendências. Os sistemas jurídico e político foram trazidos pelas elites mentais, educadas na Europa, para sustar o instinto primitivo, continuando a ação racional dos jesuítas. O Estado imperial funcionava fundado na razão política, opondo-se às tendências espontâneas da massa, fundadas no terror. O Parlamento imperial funcionava exatamente porque não era daqui. O Império se fortaleceu com o regime parlamentar, adaptando, aqui, o sistema das civilizações superiores. O Império não representava a realidade da nação. Era um regime artificial. No Brasil, o parlamentarismo funcionava exatamente porque não era popular. A legalidade imperial se assentou na razão e, não, na força. D. Pedro II representou a prudência e a sabedoria.

Na Colônia e no Império, portanto, uma estrutura estatal europeia, racional, técnico-política funcionou como um "equipamento de contenção" contra a emergência do "monstro mestiço" das águas brasileiras. A razão europeia era como uma represa que continha as águas turvas e turbulentas afro-indígenas, ou como uma camada de gelo sobre a lagoa quente. Mas a Guerra do Paraguai despertou os impulsos irracionais afro-indígenas. A represa se rompeu, a camada de gelo trincou. O Estado parlamentar imperial sucumbiu diante da violência do Exército republicano. Os líderes do novo Estado eram diferentes dos imperiais. Na República, a razão de Estado se refugiou na teoria jurídica. Essa era a base teórica, como tinha sido a razão evangélica da Colônia e a razão política do Império. A razão jurídica defendia a inviolabilidade da Constituição Federal. No entanto, mestiços, os governos republicanos não sabiam reconhecer a lei e a violaram muitas vezes. Violada, a Constituição era mantida ainda como o farol que iluminava o regime, como o livro sagrado, cuja aplicação seria suficiente para resolver qualquer crise nacional. A Constituição não podia ser tocada por mãos impuras. Mas ninguém a cumpria! Era violentada pelo Estado e pela oposição, que declaravam lutar entre si para "defendê-la". Os militares defensores da lei pura saíam da lei em nome da pureza da lei. Os governos, em nome da lei, saíam da lei para combater seus adversários. Governo e revoltosos se acusavam de ir contra a lei. Eram homens políticos mestiços ligados à legitimação da ação política pela força.

A lei era uma abstração, uma ideia geral, sobre a qual se fundava o Estado. O Estado não podia se assentar na realidade profunda e temível das massas. Assentava-se em um sistema convencional. Mas a razão jurídica republicana se desmantelou em 1930. O Exército, apoiado por três governos, se levantou, fora da lei, contra o governo federal, para exigir o cumprimento da lei. Este se defendeu saindo da lei. A lei foi suprimida e a força decidiu. O governo tornou-se possível apenas fora da legalidade. Para a Segunda República, governar bem ou mal não significava estar dentro ou fora da lei. Governar bem era fazer funcionar as instituições de forma a atender às necessidades das massas. São essas necessidades que procuram se fazer ouvir pela força, num evidente recuo ao plano de influência das culturas primitivas. Se a razão europeia conseguira conter os impulsos selvagens na Colônia e no Império, na República, e sobretudo na Segunda República, esse controle tornou-se impossível, pois o poder já não era mais exercido por "europeus de raça e sentimento", como os jesuítas e d. Pedro II, mas pelo povo mestiço, que governava através dos novos líderes, do Exército e do sufrágio universal.

Arinos e o medo da emergência do "monstro da lagoa brasileira"

Até a Primeira República, portanto, para Arinos, o Estado brasileiro "funcionava" porque repousava sobre uma razão exterior. Na razão evangélica colonial, na razão política imperial e na razão jurídica da Primeira República havia um esforço eficaz de contenção dos impulsos irracionais do povo brasileiro. A Segunda República foi um momento em que não havia modelo de razão exterior que predominasse. Arinos se preocupa: poderemos aceitar um Estado que não se apoie em argumentos e equipamentos racionais, mas explicitamente na força? Isso seria o retorno à barbárie! Para ele, enquanto não se criasse um novo mito equivalente ao parlamentarismo ou ao legalismo, o Estado republicano se basearia na força. O Estado acabaria assumindo a lógica política do terror, própria das culturas inferiores, identificando-se com a população mestiça. Ele não poderia mais controlá-la, pois não lhe seria exterior e superior. Em 1936, para ele, a Segunda República precisava de uma nova legitimação racional. Ela a procurava, mas não a encontrava. Nos anos 1930, os impulsos primitivos já estavam no poder e baniam toda ação racional do Estado. Qual seria o próximo passo, Arinos se interrogava, alarmado e pessimista: a emergência do selvagem, a implantação da barbárie, o reino da força, o retorno ao caos? Seria o fim da civilização brasileira?

De fato, os próximos passos foram golpes de força: o Estado Novo e o Golpe de 1964. As Constituições foram rasgadas. Mas, tanto em 1937 quanto em 1964, a força no poder não representou o governo do povo. A força veio acompanhada de outro ideal de legalidade, outro modelo de razão exterior, que, como os anteriores, mantinha o povo à distância do Estado e ocultava a eficiência da força pura: a razão tecnocrática. Qual teria sido a real participação do paradoxal Arinos na formulação, defesa e implementação desse novo modelo de razão externa? Ele provavelmente teve algum vínculo com essa razão tecnocrática, embora o negasse, porque a sua inquietação era se a civilização brasileira poderia sobreviver se não encontrasse uma nova forma de legitimação racional, um novo modelo que a vinculasse à razão exterior da civilização europeia. Para ele, não sobreviveria, e o "modelo civilizador" que passou a vigorar, separando povo e poder, provavelmente com o seu apoio, foi o da tecnocracia. Todo o seu esforço "civilizador" dava continuidade à ação dos jesuítas, de d. Pedro II e Rui Barbosa. Ele próprio quis fazer um estudo "técnico e científico" da sociedade brasileira. O que Arinos realmente temia era o encontro do Brasil consigo mesmo. Ele afirmava não ser pessimista, mas "cientificamente realista". No entanto, ele parece spenglerianamente pessimista, pois temia a coincidência entre o Estado e a população mestiça, que, para ele, representaria o ressurgimento das "origens culturais inferiores", que inviabilizariam a civilização brasileira.

Para ele, pessimista, a civilização é grandiosa quando brota de culturas ricas, que oferecem um programa superior a ser implementado. E mesmo assim decaem. O Brasil já teria nascido fadado ao fracasso, porque não tinha valores culturais originais superiores para explorar e realizar. O terrível futuro que ele vislumbrava era o da emergência dos impulsos irracionais reprimidos durante séculos pela razão europeia. Para ele, se essa razão europeia se esgotasse e não pudesse mais impedir a emergência da barbárie do povo brasileiro, o Brasil desabaria em suas origens inferiores. Em 1936, a população do andar de baixo já estava no andar de cima, os catetos tomaram a hipotenusa, as águas turvas e turbulentas romperam a represa e a camada de gelo já se dissolvera. O povo mestiço já se instalara no Estado! E agora? Apavorado, Arinos se interrogava: seria o retorno vitorioso do reprimido?

Contudo, há uma brecha para o "otimismo" em Arinos. Concluindo sua obra, ele afirma: *"se o futuro das nações pertence a Deus, o que a história ensina é que Deus dá procuração aos homens para se ocuparem da história".* Para salvar a civilização brasileira, o aterrorizado Arinos ousou discordar de Spengler. Para ele, a civilização não é necessariamente a destruidora das culturas, que podem se transformar e renascer. A civilização brasileira poderia esperar a sua transformação e renascimento. Ele só procurou fazer esse retrato psicológico do Brasil, esse desenho dos contornos da alma brasileira, porque esperava salvá-lo. Ele esperava que, se as elites republicanas conhecessem os motivos pelos quais agiam tão irracionalmente poderiam transformar-se e renascer. Ele acreditava ter demonstrado "cientificamente" a causa histórica da nossa psicologia, e como ela repercutia em nossa civilização. Ele foi ao passado para, na verdade, colocar o grave problema do futuro da civilização brasileira e formular estratégias de salvamento. Para ele, apesar de nossas origens, devemos ser otimistas com a nossa "procuração divina" para fazermos a nossa história. Seu otimismo revela o seu lado iluminista, que crê na razão e no progresso. E talvez haja também algo de afro-indígena nessa sua atitude otimista, diferenciando-o de Spengler e do Iluminismo. É como se ele aceitasse que, se, em todo caso, uma política educacional europeizante não desse certo, quem sabe o "acaso", "forças sobrenaturais", "uma expectativa pré-lógica" poderiam nos salvar!

Contudo, seu "otimismo reformista" seria favorável à democratização da sociedade brasileira? Se sua análise histórico-sociológica, embora equi-

CIVILIZAÇÃO BRASILEIRA E PESSIMISMO ULTRACONSERVADOR (CÍNICO)   119

vocada e imatura, como ele próprio admitia, estimula a reflexão sobre a realidade brasileira e, desse ponto de vista, é até muito interessante, o programa político que ela sugere seria o melhor para a produção da transformação da realidade brasileira? Ele garante que sua análise do Brasil é apenas "uma análise" e não uma proposta de intervenção na realidade. Mas sua análise não pode ser tomada pelo leitor apenas como "um conceito". Ela oferece um programa de transformação da realidade brasileira. Sua interpretação histórico-sociológica do Brasil não é apenas um juízo analítico, mas um juízo de valor, com sérias consequências políticas. Arinos propõe uma revolução cultural conservadora. Seu "programa otimista" quer fazer com que o lado europeu da nossa identidade fragmentada obtenha uma vitória completa, levando-nos em direção "ao espírito sedentário e trabalhador", "ao desejo de poupança e riqueza material", "ao apego a critérios estéticos simples e perfeitos", "à organização racional do Estado". Ele lutaria pela implementação do modelo europeu de Estado de direito, pela vitória do modelo exterior de justiça. Arinos defende a inculcação na população brasileira dos valores, critérios, normas, meios e fins da racionalidade europeia. Liderado por suas elites brancas e europeizadas, o Brasil poderia tornar-se uma nação de tipo europeu-americano, se eliminasse os resíduos históricos das culturas inferiores. A "salvação da civilização brasileira" que ele defende, enfim, é um projeto autoritário de imposição à população brasileira, pela educação e por políticas públicas, de uma "racionalidade técnico-científica" que lhe viria do exterior. Nessa perspectiva, a salvação não poderia vir apenas pela força imposta pela razão tecnocrática? Seria esta uma "perspectiva otimista" para a sociedade brasileira?

A interpretação histórico-sociológica do Brasil, de Arinos, e seu programa autoritário-conservador de transformação social foram contestados, já em 1936, por Sérgio Buarque de Holanda, em *Raízes do Brasil*. Holanda fez uma avaliação do Brasil ao mesmo tempo muito próxima e diametralmente oposta à de Arinos. Holanda concordava com a irracionalidade da alma brasileira, que aparece em comportamentos, hábitos, costumes, gostos, na arte, na administração pública, na vida econômica, na vida política. Holanda também via o horizonte brasileiro ameaçado por suas raízes culturais e propunha uma mudança profunda. Ele descreveu a alma brasileira quase da mesma forma como a descreveu Arinos: imprevidente, dissipadora, aventureira, desorganizada, indisciplinada, cordial, familiar, instável, rural, depredadora da natureza, avessa à burocracia e à lei, dominada pela promiscuidade entre o público e o privado. Mas Holanda discordou duas vezes de Arinos: primeiro, essa situação não se devia aos resíduos históricos afro-indígenas, mas aos resíduos históricos portugueses. O mal que ameaçava nossa civilização não vinha de suas culturas inferiores, dos catetos, mas da hipotenusa, a civilização branca. Holanda denunciou a incompetência, desde a origem, das elites luso-brasileiras. Para ele, o mal que inviabilizava o Brasil era a sua raiz ibérica; segundo, para Holanda, a urbanização, a industrialização, criando e estimulando o surgimento de novos padrões de comportamento e relacionamento, não eram o mal trazido pela República mestiça — eram a "revolução brasileira". É assim que o Brasil estava lentamente rompendo com a sua raiz ibérica, com a "civilização agrária" de Arinos, e se tornando uma civilização moderna e racional. Holanda, otimista, pensava que nossa raiz agrário-ibérica já estava sendo e seria superada, isto é, negada e conservada, transformada e integrada no futuro. Ao contrário de Arinos, Holanda era otimista em relação à República, pois a revolução brasileira era sobretudo uma ação democrática e republicana.

Entretanto, pode-se ver em ambos algo em comum, que pertencia aos anos 1930: o preconceito em relação à população mestiça. O problema posto pelos intérpretes do Brasil nos anos 1930 era o do reconhecimento da identidade mestiça da civilização brasileira. Nem Sérgio Buarque de Holanda escapou desse preconceito. Ele pouco menciona negros e indígenas em *Raízes do Brasil*. Para ele, infelizmente, eles só acentuaram os males portugueses e não representaram uma diferença. O seu silêncio é eloquente. A história brasileira foi toda feita pelos portugueses. Holanda restringiu seu estudo aos portugueses e, por isso, a obra de Arinos, que fez a mesma avaliação do Brasil a partir de suas origens indígenas e negras, torna-se complementar à de Holanda. Holanda e Arinos, diferentemente de Freyre, que foi o primeiro a aceitar o mestiço, a "morenidade brasileira", a valorizar a vitória cultural dos vencidos e a aclimatabilidade, a miscibilidade e a adaptabilidade dos portugueses, compartilhavam a resistência à mestiçagem: para Arinos, nosso futuro estava ameaçado pelos resíduos afro-indígenas; para Holanda, nosso futuro estava ameaçado porque o português não era plenamente branco e europeu, mas ibérico, mestiço de africano, árabe, judeu. Os negros e índios eram também meio portugueses. Cada um a sua maneira, ambos eram racistas. Ambos recusavam as nossas "origens mestiças" e, para ambos, nossa revolução seria a superação das nossas origens mestiças. A favor de Arinos, a Lei Afonso Arinos, de 1951, bem posterior a esse livro, contra a discriminação de negros, que poderia ser aplicada a ele mesmo, em 1936; a favor de Holanda, a presença de um projeto democrático e a ausência de um discurso explícito contra índios e negros.

Ambos sonhavam com uma sociedade em padrões brancos, americano-europeus; cultuavam o Estado burocrático; defendiam a "modernização", a "civilização", a implantação da racionalidade europeia. Mas chegaram a projetos políticos opostos. Holanda ofereceu um programa liberal-democrático, revolucionário, às novas elites urbanas e defendeu um Brasil republicano, que superaria/integraria as suas raízes ibéricas. Ele defendeu o mundo urbano, moderno, as relações sociais e econômicas capitalistas, regidas pela universalidade da lei e, não, pela força ou pelo individualismo carismático. Em Holanda, a racionalidade exterior devia se interiorizar e modificar-se com as nossas cores. Quanto a Arinos, em sua luta pelo direito, na verdade, lutava era pela vitória da "força da razão exterior", que significava a sobrevivência das velhas elites rurais. Em Arinos, a racionalidade exterior, aplicada ao mundo interior, devia permanecer exterior. Ele temia a emergência da força interna do povo mestiço na história brasileira republicana e propunha o retorno à forma de domínio das elites imperiais, à força legitimadora da razão parlamentar exterior. O Estado devia retornar à posição anterior e exterior, colocando-se, cinicamente, "em nome da lei", acima da população mestiça, para controlar e reprimir os seus impulsos selvagens. Seu projeto político separava o Estado da sociedade civil, vendo negativamente qualquer aproximação entre o povo e o poder. O poder devia ser privilégio de uma elite branca de corpo e alma. O império da lei devia empurrar os resíduos da nossa origem bárbara para o fundo da lagoa. Ele temia a emergência do monstro mestiço da nossa "lagoa", um medo do (seu) imaginário escocês.

Todavia, ao contrário de Arinos, e mais radicais do que Holanda, os historiadores brasileiros, ao mesmo tempo otimistas e críticos, estão com os olhos e as câmeras apontados para a lagoa, ansiosos, esperançosos, para verem emergir o longo e vigoroso pescoço da profunda, mestiça e diferente *nassie* brasileira. Para nós, a emergência da nossa cultura original não seria "decadência e fim da civilização brasileira", mas o reconhecimento e a integração da grande maioria da população brasileira à política, ao direito e à riqueza. Ou devemos temer a nossa própria força, as nossas razões internas, as nossas identidades e nos rendermos à violência da razão exterior? Não seria melhor que a população brasileira conhecesse e reconhecesse as suas origens e integrasse à sua civilização as culturas afro-indígenas? E isso seria incompatível com a incorporação do projeto modernizador ocidental ou, como sugere Holanda, esse não seria o caminho especificamente brasileiro de integração à civilização ocidental?

Civilização Brasileira e Otimismo Ultraconservador (trágico):
Oliveira Vianna e a via autoritária da integração do Brasil à civilização ocidental

Oliveira Vianna, intelectual das oligarquias rurais e do Estado Novo

Francisco José de Oliveira Vianna (1883-1951) nasceu em Palmital de Saquarema (RJ), berço dos grandes chefes conservadores fluminenses. Saquarema tornou-se sinônimo de conservador porque perto daquela cidade fluminense ficava a fazenda de um dos chefes eminentes do Partido Conservador do Império, Joaquim José Rodrigues Torres, o visconde de Itaboraí. Vianna deu continuidade ao pensamento conservador imperial, tornando-se um dos intérpretes mais influentes do pensamento histórico-político brasileiro, ao lado de Alberto Torres, que também era dessa região fluminense. Vianna era um abastado filho de fazendeiros. Foi educado no Colégio Carlos Alberto, em Niterói, e formou-se, em 1906, pela Faculdade de Direito da Universidade do Rio de Janeiro, onde lecionou direito criminal. Foi diretor de Fomento Agrícola do Rio de Janeiro (1926), membro do Conselho Consultivo do Rio de Janeiro (1931), consultor jurídico do Ministério do Trabalho, de 1932 a 1940, quando se destacou como principal formulador da política sindical e social do governo Vargas, instituindo a Justiça do Trabalho e implementado a Consolidação das Leis do Trabalho (CLT) e, de 1940 a 1951, ministro do Tribunal de Contas da União. Foi sócio do Instituto Histórico e Geográfico Brasileiro (IHGB) e membro da Academia Brasileira de Letras (ABL). Desde 1956, a residência de Oliveira Vianna, em Niterói, foi transformada, pelo estado do Rio de Janeiro, em museu, fundação e, depois, Casa de Oliveira Vianna, onde se pode visitar sua biblioteca, examinar sua correspondência, ver a mobília e sentir o ambiente em que viveu.

Vianna foi um intelectual-político de muito sucesso nas décadas de 1920-30. Rodrigues (1988), um crítico radical, o descreve como tímido, reservado, discreto, austero, grave, referindo-se ironicamente a ele como um "mulato róseo", bem-trajado, limpo, sereno, que defendia suas teses com lucidez, argúcia e calma. Nunca se exaltava. Ele confiava em sua inteligência, mas era pouco crítico das suas próprias opiniões. Para Carvalho (1993), outro crítico contundente, mas bem menos raivoso do que Rodrigues, Vianna era dedicado ao seu trabalho e aos livros, sem ambições de poder e reconhecimento público, de hábitos monásticos, católico fervoroso, íntegro, pois, perto do poder autoritário, não tirou proveito pessoal. Tinha respeito pelo debate intelectual, mas curiosamente não aceitava convites para conferências e não frequentava festas e rodas literárias. Era um "homem de letras", fechado em seu gabinete, e também por "aparecer assim" foi caricaturado e atacado, descrito sarcasticamente como misógino, ermitão, catolicão. Nós temos o hábito preconceituoso de louvar os boêmios e condenar os monges. Os homens de hábitos reclusos e monásticos são tratados como "criminosos" em potencial, mas, na verdade, uns e outros não são nem piores, nem melhores.

Venâncio (2001) procurou relativizar a fama de Vianna de ser um intelectual solitário e recluso, incluindo-o em uma vasta rede de sociabilidade, a partir do exame da sua correspondência recebida. Vianna era pouco oral; perguntava, respondia, conversava por escrito. Enviava seus livros aos seus pares, que eram sobretudo advogados. Venâncio conclui que Vianna não poderia ter vivido tão isolado, pois criou um mundo social mediado por papéis: cartas, telegramas, bilhetes e envio de seus livros e recepção de livros de amigos. A análise de Venâncio não desfaz a primeira representação de Vianna, mas a relativiza, mostrando que um homem tão integrado à vida política e intelectual não poderia viver de forma tão solitária e monástica. Sugeriria, avaliando sua atitude esquizoide e antissocial, respeitosamente, a possibilidade de dificuldades psíquicas, que provavelmente ele próprio não desconhecesse, pois tinha interesse e fez estudos de psicologia, e talvez procurasse se proteger (e aos outros) se autointernando em seu gabinete. Em sua época, esse tipo de problema era tabu e era dificilmente reconhecido, pelo receio de discriminação e medo do hospício. Mas dificuldades psíquicas são muito frequentes no grupo dos intelectuais e Vianna, hoje, se minha hipótese for correta, e se ele se dispusesse, poderia recorrer a terapias e medicamentos sofisticados e eficientes. Será que sua interpretação do Brasil seria diferente?

Vianna produziu uma vasta obra: *Populações meridionais do Brasil: paulistas, fluminenses, mineiros* (1920), *Pequenos estudos de psicologia social* (1921), *Evolução do povo brasileiro* (1923), *O ocaso do Império* (1925), *O idealismo da Constituição* (1927), *Problemas de política objetiva* (1930), *Raça e assimilação* (1932), *Problemas de direito corporativo* (1938), *Instituições políticas brasileiras* (1949), *Direito do trabalho e democracia social* (1951) e, postumamente, *Problemas de organização e problemas de direção* (1952), *História social da economia* (1988), *Ensaios inéditos* (1991). Trata-se de uma obra interdisciplinar, articulando as disciplinas antropologia, história e sociologia políticas, psicologia social e direito. A obra de Vianna se destacou também por ser engajada, militante, assessora do poder. Os seus livros tornaram-se leitura obrigatória tanto para os cientistas sociais quanto para os políticos e a tecnocracia brasileira. Vianna é execrado pelas esquerdas e uma referência conselheira, orientadora, dos grupos da direita. Reuni a seguir alguns comentários críticos sobre ele e sua obra que avaliam a sua importância interpretativa e problematizam a sua militância, para procurar situá-lo no quadro das ciências sociais e da vida política brasileira. Eis um rápido retrato de Oliveira Vianna, como intelectual e político, construído com fragmentos das análises de alguns dos seus mais importantes comentadores.

Como intelectual, os diversos cientistas sociais ora o reivindicam para as suas disciplinas, ora o rejeitam. Os historiadores discutem se a sua produção seria a de um "historiador". Rodrigues não o considera um historiador, pois não frequentava arquivos e não valorizava fatos e documentos, mas um filósofo da história, um intérprete, buscando compreender os motivos, descobrir as conexões. Vianna não respeitava as divisões temporais e periodizações. Em sua obra não há cronologia. Ele não pesquisava, não trazia inéditos documentais e factuais, apenas compilava e interpretava. Ele não conhecia a economia brasileira e inspirava-se em sociólogos, antropólogos, geógrafos, psicólogos sociais e historiadores estrangeiros secundários e esquecidos, como Le Play, Lapouge, Le Bon, Tarde, Ratzel, Toppinard, Gobineau, Ribot. Rodrigues (1988) não poderia incluir nessa lista de "esquecidos" o geógrafo Vidal de la Blache e o historiador Lucien Febvre, que foram importantes, mas poderia questionar se, apesar de citá-los, Vianna soube se apropriar das suas obras de forma criativa. Ele se inspirava em estrangeiros e acusava os intelectuais brasileiros de só copiarem as teorias estrangeiras. Rodrigues interroga agressivamente: "e ele?". Para Rodrigues, ele seria tão medíocre quanto os mestres europeus que copiava.

Iglesias (1993 e 2000) o reivindica para a história. Para Iglesias, Vianna é sempre apresentado como sociólogo, mas foi também historiador em *O ocaso do Império* e em *Evolução do povo brasileiro*. Era um cientista social que não podia deixar de se interessar pela história. Foi pioneiro na defesa da interdisciplinaridade, em 1920. Vianna não era dado a arquivos e fontes primárias, mas lia fontes impressas publicadas pelo IHGB, arquivos e museus. Iglesias admite que nem todos os historiadores são dados à pesquisa convencional, o que não os impediu de produzirem obras-primas de história. A falta desse tipo de pesquisa não impede alguém de ser historiador. Vianna gostava de estabelecer classificações, tipologias, generalizações, que comprometiam suas análises históricas. Mas, para Iglesias, um de seus momentos mais felizes foi como historiador, em *O ocaso do Império*, que, de todos os seus livros, foi o que menos envelheceu. Iglesias também o considera pouco crítico: racista, autoritário, unitarista, centralizador. Era um conservador exaltado. Vianna denunciava o apego dos intelectuais brasileiros a formas estrangeiras, o mimetismo, que levava à cópia dos modelos externos, mas ele mesmo cometeu em excesso esse pecado. Ele denunciava a xenofilia das elites políticas e mentais, desejando partir da nossa gente, do nosso homem, da nossa terra. Para ele, o primeiro dever de todo nacionalista era nacionalizar o pensamento.

Mas, pergunta Iglesias (1993), sua CLT não imitava a Carta del Lavoro de Mussolini? O seu Estado Novo não imitava os Estados fascistas alemão, italiano, português e polonês? Vianna rechaçava o epíteto de "fascista" para a sua legislação trabalhista. Gomes (1993), relativizando o "fascismo" de Vianna, chama a atenção para a influência da escola sociológica americana e do *new deal* sobre a sua concepção do direito e do Estado. Para ela, analisando sua obra sobre direito do trabalho, o seu corporativismo não era fascista, pois procurou reunir e abrasileirar modelos estrangeiros, incluindo o modelo americano. Mas não seria os Estados Unidos em um momento fascista? O modelo liberal americano, Vianna não o considerava adequado à realidade brasileira. Para Gomes, o modelo vencedor não foi o dele, pois teve de negociar com outros sujeitos históricos que lhe faziam oposição. Em 1940, ele teve que sair do Ministério do Trabalho, vencido pela força da Fiesp. Não seria a vitória e o retorno do liberalismo contra o fascismo de Vianna?

Carvalho (1993) o reivindica para a sociologia e a ciência política, valorizando sua meta-história e considerando sua obra principal *Instituições políticas brasileiras*. Vianna não se satisfazia com arquivos e documentos, pois pensava que eram limitados e parciais e ocultavam o essencial. Para ele, para interpretá-los, era necessário o recurso às teorias das ciências sociais. Além disso, para Vianna, o conhecimento do passado exigia o envolvimento com o presente. Ele não queria ser uma autoridade em detalhes inúteis. Vianna tinha a paixão pelos quadros gerais e pela ação política. Para Carvalho, ele não era objetivista, embora às vezes se apresentasse assim. Sua obra é cheia de ideias, hipóteses e valores. Carvalho aprecia a sua predileção pela teoria e pela interpretação e não o censura por ser menos atento às fontes primárias. Carvalho o defende também contra a acusação de apoiar-se apenas em autores estrangeiros. Para ele, Vianna pertencia a uma tradição intelectual brasileira, a do pensamento conservador do Império, que começava com Varnhagen e Paulino José Soares de Souza, o visconde de Uruguai, passava por Sílvio Romero e Alberto Torres e ia até Guerreiro Ramos, Golbery do Couto e Silva e Roberto Campos. Vianna se insere e é central na linha do pensamento conservador brasileiro que o antecedeu e sucedeu.

Martins (1976) o reivindica para a psicologia social e considera sua obra mais original *Estudos de psicologia social*. Para Martins, Vianna marcou 20 anos fecundos da vida intelectual brasileira e a ele deve-se a moderna orientação dos estudos de psicologia grupal no Brasil. Para ele, Vianna seria sobretudo um psicólogo social e quase nada tinha de sociólogo. Ele não estudava formas e processos de associação, mas reações mentais e psíquicas dos grupos como unidades compostas de indivíduos cujas reações se confundiam com as dos outros membros. Para Martins, sua obra-síntese, e não a mais original, seria *Instituições políticas brasileiras*, e se perdêssemos todos os seus livros, menos este último, seu pensamento sobre o Brasil estaria integralmente salvo. Vianna, portanto, como intelectual é disputado pelas comunidades dos historiadores, sociólogos, cientistas políticos, psicólogos sociais e poderíamos ainda incluir os que o reivindicariam para a área do direito, que destacariam outros livros seus. Essa disputa revela sua importância para a vida intelectual brasileira do seu tempo e a relevância da retomada, hoje, do seu pensamento histórico-sociológico-jurídico-psicológico-político sobre o Brasil. Sua contribuição científica, apesar dos ataques que sofreu e mereceu, está acima do "foi positiva" ou "foi negativa": é fundamental e incontornável.

Como político, sua interpretação histórico-sociológica do Brasil e sua atuação como assessor do Estado Novo despertaram justificados rancores, e seus analistas talvez possam ser divididos entre os "raivosos" e os "menos raivosos". É claro, há também os "ambíguos" e os "admiradores". Para Rodrigues (1988), seu crítico menos complacente, a sua obra é defensora intransigente dos privilégios das classes dominantes. Para ele, o autoritário Vianna era adversário dos rebeldes brasileiros de todas as épocas, louvava os grandes homens, os heróis brancos, e escarnecia da plebe, de negros, índios e mestiços. Ele representa a historiografia ultrarreacionária, inspiradora dos movimentos autoritários de 1930 e 1964. Era admirador do passado, do latifúndio, da aristocracia rural, do "coronel". Se pudesse, faria reviver a casa-grande e a senzala, os senhores e os escravos, o harém de escravas. Vianna seria mais que conservador, regressista, uma retaguarda historiográfica, que despreza o povo e a democracia. Rodrigues o considera moralmente desprezível, um fascista, um traidor do povo brasileiro. Era bajulador de Getúlio Vargas, o ditador, seu benfeitor. Rodrigues coloca-se do lado oposto ao de Vianna: para ele, chega de gaúchos, de generais! Vianna preferiria que fôssemos alemães! Ora, pergunta Rodrigues, não seria melhor se tivéssemos outras elites e outros intelectuais no poder?

Paiva (1976), raivosa, reafirma as críticas de Rodrigues, mas avalia que a presença de Vianna na vida intelectual e política brasileira é subestimada. Para ela, Vianna é fundamental para a compreensão do Brasil, pois sua obra ofereceu argumentos às forças reacionárias. Ele combateu a democracia, justificou o racismo e a exploração imperialista. Vianna achava que a história brasileira era pacífica, apreciava a dominação, para ele necessária porque os dominados queriam ser dominados. Para Vianna, "civilização" é uma ordem estável, sem revoltas e revoluções, e só o branco poderia produzi-la. Os inferiores racialmente não podiam construir a civilização, apenas traziam a instabilidade. Somente os brancos plebeus imigrantes podiam ascender. Os mestiços tenderiam à anarquia, ao crime e, por isso, precisavam ser guiados e tutelados pelo Estado dos brancos. Para Paiva, Vianna defendia o imperialismo anglo-saxônico, considerando-o intelectualmente forte, organizador, civilizador. Para Vianna, nós só poderíamos ter a democracia quando fôssemos todos brancos. A democracia é um regime político para brancos e quando formos brancos seremos também imperialistas sobre os latino-americanos. O seu conceito de povo era ambíguo: ora se referia às elites rurais, ora às camadas inferiores. Por um lado, ele era cortesão das elites, por outro, era crítico delas, quando eram egoístas, quando não tinham consciência nacional. Vianna transplantou teorias racistas para o Brasil, embora negasse a legitimidade de transplantes de teorias. Ele fez uma defesa da singularidade da "civilização brasileira", mas, para ele, interroga Paiva, a civilização podia ser original? Ela não poderia ser apenas obra de brancos? Para Vianna, a civilização brasileira não existia ainda e passaria a existir somente com o branqueamento e a sua integração ao mundo europeu. No Brasil, a civilização se circunscrevia ao reduzido mundo das elites rurais, cercada pela ameaça iminente do retorno à barbárie.

Carvalho (1993) foi ao "inferno", para onde acha que Vianna foi mandado, fazer-lhe uma visita desarmada, para tentar produzir uma análise política menos raivosa. Ele foi desarmado porque queria "compreendê--lo" ou talvez "ouvi-lo em confissão" e, quem sabe, absolvê-lo. Para Carvalho, entre 1920 e 1940, Vianna reinou absoluto. Depois, entre 1940 e 1964, e após a ditadura, ele foi lançado ao inferno. Foi condenado. Desde 1950, a esquerda xinga Vianna: racista, elitista, corporativista, colonizado, reacionário, fascista. Mas, contemporiza Carvalho, em 1930, todos eram antiliberais e não apenas Vianna. E outros grandes intelectuais também foram ligados ao Estado Novo, como Mário de Andrade, Carlos Drummond de Andrade. Carvalho reconhece que Vianna exerceu inegável influência sobre a sociologia política brasileira, até mesmo sobre os seus opositores. Ninguém o lê e fica indiferente às suas teses sobre a vida social e política brasileira. Para Carvalho, que às vezes talvez se exceda em sua atitude de advogado, o seu projeto político não era fascista ou totalitário. Era iberista, positivista ortodoxo e cristão. Os seus valores eram o comunitarismo, o anti-individualismo, o predomínio do sentimento sobre a razão, da cooperação sobre o conflito, do coletivo sobre o individual. A sua utopia era uma versão leiga do amor ao próximo cristão. Era corporativista e cooperativista. Vianna era antimoderno: pertencia ao outro Ocidente ibérico. Dentro do capitalismo, queria resolver seus conflitos à maneira tradicional, ibérica, com sentimento, cooperação. Para ele, a mentalidade genuinamente brasileira é anticapitalista, antiurbana, anti-industrial. Nossa herança rural e ibérica deveria prevalecer contra o industrialismo e a fome de lucro capitalista.

Para Carvalho, Vianna era um exilado do mundo rural decadente na grande cidade. Para ele, o Estado devia criar a nação: estabelecer o domínio do público sobre o privado, sem alterar os valores tradicionais. O trabalhador deveria ser incorporado em uma legislação trabalhista protetora. Seu conceito-chave era o católico de "pessoa", um indivíduo com relações, com identidade, com direitos. A mobilização política não o interessava. Estimular o conflito, a luta de classes, não seria o melhor caminho. Ele propunha

CIVILIZAÇÃO BRASILEIRA E OTIMISMO ULTRACONSERVADOR (TRÁGICO) 129

o caminho da organização, da integração, da incorporação, da cooperação entre as classes. Vianna queria evitar o centrifuguismo desagregador e o conflito. Seus atores sociais não seriam indivíduos carismáticos, mas coletivos: governo, associações de classe, corporações, sindicatos. Seu ideal de sociedade era um corpo orgânico, que funcionasse por conta própria. Vianna não era modernista, pois não propunha a ruptura com o passado. Sua visão do futuro fundava-se em tradições de longas raízes. Ele idealizava a vida fazendeira. Ele e Sérgio Buarque de Holanda fizeram o mesmo diagnóstico sobre o passado brasileiro: peso da família, ruralismo, relações pessoais, cordialidade. Mas, diferentemente de Sérgio Buarque de Holanda, que queria romper com a tradição ibérica, Vianna queria perpetuá-la. Holanda era inimigo do passado; Vianna idealizava um futuro-passado. Carvalho, advogado de Vianna como intérprete do Brasil, mas não cúmplice, procura nos aproximar dele com esta questão: se, por defender a restauração da tradição, Vianna foi condenado ao inferno, essa tradição-inferno é dele ou nossa? Carvalho sugere que Vianna somos nós, mais ou menos como Hitler representava os alemães, e se nós o condenamos ao inferno, deveríamos ir fazer-lhe companhia. Para nos compreendermos devemos nos "reconciliar com Vianna", procurando conhecer as razões que tornaram seu pensamento possível e tão poderoso no Brasil.

Iglesias (1993 e 2000), brando no tom, mas radical, questiona o seu nacionalismo, já que não se identificava com o povo mestiço, que é a maioria da população brasileira. Vianna tinha apego ao Brasil arcaico, agrário e rural, e nenhum entusiasmo pela cidade e pela indústria, resistindo à mudança, à modernidade. Ele recusava o mundo capitalista moderno e idealizava o mundo histórico das oligarquias rurais. Bresciani (1973 e 1993), em tom mais analítico, menos raivosa, avalia que Vianna defendia um "autoritarismo democrático", que seria a nossa forma própria de governo. Para Vianna, a democracia seria inadequada à realidade brasileira e a forma de governo ideal seria aquela que está ajustada à realidade histórica particular. Ele era contra o sufrágio universal, contra o Parlamento, que seria representante do centrifuguismo, um luxo caro, perigoso e ineficiente. Vianna fazia a apologia do poder pós-Revolução de 1930, da razão tecnocrática, que trouxe o espírito da colaboração técnica dos órgãos representativos das classes produtivas. Para ele, o Estado deveria estimular a organização das classes econômicas. Ele propunha um dirigismo estatal. A unidade da nação deveria ser construída pelo Estado. As oligarquias deviam ser esclarecidas, para não serem egoísticas e pensarem na nação. A integração nacional dirigida pelo Estado seria civilizadora e nos tornaria um povo forte e dominador. Seu pensamento era pragmático, voltado para a ação política. Nossa forma política autêntica e eficiente seria, portanto, o "autoritarismo democrático", no qual não haveria oposição entre poder e liberdade. Para Iglesias, radical, o primeiro a usar a expressão "democracia autoritária" foi Goebbels! O totalitarismo tem características da democracia e é real o enor-

130 AS IDENTIDADES DO BRASIL 2

me risco de confundi-los. E Vianna não percebeu ou preferiu ignorar as suas diferenças.

Esses analistas são ora mais agressivos ora "mais contidos" em sua recepção de Vianna. Pode-se manter uma "atitude contida", apenas analítica, "científica", diante da interpretação do Brasil de Vianna? Odália (1997), em tom ambíguo, parece compartilhar o sonho da "sociedade solidária" de Vianna. Para ele, Vianna acreditava que o Estado seria o sujeito da realização do seu sonho político: a nação brasileira solidária. Somente o Estado autoritário poderia impor um novo caminho contra o centrifuguismo predominante desde a Colônia. O Estado devia criar a solidariedade social, devia ser a força de integração e unidade, limitando os poderes locais. Vianna defendia um Poder Executivo forte e uno, capaz de governar acima dos partidos e dos indivíduos. A nação devia ser dirigida do alto, por um único homem. Um governo sem partidos, que governasse a nação como um todo. Nenhum cidadão ou classe poderia ter direitos contra a coletividade nacional. Não podia haver direitos individuais contra a nação. O direito particular legítimo devia coincidir com o da nação. O período republicano destruía a nação, em vez de construí-la. A integração nacional pressupunha os princípios da unidade política, da continuidade administrativa e da supremacia da autoridade central. Vianna propôs que se substituísse o Legislativo, representante das forças centrífugas, por um conselho técnico. As associações de classe ensinariam a população a reconhecer os seus interesses, a adquirir uma consciência de classe e a subordinar os seus interesses particulares ao interesse nacional. Para Odália, Vianna propôs uma estrutura estatal totalitária, um Estado apoiado na opinião pública e controlando-a pela propaganda e pela educação.

Moraes (1993), um teórico marxista reconhecido por suas análises sobre a história do marxismo no Brasil, curiosa e paradoxalmente, parece um admirador de Vianna! Para ele, Vianna propunha o Estado autoritário apenas como criador das condições para a instauração da ordem democrática. A democracia exige como precondição para ser implantada uma tradição de autogoverno que não temos. A democracia se apoia na capacidade de cada indivíduo de subordinar seus interesses pessoais aos interesses da sua comunidade. Esta é a base cultural da democracia, que só os anglo-saxões e escandinavos tiveram e, por isso, a democracia entre eles foi bem-sucedida. Como tais precondições culturais não existem no Brasil, elas teriam de ser criadas de cima para baixo. O novo Estado combateria a cultura clânico-feudal com o seu autoritarismo iluminado. A terapia autoritária seria inevitável para a criação das precondições culturais necessárias à vigência da democracia. A sociedade brasileira, para chegar à democracia, deveria renunciar, no presente, aos métodos democráticos. A democracia exigia, transitoriamente, a via autoritária. O povo não poderia conquistá-la sozinho.

Para Moraes, Vianna não era um autoritário convicto e "estava enamorado da beleza da democracia anglo-saxônica. Para atingi-la, ele propu-

CIVILIZAÇÃO BRASILEIRA E OTIMISMO ULTRACONSERVADOR (TRÁGICO)

nha uma revolução pelo alto, pelo Estado central, que asfixi[ass]e os poderes dos clãs". O Estado deveria construir o povo, organizando-o em associações que defendessem os seus interesses. O Estado teria um papel diretor, mas não criador de realidade. Ele devia aceitar a existência prévia de práticas e mentalidades sociais como um poder limitador e ajustador de suas intervenções. O construtivismo do seu Estado seria "orgânico" e reconheceria a sociedade. Um Estado tecnicista poderia produzir normas artificiais, distantes das condições da vida real. O Estado deveria ser um camaleão atento às mudanças das cores da realidade. Ele deveria educar o povo e ensiná-lo a defender seus direitos e interesses. Em sua ação transformadora, o Estado deveria levar em conta o povo-massa, o direito costumeiro, e agir com cautela, mudando gradualmente o país real. Ele deveria agir de forma lenta e gradual, sem ir contra a índole e os costumes do povo. A sociedade não se autotransformaria. O Estado viria de cima e de fora, para transformá-la em direção à democracia. Tem-se a impressão de que Moraes transferiu o papel do Estado autoritário-revolucionário do PCB para o Estado Novo de Oliveira Vianna! Será que o PCB era racista também?[24]

Para Leite (1976), extremamente raivoso, é inaceitável que, apesar do absurdo de suas afirmações, seus livros tenham tido várias edições e tenham sido citados a sério como se fossem mais que imaginação doentia de um homem que deve ter sido infeliz. A sua obra demonstra a crueldade do domínio de um grupo por outro: o grupo dominado acaba por se ver com os olhos do grupo dominante, aprende a se autodesprezar e a se auto-odiar, recusando em si mesmo os sinais que os outros consideram a sua inferioridade. Poucos escreveram palavras tão cruéis sobre o negro: troglodita, simiesco, decadente, imoral, inferior. Leite quer dizer que o povo brasileiro possui uma autoestima tão baixa, se representa de forma tão autodepreciativa, anulando-se politicamente, porque essa construção elitista da identidade brasileira, que o representa como mestiço, inferior, bárbaro, primitivo, feio, sem cultura, apoderou-se dele e o aniquilou. Oliveira Vianna representa, para Leite, esse ponto de vista sobre o Brasil, que resseca a nossa alma e nos condena ao inferno. Vianna teria produzido uma ciência social ultrapassada, delirante, especulativa, e defendido o projeto político mais ameaçador. Para Leite, por condenar os brasileiros ao inferno, Vianna merecia que o enviássemos definitivamente para lá.

Desses comentários sobre a sua obra, produzidos por autores tão importantes — e há outros importantes, pois ele é um dos intérpretes do Brasil mais estudados, sobretudo por cientistas políticos —, conclui-se que Vianna é um autor fundamental para o estudo das identidades brasileiras, assim como os teóricos e os líderes fascistas são importantes para a construção das identidades alemã e italiana. Ele representa o pensamento autoritá-

---

[24] Ver também Ferreira, 1996.

rio brasileiro, que esteve mais no poder do que fora dele. Ele representa, portanto, o pensamento dominante no Império, em 1930 e em 1964. A sua obra responde às questões: o que pensam as elites brasileiras do povo brasileiro? Como elas próprias se autorrepresentam? O que planejam para o (seu) futuro brasileiro? Seriam otimistas? O que deveriam fazer e como deveriam agir? Vianna explicitou essa identidade brasileira oligárquica tradicional com rara clareza e despudor, propondo a essas elites um modelo político que garantisse a perpetuação do seu poder. Pode-se apenas "analisar Vianna" e evitar a indignação e a manifestação de juízos de valor democráticos? Devemos combater ou "compreender" Vianna? É possível admirá-lo? Para sabermos a atitude que devemos assumir é preciso conhecê-lo.

Para conhecer sua interpretação histórico-sociológica do Brasil não escolhi *Instituições políticas brasileiras*, que Carvalho, Martins e Moraes, e muitos outros, consideram uma "obra madura, teoricamente original, coerente e completa". Os seus analistas a consideram a grande obra de Vianna e se dedicaram a ela. Preferi analisar uma obra do "jovem Vianna", *Evolução do povo brasileiro*, de 1923, por vários motivos: primeiro, porque é uma de suas primeiras obras e a percebo como seminal; segundo, porque, nessa obra, ele faz uma reflexão teórica sobre a história da sociologia contemporânea, situando-se nela; terceiro, porque expôs seu pensamento sobre o Brasil integralmente, inclusive mantendo a sua formulação da questão racial em sua reedição; quarto, porque foi republicada durante o tempo em que esteve no poder (1933) e não *a posteriori* e, por isso, tem um valor de manifesto ou de programa político; quinto, por ser uma obra de história, em que ele elaborou uma temporalidade brasileira, articulando o passado colonial e imperial ao presente republicano e projetando um futuro possível. O espaço-da-experiência brasileira foi pensado a partir de um horizonte-de-espera autoritário, que levou a uma redefinição dos contornos, do fio condutor, e à diferenciação dos ritmos da vida brasileira. Esse conjunto de argumentos torna a sua *Evolução do povo brasileiro* uma obra central para a compreensão da sua teoria da história e da sua interpretação do Brasil.

Nessa obra, Vianna apresenta sua visão do Brasil, completa e sinteticamente. Eu a seguirei, parte por parte, apropriando-me de sua linguagem, apurando a atenção para estar bem próximo da sua reflexão sobre a identidade brasileira. O que penso da sua interpretação do Brasil será explicitado de forma ao mesmo tempo serena e contundente ao longo do nosso diálogo. Também quero "compreender" Vianna, não no sentido de perdoá-lo, aceitá-lo, tornar-me vianniano. E nem vou apenas analisá-lo friamente ou combatê-lo raivosamente. Também não o admiro, porque não aceito mais o argumento "a sociedade brasileira, para chegar à democracia, deveria renunciar, no presente, aos métodos democráticos. A democracia exige a via autoritária. O povo não poderia conquistá-la". A meu ver, ou a democracia é uma construção coletiva e popular, ou não é democracia. Minha posição

CIVILIZAÇÃO BRASILEIRA E OTIMISMO ULTRACONSERVADOR (TRÁGICO)   133

em relação a ele é tão raivosa e resistente quanto as de Rodrigues e Leite, mas, como Carvalho, igualmente inspirado em Arendt, quero ir além e compreender por que Vianna foi possível e por que sua interpretação do Brasil é ainda dominante na sociedade brasileira.

De algum modo, não o vejo tão especulativo e delirante. Apesar de receber muito passivamente teorias estrangeiras, ele era também praticante de um lúcido realismo histórico-sociológico. Sua tese é, de certa forma, historicamente sustentável: os conquistadores e vencedores, de fato, são os brancos europeus. E cada vez mais! O mundo ocidental é uma criação branca. Os padrões sociais, políticos, jurídicos, constitucionais, econômicos, religiosos, intelectuais, culturais dominantes na sociedade brasileira são os europeus. A globalização é um "branqueamento" cultural do planeta. Por serem os criadores e únicos praticantes do regime democrático, o imperialismo dos anglo-saxões é legitimado e recebido como uma espécie de "redenção" dos outros povos. Logo, para Vianna, a nação brasileira vitoriosa só poderia ser construída por esse sujeito histórico vitorioso. A integração da civilização brasileira ao Ocidente só seria possível com a vitória completa da raça e da cultura brancas. O que os descendentes de indígenas e negros poderiam oferecer para que o Brasil fosse bem-sucedido? Eles só atrapalham, entravam o progresso do Brasil! Vianna não tinha nenhuma simpatia pelos não brancos de todos os matizes e pelo multiculturalismo, que, para ele, condenavam a nação brasileira à barbárie. A sua interpretação "otimista" e o seu perigoso pragmatismo se apoiavam na dogmática e trágica fantasia das elites brasileiras: "estamos nos tornando brancos e seremos em breve democratas e imperialistas, uma grande potência, como os europeus e os americanos!".

A obra: *Evolução do povo brasileiro* (1923, 2. ed.: 1933)

Posições teórico-metodológicas evolucionistas, deterministas e racistas

Esse livro foi escrito em um mês, como prefácio ao recenseamento de 1920. Nele, Vianna procurou fazer uma rápida síntese da história brasileira, desde a Colônia até 1920, síntese que despertou meu interesse pelo fato de expressar seu ponto de vista sobre a história brasileira. O que me interessa é a visão do Brasil de Oliveira Vianna, que, nessa obra, ele apresenta sem subterfúgios. Ele deixa claro que é uma publicação oficial, com número de páginas restrito, o que, segundo ele, limitou a sua análise crítica do período republicano. A primeira edição saiu em 1923, com o título *O povo brasileiro e sua evolução*, e a segunda, com o título modificado, em 1933. No prefácio à segunda edição, que é a que examinarei, Vianna faz alguns importantes esclarecimentos ao leitor. Ele informa que, apesar dos 10

134 AS IDENTIDADES DO BRASIL 2

anos decorridos e das críticas severas que sofreu, ele mantinha sem modificações o mesmo texto de 1923. Ele reafirma as teses defendidas em 1923, que, para ele, foram comprovadas: *"socialmente, acentuou-se a tendência à colonização dos chapadões centrais, etnicamente, a marcha para o branqueamento se verificara e, politicamente, a centralização tornara-se o modelo dominante"*. Nada havia, ele concluía, que pudesse levá-lo a fazer alguma reconsideração. Penso que, quanto à primeira tese, era evidente que ocorreria: a população brasileira iria inevitavelmente ocupar todo o território brasileiro; quanto à segunda, foi um enorme e lamentável equívoco histórico, teórico e político; quanto à terceira, a centralização nunca foi um modelo desejado e dominante, mas uma permanente ameaça pairando sobre a República.

Apesar de reafirmar as suas profecias, Vianna admite que repensou apenas a segunda parte, mas a manteve sem alterações, argumentando que se tratava apenas de uma "simples e inocente hipótese", para entender a psicologia excepcional dos bandeirantes. Essa parte, que trata da "evolução da raça", em que ele defende a origem ariana dos bandeirantes e propõe a tese do branqueamento, foi a mais criticada do seu livro. Para ele, foi tão criticada que parecia que o livro só tratara desse assunto. Os críticos teriam se equivocado tomando-a como uma afirmação definitiva. Para esclarecer a sua posição sobre o assunto, escreveu um outro livro, publicado em 1932, intitulado *Raça e assimilação*, no qual afirma que se afastara do tema do dólico-louro no Brasil, o que significa que renunciara à sua hipótese sobre os primeiros colonizadores. Para ele, o clima incompatibiliza o nosso meio como seu hábitat e esse assunto não o interessava mais e ao país. Então, por que um ano depois a teria reeditado intacta se não correspondia mais à sua visão de uma questão racial brasileira? Se ele manteve essa segunda parte na íntegra, provavelmente é porque ainda a considerava sustentável. Esse prefácio à segunda edição é importante, pois garante que se está realmente diante da integral interpretação do Brasil de Oliveira Vianna. Ele teve 10 anos para repensá-la e concluiu que sua visão da história brasileira era essa mesma e que não havia nada a ser alterado. Temos aí, portanto, na íntegra, a sua interpretação da "evolução do povo brasileiro". Será que se trata mesmo de uma "simples e inocente hipótese"?

Na introdução, Vianna procurou estabelecer seus fundamentos teórico-metodológicos. Ele é um autor preocupado com a teoria e manifestava interesse em se manter atualizado em relação às mudanças de paradigmas nas ciências sociais europeias. Quanto à vida intelectual brasileira, ele é como os outros: despreza os colegas nacionais, fica íntimo da bibliografia em línguas estrangeiras e torna-se um estrangeiro. Ele também procurava responder às questões formuladas, sem nenhum apreço, por estrangeiros sobre o Brasil. Os intelectuais brasileiros, como Vianna, acabam prisioneiros de uma discussão estrangeira sobre o Brasil, condenando-o ao insucesso, mesmo quando encontram supostas soluções para as graves suspeitas estrangeiras. Vianna não formulou os problemas brasileiros de dentro. Importou-os. Era um "novo-intelectual", que, como um novo-rico, adquiriu riquezas intelectuais, mas é desprovido do "espírito da riqueza". Apesar disso, Vianna é um historiador-sociólogo pioneiro. Não é um mero acumulador de fatos. Às vezes, esquece, mas sabe que é um intérprete e procura explicitar as bases teóricas do seu pensamento histórico. Sua visão do Brasil, ele queria apoiá-la sobre fundamentos teóricos inovadores. Ele queria que seu estudo do Brasil fosse uma "nova história", com fortes consequências políticas reformistas. Como intérprete do Brasil, queria repercutir sobre a política e orientar escolhas e decisões. Depois, de fato, ele se tornou um assessor importante do Estado Novo, por causa dessa sua "nova leitura" da história brasileira.

Ele expõe, primeiro, a base teórica em que (imagina) sua interpretação do Brasil não se apoiará. Em sua época, percebia que, na Europa, as ciências sociais passavam por uma mudança de paradigma, e ele se esforçaria para reconhecer e seguir o novo paradigma que surgia. No início do século XX, para ele, o grande objetivo dos sociólogos e historiadores europeus era formular o que chamavam de "leis gerais de evolução dos povos". Spencer e Comte haviam estabelecido as leis da evolução universal. Darwin estabelecera a da seleção das espécies e Haeckel, os fundamentos da teoria transformista. A análise evolucionista tudo esclarecia. Foram revelados os mistérios das origens dos homens. Para os evolucionistas, a família era a célula originária da sociedade, e as sociedades humanas eram um agrupamento de famílias. A evolução da família era linear: horda promíscua, matriarcado, patriarcado, família moderna. A evolução da língua era linear: monossilabismo, aglutinação, flexão, analitismo. A evolução das sociedades era linear: caçadora, pastora, agricultora, industrial. Também as instituições políticas evoluíram linearmente: monarquia, aristocracia, democracia. Essas leis gerais explicavam a evolução de qualquer sociedade. Era uma concepção universal e unilinear da evolução, que permitia conhecer e comparar o grau de evolução em que cada sociedade se encontrava.

Vianna recusa esse paradigma evolucionista, para seguir o novo paradigma da ciência social que surgia. Aquelas evoluções lineares não haviam sido confirmadas pela observação empírica. Muitos povos não conheciam uma daquelas famílias, e aquela ordem etapista podia ser invertida. Nem todas as línguas seguiram aquela linha. Certos povos agrícolas nunca foram pastores. Para Vianna, não havia mais razão para a euforia evolucionista. As ciências sociais estavam céticas em relação a essas teses e propunham novas hipóteses. A realidade social é complexa e não se deixa apreender por leis gerais. Em sua interpretação do Brasil, Oliveira Vianna pretendeu se inspirar naqueles que considerava os críticos mais agressivos do evolucionismo: Gabriel Tarde, Vidal de la Blache e Lucien Febvre. G. Tarde foi um dos primeiros a reagir ao evolucionismo. À evolução linear, ele contrapôs a ideia da pluralidade das linhas de evolução. As ciências sociais partiam de outra ideia: o heterogêneo inicial, em contraposição ao homogêneo inicial. As evoluções são inúmeras e independentes, porque a origem de cada povo é singular. Pressupõe-se que cada povo tem uma evolução particular, própria, pois a heterogeneidade inicial dos povos é visível para qualquer observador. Os conceitos de "evolução" e de "leis" se mantinham, porém. O que se recusava era seu caráter universal e unilinear. Cada povo tinha sua "própria evolução", suas próprias "leis", que o diferenciavam dos demais povos.

O novo problema teórico que então se colocava era: como explicar a heterogeneidade inicial, que tornava plurais as evoluções? Como explicar que cada povo possua uma origem singular e única, que define sua evolução também singular e única? Para o novo paradigma das ciências sociais, o que explicava a heterogeneidade inicial era um complexo de fatores locais: geográficos, étnicos, econômicos, históricos, climáticos. Uns pesavam mais do que outros sobre o desenvolvimento de cada povo. Entre esses fatores, segundo Vianna, as novas ciências sociais tendiam a atribuir ao meio físico maior peso. Cada sociedade se adapta ao seu hábitat. Uma diferença mínima topográfica ou climática cria uma nova coesão social. Mas, apesar de dar ênfase ao meio físico, as novas ciências sociais não eram mais monocausalistas. Oliveira Vianna afirma ter preferido seguir essa nova orientação. Ele não se considerava fatalista geográfico, como Ratzel, mas possibilista geográfico, como Vidal de la Blache e Lucien Febvre. Além da geografia, para ele, todo um complexo de agentes sutis estabelecia as diferenças entre os grupos humanos. A história sociológica da sua época tinha como objeto essas evoluções diferenciadas, através de estudos locais, de trabalhos monográficos. Não buscava mais leis gerais e não construía sistemas evolutivos universais.

Eis como Vianna via as mudanças nas ciências sociais de sua época. Apoiando-se nesses novos autores europeus, ele sustenta que irá analisar a especificidade da evolução brasileira. Ele buscará as leis específicas da evolução brasileira. Seu estudo quer ser diacrítico: o que o interessa são os sinais que nos singularizam, aquilo que nos é próprio. Vianna afirma que seguiu o sociólogo G. Tarde, quando diferenciou a origem e o itinerário da evolução brasileira das evoluções lineares universais; que seguiu o geógrafo Vidal de la Blache e o historiador Lucien Febvre, quando, nessa definição da diferença original, deu um peso significativo às condições geográficas brasileiras, e que seguiu os antropólogos raciais Lapouge, Gobineau, Le Bon, Le Play, Toppinard, quando deu peso à constituição racial do povo brasileiro. Ele queria produzir uma anamnese da nação brasileira, para propor uma política reformadora. Para ele, a história é a mestra da política. Cada povo tem sua própria maneira de ser. A história a revela e, ao fazê-lo, orienta a ação política. Apoiando-se em cientistas sociais europeus, ele concluía que nós não somos iguais a outros povos civilizados e "é funesto que tentemos imitar os europeus". A análise histórico-sociológica do caso particular brasileiro levaria à proposição de medidas políticas reformistas específicas, adequadas à evolução da nossa realidade.

Seu tema é, portanto, a evolução singular do povo brasileiro: o que nos é próprio, o que nos diferencia dos outros povos, de onde partimos e onde podemos esperar chegar. Sua hipótese é que o que nos diferencia é que somos, em relação ao fator geográfico, um povo de transplantação; em relação ao fator antropológico, uma confluência de raças exóticas. Primeiro, não nascemos nesse ambiente geográfico; segundo, somos uma mistura de raças oriundas de ambientes naturais diferentes. A evolução histórica brasileira específica seria então um problema antropogeográfico. Para conhecermos o que nos é próprio seria preciso perguntar: como o meio natural atuou sobre os europeus que chegaram aqui? Qual foi o resultado antropológico dos cruzamentos entre raças de origens tão diferentes como a África, a Europa e a América? Segundo ele, para sabermos quem somos, seria preciso saber, primeiro, como os portugueses se adaptaram ao novo ambiente americano. Surgiu um novo homem, um novo corpo e um novo temperamento, que passou a viver uma evolução histórica original. Apoiando-se em cientistas sociais europeus, esse problema, para ele, só poderia ser resolvido com o estudo local do nosso meio e gente e, não, paradoxalmente, com "fórmulas feitas fora daqui"! Ele sustenta que somos muito diversos, peculiares. Somos os "agentes locais", uma gente produzida apenas neste ambiente tropical. E, para ele, os "agentes locais" são os brancos, que sempre terão a palavra final sobre as ideias e as instituições importadas.

A meu ver, ao propor tais perguntas, Vianna se aproximaria ainda das análises histórico-sociológicas europeias ultrapassadas, evolucionistas, deterministas geográficas e raciais, que ele pretendia superar. Ele estaria realmente tão próximo de Vidal de la Blache e Febvre? Avalio que Vianna pertencia ainda ao velho paradigma positivista, evolucionista, determinista e racialista. Ele não compreendeu os novos paradigmas das ciências sociais, embora ostentasse a condição de "atualizado" e "inovador". Quanto à "evolução singular do povo brasileiro", o seu objetivo era, apoiado em velhos cientistas sociais europeus, inserir o Brasil na velha evolução linear ocidental, para salvá-lo do "desvio bárbaro" que se tornara. Sua visão do Brasil é empática com os vencedores portugueses, brancos, europeus, que, para ele, foram os construtores da civilização brasileira. Vianna pensa o Brasil com ideias importadas, ultrapassadas e mal-digeridas, que reservam um mísero lugar à história brasileira; repõe problemas inadequados, pois formulados por outros e para outros lugares; luta contra os medos e fantasmas europeus, considerando ingenuamente que está pensando as questões brasileiras e buscando as melhores e mais específicas soluções. Vianna é uma "consciência aculturada", que deseja estar sempre atualizada com os autores, a bibliografia, as ideias, as utopias estrangeiras, aspirando ser um "inovador", uma "vanguarda local", mas incapaz de ler, interpretar e mudar consistentemente a sua realidade próxima.

Entre as marcas que diferenciam a evolução histórica brasileira, para ele estão a baixa densidade e a distribuição irregular da nossa população, diferenças sutis de mentalidade, a terra, o clima, a história, as raças. E a mais importante aos seus olhos: *"não temos uma classe média à europeia, falta-nos uma aristocracia local com a educação e o prestígio da inglesa, capaz de* self-government". Ou seja, Vianna é tão imitativo quanto os intelectuais brasileiros, que ele denunciava por sua incapacidade de apropriação e recriação dos bens culturais europeus. Para ele, como para esses, falta-nos o essencial: a civilização europeia. Vianna compara a nossa evolução à evolução europeia, para constatar com preocupação o quanto estávamos distanciados dela naquela velha evolução linear e universal. Nós não temos as mesmas características geográficas, raciais, sociais, políticas, econômicas, intelectuais e, por isso, não temos as mesmas possibilidades dos europeus. Ele dá atenção ao nosso ar mais europeu, à nossa evolução mais próxima da evolução europeia, pois somente esse Brasil europeu poderia esperar ser bem-sucedido, desde que dominasse o meio físico e purificasse a sua raça. Esse Brasil europeu deve vencer o Brasil mestiço e bárbaro, e sua interpretação do Brasil queria orientar a decisão política nessa direção. Sua interpretação histórico-sociológica do Brasil é especialmente perigosa pela pretensão político-tecnológica. Vianna instrumentaliza a história para a intervenção na realidade. A história faria o diagnóstico e a política se encarregaria da terapia. E se o diagnóstico histórico for equivocado? A intervenção política terapêutica poderá ser trágica.

Vianna reconhece que seu livro é uma síntese fechada e apressada, que contém apenas sugestões de estudos a fazer. Ele define seu estudo como uma "antropogeografia econômica e política". Ele discute com especial atenção a impressionante expansão colonizadora dos bandeirantes paulistas, para a qual dá uma explicação antropológica (racial). Vianna acredita ter produzido uma interpretação histórica do Brasil que não era um estudo seco dos fatos, mostrando o quadro vivo da nossa história, que não aparecia em nossa história oficial. Em sua interpretação do Brasil, ele pretendeu mostrar o povo em seu ambiente físico: ar, luz, alimentos, água, flora, fauna, clima. O seu materialismo era geográfico e racial e, não, histórico. Ele não censurava os historiadores anteriores, que reconhecia terem feito belo trabalho. Ele só queria baixar a história dos fatos e personagens na realidade do meio racial e físico. Mas sua história não poderia ser mais oficial! E mais determinista. E mais naturalista. E mais evolucionista. Ele acreditava ter evitado todo preconceito pessoal e ter estudado o Brasil com objetividade e imparcialidade, como os "sábios de Manguinhos". Somente os fatos o interessavam. Ele sustentava dois princípios que se excluem: "nenhuma ideia preconcebida me guiará" e "desejo contar as coisas como realmente as vi!"

O que ele "realmente viu" pressupõe, é claro, "ideias preconcebidas" e, ele já sabia, não poderia ser de outra forma.

Vianna acreditava que sua interpretação do Brasil não era uma "fantasia", pois revelava o homem brasileiro que respira e vive. Mas, e ele já sabia, sua análise do Brasil não pode ser tão objetivista, pois ele narra a história do Brasil "como ele a via". É uma teoria do Brasil, uma ideia do Brasil, uma interpretação do Brasil, apoiada em uma teoria da história particular. Eis minha hipótese sobre sua suspeita visão do Brasil: Vianna quis mostrar, nessa obra, a aventura civilizadora do homem branco, que considerava racialmente superior, porque, sendo administrador, organizador, conquistador, dominador, ativo, impetuoso, é o único sujeito da história ocidental e brasileira. Sua ação civilizadora foi embaraçada pela extensão e pela diversidade do espaço físico e pela miscigenação com raças inferiores, submissas, passivas, incapazes de autogoverno. Vianna aplica ao Brasil um darwinismo social, cuja utopia é o massacre dos mais fracos. Para ele, uma ameaça pairava sobre o Brasil, assim formulada por Lapouge: "*o Brasil constituirá daqui a um século um imenso Estado negro, a menos que ele não retorne, e é provável, à barbárie...*".[25] Vianna sorri, vitorioso, irreverente, diante desse trágico vaticínio de um dos seus ídolos europeus. Em toda a sua obra ele lutou patrioticamente contra esse destino imposto de fora, procurando resolver esse problema externo e não nosso. A sua interpretação antropogeográfica do Brasil quis acalmá-los, demonstrando (a eles) que não havia razão para ceticismo, pois o predomínio da raça branca e o domínio do espaço físico eram iminentes. Para ele, as elites brancas brasileiras foram competentes na defesa dos (seus) interesses brasileiros, fazendo concessões à geografia e às raças, mas retomando sempre o controle da evolução histórica brasileira. Aqui, também, os mais aptos e mais fortes vencerão. A interpretação histórico-sociológica do Brasil de Oliveira Vianna e a sua compreensão tecnológica da política parecem perigosas para a sociedade brasileira, por seu elitismo, racismo e pela defesa da ditadura carismático-tecnocrática como "forma ideal e propriamente brasileira" para a nossa organização política. Sua perigosa interpretação do Brasil defende e celebra a conquista, a derrota e o extermínio da população brasileira pelas civilizadas, brancas e cruéis ("adaptadas e fortes") elites latifundiárias.

A "evolução declinante" da sociedade brasileira: da aristocrática vida rural à democrática vida urbana

Esta é a tese fundamental de Vianna sobre a história brasileira: as elites rurais da Colônia e do Império construíram um mundo social per-

---

[25] Vianna, 1933:185.

feito. A identidade nacional brasileira surgiu e criou-se nos seus latifúndios. Somos um temperamento, um comportamento, uma vida social, uma economia, uma organização política, uma distribuição demográfica, uma percepção da natureza, uma visão de mundo rurais. As elites rurais, "arianas", tinham um temperamento inquieto, aventureiro, dinâmico, sujeito a mudanças abruptas, violentas; eram afetivamente expansivas; nobres, viviam em salões de festas, em banquetes, faustosa e suntuosamente; tinham uma vida social familiar, as poucas relações sociais se confundindo ou coincidindo com as relações pessoais e afetivas; tinham uma economia agrícola ou pecuária, explorando a terra com grandes plantações ou grandes rebanhos, com escravos negros ou indígenas; construíram uma organização política patriarcal, severa e protetora, dominada pelo poder inapelável do senhor clânico sobre parentes, agregados e escravos; viviam isoladas em uma ordem demográfica rarefeita, dispersa, centrífuga; aproveitavam bem a natureza tropical, vendo-a como o grande adversário a ser vencido e como a grande riqueza a ser extraída, e a viam também magicamente, carregada de perigos, espíritos, fantasmas, medos; tinham uma visão de mundo dominada pela tradição católica e pelos ritmos naturais. Era uma minoria branca, nobre, cristã, corajosa, competente, que exercia uma autoridade superior. Assim Vianna idealizava e descrevia com admiração o mundo rural brasileiro, que desejaria preservar, inquietando-se com o seu declínio.

Esse era o mundo do "povo brasileiro", as elites rurais, pelo qual se interessa e cuja vida acompanha. Ele faz o elogio dos senhores rurais da Colônia e do Império e do mundo original que criaram. Nesse mundo rural residia a especificidade da alma brasileira. "Brasileiro", para Vianna, é o português que, aqui, a contragosto, tornou-se agricultor ou criador de gado. Com o nome de "brasileiro", ele se refere ao grande senhor de terras, às elites aristocráticas que conquistaram e ocuparam o Brasil. Seu interesse é pelo mundo social rural singular que esse ex-português criou nos trópicos. Ele narra nostálgica e empaticamente a história desses "grandes homens", desses "nobres senhores brancos", que fizeram toda a história brasileira. Desde o início, somos um povo da agricultura e da pecuária. O dinamismo da nossa história vem do campo. Os portugueses descobriram ouro muito tarde e, por isso, foram obrigados a começar a exploração da terra com a agropecuária. Foi necessário que eles investissem na exploração agrícola e na criação de rebanhos. Aos portugueses, que eram sobretudo navegadores e comerciantes, faltava o amor ao trabalho agrícola. Mas, no Brasil, passaram a se dedicar à agricultura e à pecuária, contra a sua vocação original, e, agindo assim, deram origem a um novo povo, a uma nova identidade nacional, definida pela "ruralidade".

Vianna, nessa primeira parte, constrói um modelo histórico-sociológico com o qual pretende descrever, explicar e elogiar o mundo social rural que esse ex-português criou no Brasil. Historiador-sociólogo pioneiro, Vianna

CIVILIZAÇÃO BRASILEIRA E OTIMISMO ULTRACONSERVADOR (TRÁGICO)   141

não faz uma "narrativa impressionista" da vida brasileira. Seu modelo histórico-sociológico busca explicitar teoricamente a especificidade da vida brasileira. Não seria também um impressionismo teórico? Poderia um modelo homogêneo descrever e explicar a multiplicidade de engenhos e fazendas que se dispersavam por toda a extensão do território colonial? Haveria um modelo de sociedade rural comum que permitisse caracterizar uma "identidade nacional brasileira"? Para Vianna, sim, o que revela que seu modelo histórico-sociológico é também político. Seu modelo único pretende ser ao mesmo tempo abstrato e histórico, estático e dinâmico, revelando as características permanentes e as mudanças ocorridas na vida rural brasileira desde a chegada dos portugueses até o século XIX, quando então entra em crise. Seu modelo quer mostrar o que é permanente nos diversos engenhos e currais, e os diversos movimentos econômico-sociais e demográficos que determinaram as mudanças na vida rural brasileira. Quanto aos aspectos estáticos da vida rural, seu modelo histórico-sociológico deve responder às perguntas: por que o português-agricultor-pastor, o brasileiro, se estabeleceu no campo e em grandes propriedades de terra? O que e como produziram? Como resolveram o problema da força de trabalho? Que tipo de sociedade se constituiu? Quanto aos aspectos dinâmicos, deve responder às perguntas: como eles conquistaram e se distribuíram pelo território? Como se dava a mobilidade social? Como se davam os conflitos com índios e negros? Como se consolidou esse modelo de vida rural? Ao responder a essas questões, Vianna deseja desenhar de forma realista e global um mundo social *sui generis*, genuinamente brasileiro, que, para ele, deveria ser protegido contra a crise que vivia nos anos 1920-30 e restaurado.

Vamos abordar, primeiro, os dados estáticos do seu modelo. Sua primeira pergunta é: por que o português se estabeleceu no campo e em grandes propriedades de terra? O fato de os portugueses preferirem a vida rural e a grande propriedade fundiária é o dado estático fundamental do seu modelo histórico-sociológico. Para Vianna, nossa forma de vida foi criada no latifúndio e, não, na cidade ou na pequena propriedade. O português-agricultor não se estabeleceu no campo como o agricultor europeu. Ele não era um camponês que cultivava com sua família, em pouca terra, alimentos para consumo próprio. A agricultura brasileira teve por base a grande propriedade e a grande plantação. Diferentemente de outros povos, como os romanos, que evoluíram da pequena à grande propriedade, nós, desde o início, somos um povo de latifundiários. Os portugueses, em Portugal, eram um povo de pequena propriedade. Por que, no Brasil, eles teriam preferido se estabelecer em latifúndios? Para Vianna, primeiro, porque os homens que chegaram aqui não eram do povo. O Brasil teria uma origem aristocrática, e uma sociedade feudal tem como base a grande propriedade. Vianna descreve os primeiros brasileiros como homens da pequena e da alta nobreza, abastados ou decadentes e arruinados. aventureiros, que vieram à caça de fortuna rápida. Para ele, no início, não havia, como alguns afirmam, apenas degredados, detritos humanos, mas "homens de qualidade", nobres. O Brasil começou sob o domínio de uma aristocracia, que vivia luxuosamente, à fidalga, cultivando as gentilezas dos salões, a suntuosidade, a rica indumentária. Essa aristocracia luso-brasileira vivia em banquetes, festas, jogos. Vianna não hesita em generalizar: "tanto os senhores do sul quanto os do norte viviam assim". E os pobres que enriqueciam procuravam imitá-los nesse amor ao suntuoso. Aristocrático, o primeiro Brasil era feudal. Para a nossa aristocracia colonial, só o serviço das armas e a posse de muita terra é que enobreciam e dignificavam. Um nobre sem terras não seria digno.

Outro motivo que levou os portugueses a preferirem a vida rural na grande propriedade, para ele, além do fato de serem "nobres", foi o objetivo da Metrópole, que não era o de colonizar a terra, mas de extrair riquezas. A Coroa não queria investir no Brasil para povoá-lo, mas extrair o máximo de riquezas, que a sustentassem em seus enfrentamentos na Europa, que ameaçavam sua soberania. A produção em larga escala de produtos tropicais foi a decisão tomada. Por isso, a Coroa só cedia grandes sesmarias a quem pudesse explorá-las. O requerente precisava demonstrar que era homem de posses, capaz de extrair da terra toda a riqueza possível, pela qual atenderia ao fisco com as maiores taxas. Outra razão que explica a opção pela grande propriedade: os nobres que chegaram não pretendiam se estabelecer e viver na Colônia. Eles não queriam cultivar a terra e usufruir da riqueza obtida, aqui. Seu sonho era retornar, enriquecidos, a Portugal. Portanto, para Vianna, os portugueses optaram pela grande propriedade, o que diferenciou o mundo rural brasileiro, por várias razões: porque eram nobres e porque a exploração devia ser feita em grande escala, para ser rentável e sustentar os costumes nobres daqueles fidalgos, para atender a um fisco voraz e para permitir o retorno daqueles nobres à Europa. Mas não se pode esquecer a razão mais imediata: a abundância de terras. Esses senhores aventureiros e guerreiros podiam abraçar o quanto de terras que pudessem explorar.

Esse é o primeiro dado do modelo do mundo rural brasileiro de Vianna: a grande propriedade latifundiária. O latifúndio foi o território onde se constituiu e viveu um "nobre espírito brasileiro". Vianna não era crítico da grande propriedade e do grande proprietário, mas seu grande cortesão. Ele se orgulhava desse "passado nobre brasileiro". Mas se sua intenção foi mostrar assim a nossa diferença, parece-me que Vianna falhou. O Brasil não poderia ser considerado feudal, pois isso já seria não vê-lo como diferente. E ao tentar mostrar a nossa diferença, a grande propriedade de terra aqui e a pequena posse na Europa, ele comparou sujeitos históricos diferentes e a comparação se revelou inadequada. Não se pode comparar o latifundiário brasileiro com o camponês europeu. Ambos se relacionavam com a terra, mas de modo incomparável. Vianna teria se equivocado duas vezes: primeiro, ao comparar o agricultor brasileiro

CIVILIZAÇÃO BRASILEIRA E OTIMISMO ULTRACONSERVADOR (TRÁGICO)   143

ao agricultor europeu. O agricultor europeu era o servo camponês, que cultivava pessoalmente, em sua pequena posse de terra, uma produção suficiente para o próprio consumo e para a corveia. O "agricultor brasileiro", como Vianna o denomina, não era "agricultor" como o camponês europeu. A diferença entre ambos é que o brasileiro vinha explorar estas terras com plantações extensivas, que não eram para o próprio consumo. O senhor brasileiro não era um verdadeiro "agricultor", não tocava na enxada, mas no chicote. Lá, o servo amava a terra, cultivava a sua pequena posse e sofria as chicotadas. Depois, Vianna teria também se enganado ao comparar o senhor brasileiro com o senhor feudal europeu. Ao invés de mostrar a diferença, ele mostrou uma discutível semelhança entre os costumes dos nobres de lá e os dos "nobres brasileiros". Vianna viu no mundo rural brasileiro uma reprodução dos valores e costumes da nobreza europeia, o que significa que não conseguiu fazer a "análise diacrítica" que pretendia. O grande proprietário brasileiro não era nem "agricultor", nem nobre. Ele não podia ser nobre porque não vivia na Corte. Os latifundiários brasileiros eram nobres onde e em quê? Além disso, dada a precariedade, a pobreza, a rusticidade do dia a dia, a distância entre os latifúndios e os ódios recíprocos, eles mal se viam e se encontravam. Como poderiam viver em festas, jogos, banquetes?

A segunda pergunta é sobre os produtos escolhidos para a exploração dessas grandes propriedades. Esses ex-portugueses precisaram decidir sobre o que produzir para obter as riquezas desejadas. Como produtos naturais, aqui, havia apenas a cana-fístula e o pau-brasil. A grande produção não poderia ser feita com esses produtos locais, pois precisava interessar o mercado europeu. Algumas culturas europeias foram tentadas sem sucesso: trigo, cevada, uva, maçã, oliveira. Os colonos ex-portugueses decidiram explorar as culturas tropicais que praticavam nas ilhas. As culturas importadas que se adaptaram aos trópicos foram o fumo, o milho, o feijão, a mandioca, o cacau, o algodão, a cana-de-açúcar. A cana-de-açúcar foi a grande cultura colonial. Ela foi a maior riqueza. A Europa engordou com a nova dieta adocicada. A cana exigia grandes cabedais e poucos foram os nobres que puderam investir. Talvez esta seja a maior razão que explique a grande propriedade da terra: recursos limitados para a sua exploração. Quem tinha esses recursos tornava-se possuidor de latifúndios. O engenho era uma edificação custosa e complexa. Havia os mais complexos e os mais rudimentares. Os comerciantes da costa emprestavam os raros capitais ao senhor de engenho. Como "senhor de engenho" ficou conhecido o nobre que produzia a cana em grandes plantações. Poucos foram os que puderam se tornar "senhores de engenho".

A terceira pergunta é sobre o tipo de força de trabalho escolhido pelo ex-português para a produção em larga escala daqueles produtos. Para a exploração da terra, a forma de trabalho só poderia ser a escravidão. Vianna acha indiscutível essa eficiente decisão. O país era despovoado

144 AS IDENTIDADES DO BRASIL 2

e novo. Não havia trabalhador braçal, e o engenho precisava de muitos braços. Os numerosos serviços exigiam muitos escravos. O domínio rural tinha de ser omniprodutivo: ferreiros, ferradores, marceneiros, pedreiros, carpinteiros, sapateiros, tecelões. Só se comprava ferro, sal, pólvora e chumbo. A escravidão, portanto, era a forma de trabalho mais adequada. Podia-se discutir sobre o tipo ideal de escravo. Hesitou-se entre o índio e o negro. No início, o escravo foi o índio. No primeiro século, o comércio de negros não foi intenso. Mas o índio não suportou o trabalho do engenho e era muito rebelde. O negro tornou-se então, infelizmente, para Vianna, o escravo predominante na lavoura açucareira. Na pecuária, o índio continuou a ser a opção, pois adaptou-se melhor ao trabalho. Como escravas, as raças inferiores entraram na história brasileira feita pelo eugênico senhor de engenho.

A quarta pergunta é sobre o tipo de sociedade que se constituiu nessas grandes propriedades. Para Vianna, a cana e o gado produziram sociedades diferentes, a "do engenho" e a "da fazenda". A sociedade canavieira ficava no litoral e nas margens de rios. Era sedentária. A sociedade pecuarista era mais instável e circulava pelos sertões. Vianna procura caracterizar e distinguir esses primeiros conquistadores das terras brasileiras. Ele constrói os tipos do "senhor de engenho" e do "fazendeiro". Para ele, os curraleiros eram homens enérgicos, audazes, intrépidos. Eles lutavam contra o índio para tomar-lhes as terras. E assim o impediram de atingir a vida sedentária do açúcar. O tipo social do açúcar, o "senhor de engenho", tinha qualidades organizadoras: montava engenhos caros, administrava, era econômico, sabia mandar. Para Vianna, os senhores de engenho eram os "homens bons", os dirigentes locais, os primeiros "brasileiros". Comparados a eles, os fazendeiros eram menos desenvolvidos socialmente, menos organizados e administradores. Mas o fazendeiro tinha também as suas qualidades. Ele superava o primeiro em combatividade, rusticidade, bravura física, pois estava mais próximo da natureza árida e do gentio. Ambos, o senhor de engenho e o fazendeiro, para Vianna, são os autênticos "brasileiros", pois conquistaram as terras brasileiras, tornando-as produtivas. Eles foram os fundadores da civilização brasileira. Essa é a dimensão política do seu modelo abstrato: Vianna descreve e defende o Brasil dessas elites brancas, ex-portuguesas, conquistadoras do território, exterminadoras do indígena, proprietárias de latifúndios, de escravos, de grandes plantações e rebanhos e que, infelizmente, para ele, se deixaram conspurcar pela miscigenação. Esses homens criaram uma sociedade rural singularmente brasileira. Eles fizeram corajosa e audaciosamente tudo, construíram um mundo novo com dados exteriores: decidiram pela agricultura, escolheram e trouxeram os produtos que seriam plantados, decidiram pelo escravo africano e o trouxeram, organizaram a defesa, administravam, mandavam, puniam. Eles são os sujeitos da história brasileira e, para Vianna, é a sua ação que deve ser narrada e analisada pelos historiadores.

CIVILIZAÇÃO BRASILEIRA E OTIMISMO ULTRACONSERVADOR (TRÁGICO) 145

Em seu modelo, nas grandes propriedades do engenho e da fazenda coloniais e imperiais, vivia uma pequena sociedade, complexa, heterogênea, populosa. A estrutura social dos engenhos era estratificada em três classes: classe senhorial, homens livres, escravos. A classe senhorial era constituída pelos senhores de engenho, por sua família e parentela numerosa e pelos brancos agregados ao senhor. Querendo elogiar, ele exagera: "os senhores eram todos da raça ariana!". Podia haver alguns mamelucos, mas o mulato era raro. Eles formavam o clã dominador. Eram plenipotenciários em seus domínios e desafiavam a administração do Estado colonial. Eram homens empreendedores, organizadores, impetuosos, fortes, dominadores, enfim, "superiores". Na segunda classe, estavam os rendeiros do domínio, que eram os brancos pobres, mestiços e alforriados. Era a plebe colonial, submetida à classe senhorial por uma espécie de laço de dependência feudal. O mundo rural era constituído por uma multidão mestiça e heterogênea, presa ao senhor de engenho, branco e severo, pelo dever de fidelidade e obediência. Do senhor de engenho, a plebe recebia proteção contra as autoridades coloniais e metropolitanas, contra índios saqueadores, negros fugitivos e sobretudo contra outros senhores clânicos. O clã rural era econômico-social e político, pois a população procurava proteção contra a "anarquia branca", o poder privado e arbitrário dos chefes territoriais. A solidariedade interna do clã era a única forma de solidariedade praticada pela população. O espírito de clã é a marca da nossa vida social e política. Por fim, os escravos negros e mulatos, sem direitos, sobre os quais o senhor tinha plenos poderes. Esta era a estrutura social que predominava nos inúmeros engenhos da Colônia. É de se notar a ausência do clero, que geralmente, nos modelos desse tipo, ocupa o segundo escalão da sociedade, entre os senhores e o povo, amalgamando, reconciliando, impedindo a explosão do conflito. Vianna era católico fervoroso, mas não incluiu o clero em seu modelo. O "povo brasileiro", para Vianna, constituído pelos senhores, mantinha com os grupos sociais inferiores uma relação de domínio incontestável. E entre si mantinham uma atitude beligerante, com alianças precárias e confrontos sanguinários.

Em torno deles, o resto da população vivia em grande miséria. O próprio Vianna reconhece que, se não fosse a natureza tropical tão generosa, essa população não teria sobrevivido. Apesar disso, ele fala com orgulho da "aristocracia brasileira" e parece não considerar "brasileira" essa população vítima da conquista e da violência das elites. Essa população vencida poderia ser considerada também "brasileira"? Que nível de autoestima poderia ter essa população que dependia da generosidade da natureza para sobreviver? No modelo da vida social rural brasileira de Vianna, esses dados, a conquista violenta do território e o domínio absoluto das elites, não eram um problema. Pelo contrário, ele só tem olhos e admiração para a ação dos "inquietos" latifundiários brancos. Para ele, eles criaram a identidade brasileira, eles fizeram a história brasileira, foram os sujeitos e portadores da nova identidade. Eram homens ativos, corajosos, decididos, impetuosos, capazes de autogoverno. Os derrotados parecem não o interessar muito, e os entrega à generosidade da natureza e à avara compaixão dos "brasileiros". Como é possível que se queira pensar uma nova nação, unida e solidária, e ao mesmo tempo elogiar a ação brutal de longa duração dessas elites contra a própria população brasileira?

Os domínios desses senhores de engenhos e fazendas se dispersavam na vastidão geográfica, procurando manter a independência política e econômica. Este é um dado essencial do modelo da vida rural brasileira de Vianna: a dispersão, o centrifuguismo dos engenhos e fazendas. Viviam solitários, distantes uns dos outros. Tinham uma vida própria e autônoma, dando à sociedade colonial um "aspecto ganglionar e dispersivo". O mundo social rural não se frequentava, não se encontrava, não se comunicava. Então, como podia viver em banquetes e festas? A vida colonial era autárquica, fragmentada. Cada engenho, cada fazenda, era um mundo social à parte. Resultado político: não havia solidariedade entre esses mundos fechados. Cada um vivia por si. Não havia espaço compartilhado, público. Não havia uma elite nacional que reunisse essas inúmeras minissociedades em torno de um interesse comum. Não havia o "Brasil". A Colônia portuguesa era uma multiplicidade de mundos particulares, muito distantes uns dos outros, dada a extensão do território e a inexistência de estradas. Mas, apesar de haver poucos contatos entre esses mundos isolados, Vianna procurou construir um modelo de estrutura social predominante, que identificasse os inúmeros engenhos e fazendas como um "único mundo brasileiro". Seu modelo homogeneizava e reunia porque Vianna tem a perspectiva autoritária da união nacional. Seu modelo não é puramente histórico-sociológico, mas político. É a sua descrição de um Brasil ideal, que devia ser defendido e preservado. Nos anos 1920-30, ele queria unir a nação brasileira, fundar o Brasil, e para isso construiu essa "utopia brasileira". Mas Vianna se esqueceu de que essa união não poderia ser feita apenas por um modelo histórico-sociológico abstrato e, sim, por um "agente histórico" concreto, mas inexistente: a elite nacional. Então ele investiu na criação de um "Estado abstrato", que aplicasse o seu modelo.

Os aspectos dinâmicos de seu modelo apontam para uma dupla evolução desse mundo brasileiro: um ritmo ascensional até o século XIX e um ritmo de declínio de longa duração, fundamental e invisível, que tornou-se visível apenas em 1888. Desde a origem, a dinâmica do modelo já era forte, pois não foi pensado para durar. Os nobres europeus que vieram para explorar os grandes latifúndios visavam dois objetivos: enriquecer a Metrópole e se enriquecerem, para retornarem à Europa e à Corte. A Metrópole não tinha a intenção de povoar, e os nobres não tinham a intenção de ficar. O mundo rural brasileiro foi inicialmente precário e volátil. Mas consolidou-se, apesar das intenções iniciais dos seus agentes. Esse mundo rural era dinâmico em duas direções: para cima, a possibilidade de ascensão social

CIVILIZAÇÃO BRASILEIRA E OTIMISMO ULTRACONSERVADOR (TRÁGICO)   147

com o arrendamento de terras e com a criação de gado; para baixo, a possibilidade do desaparecimento dos domínios rurais, destruídos por seus maiores inimigos, o indígena não domado e o negro dos quilombos, o que impunha a necessidade de organizar a defesa dos domínios.

Um importante dado dinâmico do modelo de Vianna é a forma de ascensão ao mundo social dominante: aqueles do povo que quisessem ascender à aristocracia deviam adquirir terras. Mas não bastava ter terras. Era preciso ainda obter capitais para montar o engenho. O pastoreio era o primeiro degrau da ascensão social. Depois, alguns poucos bem-aventurados brancos, pois mestiços não têm essa "especialização psicológica", chegavam à fazenda e ao engenho. Aqueles que tinham terras, mas não podiam construir engenhos, apelavam para a atividade pastoril. O pastoreio foi a forma mais generalizada de exploração da terra na Colônia. Para os currais não era preciso muito capital. Quando não podiam ter sesmarias, os empreendedores arrivistas arrendavam terras. Para começar uma criação bastavam algumas cabeças iniciais. Em busca de mais terras e atrás de reses desgarradas, os criadores entraram pelo sertão. Os currais invadiram o interior e povoaram os sertões. A criação de gado foi a vanguarda da expansão agrícola. Ela precedia o engenho e a fazenda. O criador de gado desbravou a terra em enormes extensões, abriu caminhos. Vindo da península, o gado diversificado, vaca, cavalo, ovelha, porcos, galinhas, adaptou-se bem e ocupou o extenso território.

Outro dado dinâmico importante do modelo refere-se à conquista e à distribuição no vasto território dos brancos desbravadores. As migrações se davam para o interior. A terra era o que classificava socialmente e, por isso, a população ia para o interior. Todos queriam ter ou arrendar terras. O campo era o lugar da ascensão social. Todos saíam das cidades e iam para o sertão. Vianna define esse movimento de população como um "centrifuguismo urbano". O conquistador preferia enfrentar a natureza, os índios, a fauna feroz, a viver nas cidades. O índio domesticado era o guia. O índio insubmisso era o grande obstáculo. A conquista da terra foi uma guerra. Cada sesmaria, cada engenho, cada fazenda exigiu antes uma empresa militar, para expulsar os indígenas e domesticar a natureza. As atividades agrícolas e pastoris se fizeram com a espada e o terço na mão. Os brasileiros que conquistaram o interior deste primeiro Brasil foram violentos, vigorosos. O exemplo maior de vigor e violência foi o dos paulistas, e Vianna é um admirador da ação conquistadora dos paulistas. Para ele, para agirem com tanta determinação e bravura, eles só poderiam ser "dólico-louros, racialmente superiores, resistentes fisicamente e psicologicamente dinâmicos". Foram eles que combateram os indígenas, permitindo que os criadores ocupassem o sertão. O bandeirante paulista saiu, primeiro, à procura de ouro ou à caça ao índio. Depois, eles se tornaram senhores de engenho ou donos de currais. Os bandeirantes também tiveram uma função geográfica importante: abriram caminhos, revelaram o território. Eles conquistaram o país. No início, os engenhos ficavam na costa. Depois, adentraram pelo Brasil. Nesse movimento para o interior, a exploração pastoril foi mais forte do que a agrícola. Vaqueiros, pastores, fazendeiros, criadores conquistaram o São Francisco, os sertões do Piauí, do Ceará e da Paraíba.

Na Amazônia, afirma Vianna que a conquista foi menos guerreira. Os índios eram "mais dóceis", pois, ali, era mais intensa a presença de padres e de aldeias indígenas catequizadas. Na Amazônia predominavam o branco e o índio. As localidades tinham nomes brancos. Houve também a colonização por pernambucanos, baianos, portugueses e paulistas, no norte amazônico. O Brasil central e meridional foi ocupado por paulistas. No sul, a busca do ouro teve grande peso na expansão paulista. Mas o grande objetivo era a fundação de currais. Os paulistas, temporariamente caçadores de índio e ouro, tornaram-se fazendeiros. Havia dois focos iniciais de irradiação paulista: São Vicente e Piratininga. Eles conquistaram o Brasil central e meridional, seguindo rios e vias xerográficas. Quando não havia rios, seguiam as trilhas dos índios. Alguns paulistas chegaram até o Peru e ao Pacífico. Eles chegaram a Minas Gerais, à Bahia, seguindo os rios. Surgiram as cidades do ouro. Fundaram cidades em Minas Gerais e Goiás. Foram ao Amazonas, ao Tocantins, a Mato Grosso. Desceram até o Rio Grande do Sul, onde enfrentaram o indígena e o espanhol. A maior parte do território foi devassada e povoada nos três primeiros séculos. O clímax foi na passagem do século XVII ao XVIII. Com as minas, as migrações se intensificaram. O país foi percorrido em todas as direções. No final do século XVIII, os grupos já estavam sedentarizados em engenhos e fazendas omniprodutivos e distantes uns dos outros. A população colonial se subdividiu em miríades de pequenos e individualistas nódulos sociais, sem solidariedade nacional, sem vida comum, sem vida pública. Vianna continua tentando reuni-los abstratamente em seu modelo histórico-sociológico e político. Ele parece não querer admitir que é difícil tornar real a união abstrata construída por seu modelo, pois nele falta uma elite nacional voltada para a construção da unidade nacional.

O conflito social está presente no modelo de Vianna, ameaçando o sucesso da ação dos brancos, na resistência das raças inferiores — os escravos índios, negros e mestiços. A vida do engenho era agitada pelas "corridas" dos indígenas. Vianna sustenta, sem empatia, que o indígena resistiu fortemente à conquista europeia. Os engenhos e currais enfrentaram a sua hostilidade. A violência indígena foi enorme, pois, ainda sem empatia, Vianna reconhece que os brancos se apropriaram de suas terras, mulheres, e os tornaram escravos. Sua empatia é com o senhor de engenho, "que se defendia sozinho!", sem poder contar com os poderes públicos. Cada engenho tinha um pequeno exército de mestiços. Os engenhos eram fortalezas, com todo tipo de armas. O grande senhor tinha importância social pela extensão da propriedade e pelo número de arcos que possuía. Além do ataque dos indígenas, os negros fugidos também exigiam preocupação com a defesa.

CIVILIZAÇÃO BRASILEIRA E OTIMISMO ULTRACONSERVADOR (TRÁGICO)   149

O que permitia a defesa era a existência dessa "ralé de mestiços". Vianna se refere assim à população brasileira! Os colonos brancos, os "brasileiros", encontraram nessa "mestiçaria", a própria população brasileira, uma proteção salvadora contra os ataques das populações excluídas de índios e negros. Apesar desses conflitos, para Vianna, a dominação branca era amplamente hegemônica, pois tinha a adesão e o apoio da população mestiça, que mantinha com os senhores uma relação de "respeitosa submissão".

Com esse modelo sociológico, Vianna quis mostrar os personagens, as relações sociais e políticas, os valores da vida rural. Vianna torna-se mais historiador ao perceber dois ritmos temporais na consolidação desse modelo: primeiro, o tempo do Brasil colonial foi conquistador, desbravador, guerreiro, violento, expansionista, instável. Havia uma luta desesperada pela subsistência. Os brancos tinham que conquistar terras e se estabelecer. E o faziam, para Vianna, de modo intrépido e admirável. Para Vianna, "agir com violência", ser impetuoso, inquieto, é um sintoma de superioridade racial. Os brancos eram admiravelmente brutais! A natureza foi destruída, os brancos pobres oprimidos, os negros foram submetidos à força, os índios ou foram exterminados ou aculturados ou fugiram. Depois, no século XIX, na fase imperial, uma temporalidade mais desacelerada, menos apressada, menos conquistadora, menos violenta, menos aventureira se instalou. Era o sucesso! Uma vida genuinamente brasileira se estruturara. A conquista do interior já estava consolidada. Desapareceu o nomadismo. As atividades dos bandeirantes se encerraram. O sertão estava conquistado e foi sendo paulatinamente povoado. Uma tradição rural fora construída ao longo de três séculos. As populações já sedentárias se nutriam dessas tradições rurais. Para Vianna, *"os sentimentos se abrandaram, afeições tranquilas e suaves substituíram os instintos predatórios agressivos"*. O longo período do Império, comparado com o período anterior, foi ameno, dominado por uma aristocracia rural vitoriosa, majestosa, estável, apoiada na pecuária, no açúcar e no café. A aspiração a um latifúndio era comum a todos que quisessem tranquilidade e paz. Nas vidas pública e privada esses homens vitoriosos agiam com decoro, com independência, pois haviam resolvido o problema da subsistência. A aristocracia rural fornecia os elementos dirigentes da política no período imperial. Dela saiu a nobreza do Império e os chefes políticos. O café substituiu o açúcar e se afirmou como cultura principal em São Paulo, Minas Gerais e Rio de Janeiro. Assim como o açúcar, o café foi um selecionador de capacidades. O tipo social dele emergente era superior, com talentos políticos e administrativos. Para Vianna, com esses homens, e ainda com os homens do açúcar, o Império realizou a *"admirável obra de unificação, organização e legalização do país"*.

Para Vianna, o Brasil começou rural e aristocrático e, na fase imperial, essa sociedade rural e aristocrática estava no seu auge, fortalecida como uma nova identidade nacional. A evolução da sociedade brasileira começara nobre, mas incerta, e foi progressivamente se definindo, se organizando e se consolidando nobremente nos latifúndios. A vida colonial foi difícil, a expansão para o sertão foi uma guerra constante, mas, no século XIX, aqueles bravos brancos coloniais haviam vencido. O mundo rural imperial era estável, tranquilo, vitorioso. Os dados estáticos do modelo eram os mesmos: senhores brancos e nobres, grande propriedade, exploração de um produto tropical, escravidão negra, plebe mestiça e brancos pobres ligados ao senhor por laços de dependência pessoal, autossuficiência dos engenhos e fazendas, isolamento e ausência de comunicação entre eles. Um dado novo fortemente estabilizador desse modelo foi o Poder Moderador, que unificava, pacificava, protegia. Com o Poder Moderador e a sua Corte, tentou-se criar a unidade e a solidariedade entre os mundos locais. Mas essa fórmula revelou-se artificial e durou apenas meio século. O século XIX foi o coroamento do empreendimento aristocrático dos brasileiros, que até já possuíam um imperador brasileiro e já pertenciam a uma Corte, que lhes ofereciam a sensação de fazerem parte de um mesmo povo e possuírem um mesmo espírito.

Mas o sucesso do aristocrático Brasil rural não durou! Na passagem do século XIX ao XX, para Vianna, veio o declínio, a tragédia. Infelizmente, para ele, a breve fase dourada imperial foi brusca e violentamente interrompida. Ele se inquieta com o novo ritmo acelerado, republicano, da história brasileira, que ameaçava arruinar as lentas e difíceis conquistas das elites rurais. A tradição rural se viu ameaçada por modificações nas estruturas social e demográfica. Para Vianna, o 13 de maio foi um duro golpe na sociedade rural. Ela, que vencera todas as adversidades da conquista do sertão, diante da abolição do trabalho escravo, desmoronou! Sem o escravo, a vida rural entrou em crise. Os que continuaram no campo passaram a ter uma vida vegetativa, decadente; outros, inseguros, migraram para as cidades, para a indústria, para as profissões liberais e a burocracia. Ocorreu um movimento contrário aos conquistadores centrifuguismo colonial e sedentarismo imperial. A população rural, desorientada, se deslocou para as cidades, que se desenvolveram nos primeiros 30 anos do século XX, ameaçando o domínio dos senhores do mundo rural.

Outros movimentos demográficos comprometeram a ordem do mundo rural: os caboclos do Nordeste foram para o Acre e para a Amazônia como seringueiros; no sul, chegaram os imigrantes alemães, italianos, poloneses, japoneses, que fundaram centros urbanos e indústrias; no oeste paulista, houve a derrubada da floresta tropical, conquistada pelos cafezais. No século XX, o café se expandiu e o mundo rural ganhou fôlego por algum tempo com as estradas de ferro, que entraram pelo sertão de São Paulo e Goiás. Novos personagens surgiram na "conquista civilizadora" do interior: o bugreiro e o grileiro. O bugreiro exterminava o índio, "liberando as florestas". Atrás dele, vinha o paulista moderno, o cafeicultor. O grileiro, com documentos falsos, criava um falso direito de propriedade da terra. Depois, a vendia aos colonos. O bandeirante antigo tornou-

CIVILIZAÇÃO BRASILEIRA E OTIMISMO ULTRACONSERVADOR (TRÁGICO) 151

-se bugreiro, grileiro. Para Vianna, esses novos bandeirantes, assim como os antigos, "tiveram um papel essencial na conquista civilizadora do território brasileiro"! Ele se orgulha da ação desses invasores e ladrões. Os países vizinhos da América do Sul têm razão de ainda temerem o espírito "espaçoso" e invasor dos bandeirantes. Nesse sentido, as elites brasileiras sempre agiram de forma plenamente ocidental. Como os europeus, para a euforia e o orgulho patriótico de Vianna, as elites brasileiras de todos os períodos invadiram, conquistaram, ocuparam, exterminaram, incendiaram, escravizaram, se apropriaram e se autoabsolveram com a fé e a convicção do serviço fiel a Deus e à pátria.

Enfim, nessa primeira parte, descrevendo a trajetória das elites rurais da Colônia à República, o historiador Vianna percebe três ritmos temporais na vida brasileira:

1. No período colonial, houve um movimento centrífugo, que ia dos núcleos urbanos do litoral e beiras de rios para o interior. O ex-português conquistou e ocupou o sertão, enfrentando a geografia e os índios. Foi um tempo ativo, inquieto, violento, conquistador, nômade, corajoso, dominado pela incerteza e insegurança.
2. No século XIX, vitorioso, ele estava assentado e estabelecido no sertão, senhor das terras e de si, plenamente "brasileiro", com as produções de açúcar, café e gado consolidadas e em expansão. Foi um tempo tranquilo, pacífico, estável, sedentário. Da Colônia ao Império, Vianna percebia um movimento de ascensão, um progresso. Durante quatro séculos, a "evolução" brasileira teve um sentido de aperfeiçoamento, consolidação, realização.
3. Após 1888, esse mundo rural desmoronou! Um novo ritmo se instalou na vida brasileira, um movimento centrípeto, que ia do campo para as cidades, que criou uma profunda instabilidade. Para as duas primeiras fases, seu modelo do mundo rural brasileiro tinha força descritiva e explicativa. Para a terceira, seu modelo entrou em crise: não era mais somente a propriedade da terra que garantia o prestígio e a ascensão social, pois surgiram novos tipos de brasileiros, com as riquezas e os valores urbanos. Muitos latifúndios faliram. Houve uma migração da população para as atividades da cidade. Foi a decadência do mundo rural aristocrático, poderoso e eficiente. Outros tipos de brasileiros passaram a disputar-lhe o poder.

Para Vianna, a decadência foi trazida pelo abolicionismo, que tinha origens exógenas. Para ele, não havia razão interna para a Abolição. Se o escravo vivia bem aqui, não se impunha a sua supressão precipitada. A indenização aos senhores era justa.

Como Vianna explica essa decadência depois da constatação de um progresso? A decadência começou a partir de 1888 ou já estaria em marcha

152

desde a Colônia, e aquele pretenso progresso a escondeu? A Abolição foi uma revolução ou um momento crítico de uma evolução? Para Vianna, a Abolição foi o evento que revelou as bases precárias, os pés de barro do mundo rural brasileiro: a miscigenação. A Abolição tornou visível esse "processo perverso" que ocorria desde o início do mundo brasileiro. O domínio absoluto dos brancos ocultara o que se passava entre as raças e não deixou ver o enorme risco que a miscigenação representava: o nosso debilitamento físico e psicológico e o possível retorno à barbárie. A conquista do mundo brasileiro teve uma linha progressiva até o Império. Mas, sob esse progresso, uma linha declinante o corrompia e ameaçava. A Abolição foi o evento que trouxe à tona esse processo declinante de longa duração. Outro evento, a República, revelou nosso outro mal: a descentralização política, o interesse egoísta dos "mandões locais" prevalecendo sobre o interesse comum. Desde o início, esses dois terríveis males ameaçavam o sucesso da civilização brasileira. Com a Abolição e a República ficou claro que não havia progresso, mas declínio progressivo. Esses dois eventos representaram a derrota do mundo aristocrático dos brancos e a emergência da plebe mestiça, que passou a ter acesso ao poder político, com a República, ao poder econômico, com a indústria, ao mundo social menos hierarquizado e sem lei, nas cidades. Vianna, no final do século XIX, temeu pelo fim do seu sonho de nação. Para ele, tomamos então consciência dos nossos males, dos nossos pesadelos racial e político, da ameaça de voltarmos à barbárie. Fomos tão brancos e tão nobres durante quatro séculos e chegamos à ruína no século XX! Poderíamos sobreviver à nossa tragédia?

Avaliando os diversos ritmos da história brasileira, inquieto, Vianna procurou formular e encontrar a solução para o grave problema que, nos anos 1930, o atormentava: qual seria a saída política para a miscigenação e a decadência republicana? Ele aborda essas duas questões separadamente. Na segunda parte da obra, Vianna mergulha no "problema da miscigenação" e a conclui otimista, vitorioso, oferecendo, para o que ele considerava a ameaça maior ao futuro da civilização brasileira, a solução: o branqueamento. Na terceira parte, ele imerge na evolução política que nos trouxe à "decadência republicana". Ele diagnostica o mal político, que poderá nos impedir de agir por nossa salvação. Foi o centrifuguismo, a descentralização político-administrativa, que dominou toda a história brasileira, que nos trouxe à decadência republicana. Ele conclui a obra oferecendo, em apenas um parágrafo, pois não pôde se estender na crítica ao regime republicano, a terapia para a descentralização republicana: o Estado autoritário. Agora, para salvar o mundo rural, torna-se crítico dos senhores rurais. Na crise, Vianna muda de posição: era simpático, ressaltava as qualidades da aristocracia rural — probidade, respeitabilidade, independência moral, fidelidade à palavra, nobreza —, agora os aristocratas rurais passam a ser chamados de "caudilhos regionais", "mandões locais", únicos empecilhos ao avanço do poder público, à construção da ordem legal. Mas Vianna quer res-

CIVILIZAÇÃO BRASILEIRA E OTIMISMO ULTRACONSERVADOR (TRÁGICO)   153

gatar os valores rurais e patriarcais contra a decadência democrático-urbana e, para isso, passa a dar importância à integração do país, por meio da ação vigorosa do Estado, que deveria restringir o poder dos chefes territoriais. Sua esperança era que a linha declinante pudesse ser revertida e o progresso da aristocracia retomado, se seu modelo histórico-sociológico abstrato se concretizasse em um "Estado abstrato", que se encarregasse de restaurar a ordem pré-Abolição e pré-urbana. O branqueamento e o Estado autoritário são os pilares do seu trágico "otimismo pragmático" em relação ao futuro brasileiro.[26]

A "evolução ascendente" da raça: da mestiçagem (o mal) ao branqueamento (a salvação)

Na segunda parte, Vianna enfrenta o primeiro "mal", o "pecado" maior, que, segundo ele, corrói e corrompe a civilização brasileira: a miscigenação. Se essa nossa "doença" não for curada, para ele, não teremos qualquer possibilidade de sucesso. Seu objetivo é analisar "cientificamente" a questão e oferecer a terapia mais segura. Ele faz um estudo de antropologia física, apresentando os tipos raciais e as suas múltiplas combinações, que constituíram a população brasileira. Essa é a parte da *Evolução do povo brasileiro* que foi mais vigorosamente combatida. Vianna foi aproximado do programa racista nazifascista, que se implantara na Alemanha nos anos 1930. Mas, se ele a publicou em 1923, seria Vianna um pioneiro e deslocado teórico nazista? Os antropólogos que ele seguia foram pilares teóricos do nazismo. Muitos analistas da sua obra procuraram poupá-lo desse processo. Não o inocentaram, mas o pouparam, generosamente, no melhor estilo cordial brasileiro. Iglesias preferiu se calar. Odália achou essa segunda parte grave, mas evitou tratar do assunto, aceitando a desculpa de Vianna de que se tratava apenas de uma "inocente hipótese". Carvalho o visitou compassiva e caridosamente no inferno, o que compreendo como um desejo de oferecer-lhe a anistia. Para Moraes, não se deve desenterrar o que já nasceu morto em Vianna, mas ressaltar a parte do seu pensamento que permaneceu: o seu olhar patriótico e crítico sobre o atraso brasileiro. Para Moraes, o conceito de raça é importante em seu pensamento, mas não é determinante. Entre raça e cultura há a mediação da "instituição". A raça não determina a cultura. Há uma determinação recíproca entre raça, cultura e instituição. Nem a cultura, nem a instituição influenciam a raça, mas tampouco se reduzem a meros epifenômenos do fator racial. A escola, a assistência médico-sanitária, a boa alimentação e o ambiente familiar decente tornariam uma raça tão desenvolvida quanto qualquer outra.[27]

---

[26] Ferreira, 1996.
[27] Iglesias, 1993 e 2000; Odália, 1997; Carvalho, 1993; Moraes, 1993.

É como se dissessem: vamos esquecer! Vamos deixá-lo nos anos 1930! Deveria eu também deixar o nosso autor em paz? Decidi que não. No entanto, não farei também um duro processo de Vianna, apesar de achar que ele mereceria. Interessa-me compreender o Brasil, o pensamento histórico brasileiro, as culturas, identidades e temporalidades brasileiras e, não, promover tribunais inquisitoriais. Na verdade, acho até que Vianna nos prestou, a nós brasileiros, um grande serviço. Nessa segunda parte, ele explicitou, sem escrúpulos, o disfarçado pensamento das elites sobre o povo brasileiro. Os negros e mestiços brasileiros precisam conhecer e discutir esse texto, que é precioso por iluminar o lado sem luz da alma brasileira. Para compreender o Brasil é importante passar por essa segunda parte da *Evolução do povo brasileiro*. E, felizmente para nós, ele a manteve na íntegra na segunda edição. A meu ver, em linguagem fotográfica, ela oferece o positivo do negativo (revelação) da alma das elites brasileiras, que se entranhou na população, que se autoaniquila com essa representação dela pelas elites. Esse retrato do Brasil precisa ser esquecido e, para isso, não pode deixar de ser visto e avaliado. Esquecer e superar não é reprimir e calar, mas abordar e elaborar. É o que a história faz. Essa segunda parte mostra o "nosso inferno", como percebeu Carvalho. Farei, então, uma visita a esse inferno, para, após a catarse, sair definitivamente dele e nunca mais voltar.

Eis como Vianna expõe o problema da miscigenação brasileira. Para ele, assim como para a maioria dos intérpretes do Brasil da sua época, nos primeiros séculos, o Brasil foi um vasto campo de fusão de raças. Este seria um dado essencial para a sua análise diacrítica do Brasil. Uma geografia diversificada e extensa, como se verá na terceira parte, e uma miscigenação muito complexa, como se verá agora, singularizam o nosso país. Para ele, em nenhum país raças tão diferentes se misturaram. Negros, índios e brancos cruzaram-se em todos os sentidos, sendo difícil determinar qual a influência de cada raça na constituição do corpo e da psicologia do povo brasileiro, porque as próprias raças são internamente diferenciadas morfológica e psicologicamente. A mestiçagem, para ele, criou dois problemas para a nação: primeiro, impediu a constituição de um tipo físico nacional, de um corpo homogêneo, uma raça única, que pudesse ser reconhecida como genuinamente "brasileira"; segundo, comprometeu a qualidade física e psicológica dos brasileiros, pois, já "estava provado cientificamente", a mistura racial debilita, desvitaliza, adoece. O Brasil teria uma população sem características uniformes, bárbara e mestiça, o que levou muitos intérpretes europeus ao ceticismo quanto às possibilidades de auto-organização, desenvolvimento e integração da civilização brasileira ao Ocidente. O Brasil estaria condenado à África.

Vianna luta contra esse destino reservado ao Brasil pelos intérpretes europeus e deseja redirecioná-lo à Europa. Ele não era pessimista quanto ao futuro da raça brasileira. Ele admitia que o Brasil padecia do terrível mal

CIVILIZAÇÃO BRASILEIRA E OTIMISMO ULTRACONSERVADOR (TRÁGICO)   155

da miscigenação, mas acreditava que, gradualmente, a população se purificaria e, em pouco tempo, poderia vir a se tornar inteiramente branca. Essa era a delirante utopia patriótica de Vianna: um Brasil integrado e branco, à europeia. Ele desejava apoiar o seu otimismo na "ciência". Por isso, fez esse estudo de antropologia física em que mostra a evolução da raça brasileira ao mesmo tempo apoiando-se em referências "científicas" europeias, Gobineau, Le Play, Lapouge, Le Bon, e visando contestá-los em sua avaliação do caso brasileiro. Vianna se apresenta como um advogado do Brasil no tribunal europeu racista e, talvez, por isso, possamos olhá-lo com alguma simpatia. Para ele, os teóricos racistas tinham razão quanto à importância do fator racial, mas nem tudo estava perdido para o Brasil. Brevemente, ele mostraria as características raciais, físicas e psicológicas, dos grupos que constituíram a população brasileira, para concluir com a tese redentora da nossa tendência à arianização.

Primeiro, ele mostrou a evolução da raça branca portuguesa. O português, para ele, era a raça que deveria dominar no sangue do povo brasileiro. Ele reconhecia que também o português tinha uma formação racial mestiça. Eles eram camitas, iberos, árabes, semitas, celtas, germânicos. Mas, curiosamente, para ele, a mestiçagem europeia não ameaçava a qualidade da raça branca. Esses grupos étnicos se misturaram na península desde a Pré-história, mas, mesmo assim, paradoxalmente, Vianna os considerava tipos superiores. O português era ora mais árabe (sul), ora mais celtibero (norte), ora mais germânico. Na época dos descobrimentos, dando ênfase, agora, à sua "pureza", apesar daquelas misturas, Vianna distinguia dois tipos raciais portugueses: o primeiro era louro, alto, dolicoide, de hábitos nômades e conquistadores; o segundo era bruno, de baixa estatura, dolicoide ou braquioide, de hábitos sedentários e pacíficos. Os dolicoides louros eram minoria e preponderavam na classe aristocrática, a nobreza militar e feudal. O segundo tipo, menos puro, era a base das numerosas classes médias e populares. Os primeiros se dissolveram na massa morena ou desapareceram por terem emigrado para novos mundos como audazes navegadores.

O mulato Vianna admirava o primeiro tipo, o dólico-louro (*homo europeus*). Este foi o herói da Reconquista e o conquistador do Brasil. Para Vianna e suas referências antropológicas, ele era fisicamente superior: louro, alto, forte, dolicocéfalo; psicologicamente também era superior: aventureiro, belicoso, desbravador, nômade, empreendedor. Era migrador, pois tendia ao movimento. Nos descobrimentos teve papel de liderança, abrindo o caminho para o segundo tipo, o bruno, que era trabalhador, pacífico, sedentário. Vianna propõe então a sua "inocente hipótese" sobre os primeiros brasileiros que gerou tanta polêmica. Para ele, tudo o levava a crer que: a) os primeiros contingentes que vieram para cá eram dólico-louros de alta estatura; b) depois, sobretudo com o ouro, vieram os dolicoides brunos de baixa estatura. Os dólico-louros eram as figuras centrais da nossa primeira aristocracia rural. Vianna queria dar ao Brasil uma origem nobre, aristocrática. Este era o seu mito de fundação da nação brasileira: na origem, éramos brancos e superiores e deveríamos ter continuado assim. Sua proposta para o futuro era a recuperação dessas condições raciais iniciais, que se perderam com a chegada dos brancos brunos, dos negros e com a mistura com os indígenas. Em menor número, os dólico-louros foram racialmente corrompidos e se dissolveram na promiscuidade brasileira. Vianna os admirava e os preferia aos brunos pacíficos, sedentários e trabalhadores. Vianna preferia o estilo de vida aventureiro e conquistador das elites ao estilo trabalhador e sedentário do povo. Da exposição de Vianna pode-se concluir, contudo, que esses "tipos superiores" tendiam à ruína, pois não construíam um patrimônio, migravam, morriam em combates e aventuras e, finalmente, dissolviam-se nas outras raças. Seriam esses inquietos e violentos aventureiros uma boa referência para uma civilização que queira se desenvolver e se consolidar? Se Vianna tiver razão, talvez, ao contrário, isso explique o fracasso da nossa civilização, isto é, estamos tendo dificuldades de ascensão porque provavelmente somos descendentes desses não construtores de civilizações.

Essa pretensa origem ariana brasileira foi duramente atacada, sobretudo pelos marxistas, e Vianna se defendeu referindo-se a ela como apenas uma "inocente hipótese". Mas ela revela toda a sua suspeita visão de mundo e sua autoritária proposta política para o futuro. Ele se identificava tanto com as elites rurais brasileiras que as idealizava, aproximando-as das elites europeias. Ele desprezava os sedentários e trabalhadores, associados a escravos, e preferia os impetuosos e violentos, associados às elites. Sua hipótese racial sobre a nossa origem sustentava um programa histórico-político autoritário para o presente-futuro. Para ele, a suposição de que tivemos uma gloriosa origem branca era plausível se observássemos a ação da aristocracia territorial dos primeiros séculos. Os primeiros colonizadores eram aventureiros, fortes de caráter, belicosos. O maior exemplo era o dos bandeirantes, que só podiam ter um temperamento dólico-louro. Eles agiam como europeus: imperialistas, conquistadores, nômades. Só sua origem racial superior podia explicar a conquista que fizeram do Brasil. Como explicar de outro modo a ação dos paulistas e de outros desbravadores? Por que teriam se atirado pelo sertão adentro se não fosse por suas predisposições físicas e especializações psicológicas? Os brunos, pacíficos e sedentários, não poderiam fazê-lo. As famílias da aristocracia rural eram eugênicas, os Cavalcanti, Prado, Lemos, Bueno, e geraram filhos vigorosos, inteligentes, superiores, enérgicos. Infelizmente, ele insiste, nada de positivo sabemos sobre isso. Ele apresenta suas conclusões como simples conjecturas, baseadas na "moderna antropologia". Para ele, uma forma de testar sua hipótese seria a exumação dos crânios dos bandeirantes nos cemitérios. Fernão Dias Paes Leme provavelmente seria um dólico-louro, pois, senão, sua ação desbravadora e conquistadora seria incompreensível. A meu ver, o fato de Vianna sugerir apenas uma conjectura não o torna mais "inocente". Sua conjectura sobre o primeiro homem brasileiro interessa mais como sentimento político presente do que como ciência. Como "ciência" é infundada, pois o bandeirante era mameluco. E era nômade porque era meio-índio e extremamente pobre. Mas, como orientação política, é um dado e nada inocente. Vianna era empático com a violência conquistadora e exterminadora das elites rurais brasileiras do passado e do presente, que enaltecia como uma ação típica de brancos europeus.

Para ele, era incontestável que as correntes migratórias ulteriores foram de morenos de baixa estatura. Com eles, se acelerou a nossa decadência racial. Os que vieram na época do ouro apreciavam trabalhos pacíficos, o pequeno tráfico de aldeias, a mascateação, os ofícios manuais. Eram laboriosos, metódicos, sedentários, pacíficos. Estes eram também aqueles homens de qualidades que economizavam um pequeno pecúlio e solicitavam sesmarias, ingressando aos poucos na aristocracia territorial. Vianna os considerava inferiores, pois racialmente menos puros. Para mim, apenas para pensar com Vianna, somente este segundo tipo poderia ter construído a nação. Sua "especialização psicológica" era compatível com o desenvolvimento e a consolidação de uma nação. Os puros dólico-louros podiam fundar violentamente nações, mas jamais mantê-las e fazê-las progredir. Pode-se deduzir, então, que, segundo Vianna, a raça branca foi bem-sucedida na colonização brasileira porque se dividiu e desempenhou papéis diferentes e complementares. Os louros conquistaram e desbravaram; os morenos estabeleceram-se e colonizaram. Ele preferia os primeiros aos segundos, por serem mais agressivos e não admitirem jamais a servidão. Mas, para ele, foram os dois tipos brancos, juntos, que conquistaram, colonizaram e inventaram o Brasil, e suas características físicas e psicológicas devem voltar a prevalecer na população brasileira.

O segundo grupo racial que constituiu a população brasileira foi o autóctone e primitivo indígena. Vianna não tinha qualquer apreço por sua contribuição à vida brasileira. Mas não se preocupava muito com eles, pois eram incompatíveis com a vida civilizada e, inevitavelmente, seriam exterminados. A vitória da civilização legitimava o seu extermínio. Os indígenas também eram heterogêneos racialmente. A miscigenação entre os índios, agora, já tinha um sentido de inferioridade, de impureza racial. Os dois grandes grupos, tupis e tapuias, se subdividiam em numerosos outros tipos. A fisiologia e a psicologia não eram idênticas em todas as tribos. Para ele, era difícil uma classificação exata dos tipos aborígines. Os tupis, quando da descoberta, dominavam todo o litoral, desde o Amazonas até o Rio Grande do Sul, sob várias denominações: tupinambás, potiguaras, tabajaras, caetés, carijós. No interior, estavam os tapuias, expulsos do litoral pelos tupis: aimorés, goitacás, cariris, que dariam muito trabalho aos brancos. Alguns eram dóceis, como os de Piratininga e da Amazônia; outros, guerreiros intratáveis, ferozes, como os aimorés. Alguns já tinham alguma civilização; outros

158

AS IDENTIDADES DO BRASIL 2

eram nômades e caçadores. Eles eram morfologicamente muito diversos: estatura, cor, formação craniométrica, compleição. Havia índios quase tão claros e tão altos quanto os brancos. E havia também os tão escuros quanto os negros. A cor variava do bronze ao âmbar até o vermelho. Os diversos tipos indígenas cruzaram com os diversos tipos brancos europeus "enfraquecendo" o nosso tipo físico.

O terceiro grupo racial brasileiro — os bárbaros negros africanos — trouxe ainda mais imprecisão e debilidade à constituição física do povo brasileiro. Vianna é especialmente intolerante com a presença negra no Brasil, porque os negros se adaptaram melhor, cresceram e se multiplicaram, integrando-se e, para ele, minando a força da raça branca. Sua influência seria mais difícil de eliminar. Ele constatou que a diversidade dos tipos africanos era desconcertante: minas, cabindas, angolas, jejes, monjolos, benguelas, libolos e uma vasta lista. Entre eles, havia os mais belos e os "horrendos". A cor ia desde o negro retinto e luzidio ao bronzeado. Havia os altos e robustos e os franzinos e débeis. A diversidade morfológica era acompanhada da diversidade mental. Diferiam pelo temperamento, pela moralidade, pela inteligência, pela atividade. Havia os indolentes, os laboriosos, os dóceis, os rebeldes, os honestos e corruptos, os inteligentes e os inferiores. Esses negros diversos se misturaram mais com os brancos do que com os indígenas. O mestiço mulato revelou enorme multiplicidade física e mental. A mistura do negro com o índio foi rara, pois o índio tinha pelo negro, segundo Vianna, uma viva repulsão. Foi através do mameluco que negros e índios se misturaram, gerando os cafuzos, caburés, carijós.

Ao mostrar essa diversidade de tipos raciais, Vianna quis demonstrar como era difícil perceber um tipo único brasileiro e como era necessário que constituíssemos um tipo homogêneo superior. O tipo brasileiro era muito complexo, pois reunia essas três raças, oriundas de espaços geográficos distintos e distantes. Para ele, nossa miscigenação foi mais grave, pois se deu entre raças muito diferentes. Não foi uma miscigenação interna ao grupo dos índios, ao grupo dos negros, ao grupo dos brancos. A miscigenação brasileira, Vianna a via quase como uma bizarra mistura entre espécies! Foi um cruzamento entre raças estranhas e duas delas, bárbaras. O resultado foi dramático: o homem brasileiro teria um corpo híbrido e degenerado, uma mente bárbara, incapaz de ter as altas aspirações civilizadas dos brancos. Os tipos regionais não tinham identidade física e mental convergente. Não tínhamos ainda uma "identidade racial". Os brancos estão por toda parte, mas não na mesma proporção. Eles são mais presentes na Amazônia, nas minas e no sul. Nas grandes cidades da costa, Rio, Recife, há também muitos brancos. O indígena é sobrepujado pelo negro na faixa agrícola e nas zonas de mineração, mas domina nas regiões extrativas e de pastoreio. Sua presença maior é na Amazônia. Os negros são mais presentes nas zonas agrícola e mineradora. Recife, Salva-

CIVILIZAÇÃO BRASILEIRA E OTIMISMO ULTRACONSERVADOR (TRÁGICO)   159

dor e Rio distribuíram o negro pelas áreas agrícolas e mineradoras. Os mestiços regionais variam de acordo com os tipos de negros, de índios e de brancos mais presentes.

Para Vianna, não há raça sem eugenismo, mas os negros e índios puros não podem competir com a eficiência dos brancos e se integram com dificuldade à sua civilização. Para ele, mesmo nas mais baixas raças aparecem tipos superiores. O valor de um grupo étnico é aferido por sua maior fecundidade em gerar tipos superiores: dirigentes, artistas, que marcam com o seu talento e personalidade. O que as distingue é sua maior ou menor fecundidade em eugênicos. As raças superiores geram os senhores, os dirigentes; as inferiores, os servidores, as maiorias passivas e abdicatórias. Não há raças absolutamente inferiores. Uma raça torna-se inferior em comparação com outra mais rica em eugenismo. Para Vianna, as raças inferiores até puderam "colocar" seus indivíduos eugênicos em níveis superiores da sociedade branca. Alguns negros, apesar de pertencerem à raça escravizada, puderam ascender a posições de brancos: padres, intelectuais, militares, oficiais manuais, artesãos, pequenos comerciantes. São tipos superiores individuais. Mas a massa do seu grupo continuava escrava. Determinista racial, Vianna considerava que o negro puro jamais ascenderia em uma organização branca, pois não é civilizável. Ele apenas imitaria sempre o branco. Entre a mentalidade do negro puro e a do branco há uma diferença substancial e irredutível, isto é, uma "diferença racial", que nenhuma pressão social ou cultural seria capaz de vencer ou eliminar. O negro só poderia ascender com a presença do sangue branco. Os brancos são movidos por motivos ascensionais que deixam indiferentes o homem negro. O negro não é movido pelas solicitações superiores do branco. Após a Abolição, entregues a si mesmos, os negros decaíram para a situação abastardada em que se encontram.

Os índios também, sozinhos, eram eugênicos. Mas, no interior da civilização branca, sua capacidade de ascensão era menor ainda que a do negro. O negro tinha um temperamento imitador que lhe permitia ascender. O índio, o caboclo puro, era incivilizável, refratário à arianização. Sua estrutura mental bárbara era mais sólida do que a do negro, e ele resistia mais. Em contato com o branco, ele sucumbia. Ele era incapaz de se tornar proprietário de terra — a maior ambição do branco. A conquista da terra era a força motriz da história colonial. O negro, em seus tipos superiores, ainda desejava a terra. Mas estabelecia objetivos muito pequenos e não fazia avançar a nossa civilização. As duas raças bárbaras só se tornaram agentes de civilização quando cruzaram com o branco. O mulato e o mameluco eram melhores do que o negro e o índio, pois tinham sangue branco. O mestiço, que era resultado de tipos eugênicos negros/índios e branco, era superior. O mestiço, quanto mais branco, melhor. O mameluco era superior ao mulato, tinha uma dupla superioridade: não descendia de escravos e se aproximava fisicamente do branco — cabelos lisos e negros, a pele mais

160   AS IDENTIDADES DO BRASIL 2

clara, o nariz mais afilado. Os mamelucos se julgavam brancos. E, de fato, nada embaraçava mais a ascensão social do que os sinais visíveis das raças inferiores. Os mulatos superiores tinham mais obstáculos. Eles descendiam de escravos e tinham os "sinais da abjeção": a cor e o cabelo. No entanto, para Vianna, os mulatos davam a impressão de serem mais eugênicos do que os mamelucos, pois eram inteligentes, ágeis, hábeis.

Vianna conclui sua demonstração "antropológico-científica" com seu diagnóstico nazifascista: *a história brasileira foi obra exclusiva da raça branca. As raças negra e indígena não ofereceram nada de valor nesta obra. Negros e índios formavam uma massa passiva, que o homem branco modelava.* E formula o seu cruel problema político: *como livrar a história brasileira da presença dessas raças bárbaras, que impedem a sua plena integração à civilização ocidental? Que reformas políticas deveriam ser implementadas neste sentido?* Seu primeiro impulso deve ter sido propor, para os negros, o mesmo tratamento dado aos índios: o extermínio. Ele não foi tão longe, apenas porque julgava que não seria preciso. Sua proposta de terapia política era mais branda do que as dos nazistas, apesar de ter o mesmo objetivo. Para ele, em princípio, o Estado brasileiro não precisaria fazer nada, porque um movimento objetivo e espontâneo tornava progressivamente homogêneo e branco o tipo racial nacional. O que parecia comum a todo brasileiro eram a estatura não elevada e a cor morena. O tipo uniforme brasileiro só poderia surgir depois de uma lenta elaboração histórica. Por enquanto os tipos cruzados estavam ainda próximos das origens. O tipo uniforme e nacional que lentamente se elaborava devia ser branco.

Mas, se no Brasil a miscigenação foi tão exótica e tão profunda, "entre espécies", como supor que houvesse brasileiros eugênicos? Vianna mostrou-se confuso em sua apropriação das teorias raciais europeias. Para ele, "pureza racial", "eugenismo", no Brasil, significava ser mestiço com mais sangue branco. No Brasil, a pureza racial se apurava não com a ausência de mestiçagem, mas com a presença dos sinais físicos da raça branca. Ele acreditava ter percebido nos números do recenseamento de 1920 uma tendência na evolução da raça brasileira: os brancos estavam se tornando o grosso da população do país e os negros e caboclos estavam em menor número e tendiam a decair. E, para ele, esta era uma tendência que devia despertar otimismo. Infelizmente, para ele, ainda havia grandes contingentes de raças bárbaras a serem absorvidos. Mas, felizmente, a tendência era a arianização progressiva dos tipos regionais. A causa desse movimento de arianização era o não crescimento da população negra e mestiça. Por diversas razões: desde 1850, com o fim do tráfico, os negros não entravam mais no Brasil, havia alta mortalidade de negros e houve entrada maciça de brancos desde o século XIX. Essa imigração europeia, pela miscigenação, ia depurando o sangue bárbaro e distribuindo mais os caracteres brancos pela população. Os negros eram destruídos também pela condição social: miséria, vício, infecundidade. Havia uma seleção social, patológica e econômica, que era rui-

CIVILIZAÇÃO BRASILEIRA E OTIMISMO ULTRACONSERVADOR (TRÁGICO)   161

nosa para a população negra. Vianna avaliava positivamente essas diversas "seleções", pois em todas elas o forte-branco vencia e o fraco-negro se extinguia. Para ele, infelizmente, houve a Abolição. O negro poderia ter sido exterminado antes, se a Abolição não tivesse retardado o processo. Com a continuidade da escravidão e sem a reposição de africanos, eles teriam sido logo eliminados. A diferença entre natalidade e mortalidade dos negros era negativa e a fecundidade efetiva do branco, por aquelas seleções, era sempre superior.

E Vianna era um católico fervoroso! Ele brinda e comemora cruelmente o extermínio gradual e progressivo do negro! Por todas essas "inocentes hipóteses", muito próximas das que fizeram sucesso na Europa, nos anos 1930, Vianna foi mandado ao inferno, ao lado dos seus antropólogos e alemães. Carvalho procurou compreendê-lo em sua circunstância histórica, foi visitá-lo, esboçou uma defesa, mas não ousou resgatá-lo. Eis o perigo: e se a Alemanha tivesse vencido a guerra? E se o seu projeto de purificação racial se tornasse poder? É óbvio que políticas públicas seriam implementadas para efetivá-lo. O Estado brasileiro, simpatizante e imitativo, provavelmente tomaria medidas semelhantes às do vencedor. Pode-se imaginar o horror que poderíamos ter vivido! O que era visto como um "processo objetivo e espontâneo" passaria a ser induzido e acelerado pelo Estado. Talvez Vianna tenha reeditado esse texto na íntegra, em 1933, porque o tenha visto como precursor das ideias dominantes na Alemanha nos anos 1930 e com chances de vencer. Se a Alemanha tivesse vencido, Vianna seria considerado um genial pioneiro das ideias nazistas, um representante interno do novo poder ocidental. (Será que o estaríamos elogiando hoje?) Ele se tornou maldito porque os alemães perderam a guerra e as suas teses foram proscritas pelo vencedor. Considerando o conceito weberiano, contrafactual, de "possibilidade objetiva", será que deveríamos mesmo deixar Vianna em paz? Foi "objetivamente possível" uma vitória alemã.

Com seu trágico "otimismo pragmático", para ele, o Brasil estava conseguindo se livrar do seu passado racial bárbaro. Os elementos bárbaros do nosso povo estavam sendo rapidamente reduzidos. A população branca crescia. A arianização se dava pelo fato de que o mestiço era cada vez mais branco. Vianna chafurdava ainda mais no racismo quando sustentava que o cruzamento de raças humanas era um problema de "zootecnia". Para ele, as leis que se aplicavam aos animais aplicavam-se também aos homens! Nos cruzamentos animais havia os *puros por pedigree* e os *puros por seleção*. Embora a regra fosse "sangue cruzado não é puro", pois o puro por seleção podia ter retornos atávicos à raça inferior: no Brasil, para Vianna, esse risco estava controlado pela presença crescente de brancos. A solução para a mestiçagem brasileira seria, para ele, paradoxalmente, a intensificação da mestiçagem entre negros/mestiços com os brancos. Vianna queria corrigir a mestiçagem com as raças inferiores com a mestiçagem com tipos superiores, como se faz em um curral. Tem-se a impressão de que ele pensava que esses "cruzamentos" brasileiros se dariam em um curral! Ou seria em um campo de concentração? De certo modo, sempre paradoxalmente, ele sugeria aos negros, índios e mestiços que não se casassem entre si, mas, patrioticamente, apenas com brancos; a estes, ele sugeria que se casassem com os "bárbaros e inferiores", suspendendo os seus preconceitos raciais, para que pudéssemos apurar a raça brasileira. Vianna estaria fazendo também, estranha e paradoxalmente, a apologia da "democracia racial"?

Para ele, felizmente, os imigrantes chegaram. Ele se tranquilizava: o tipo europeu predominaria. Eles eram "puro sangue" e filtrariam e acelerariam o clareamento da população. Mas, e se eles se casassem entre si? Para haver branqueamento, é claro, eles deveriam se casar com os inferiores, e não entre si. Em linguagem humana, "cruzamento" quer dizer "casamento", vida afetiva compartilhada, familiar. O racismo que impregna os brancos brasileiros permitiria tais uniões? Vianna era racista, mas propunha a miscigenação como método de eugenização! Assim, o nosso confuso otimista achava que as características bárbaras, as "marcas da abjeção" — cabelos ondulados, lábios grossos, nariz chato — desapareceriam. Para ele, o negro era menos resistente e clarearia mais rápido do que o índio. O negro seria absorvido pelo branco, ao contrário das características indígenas, que eram muito preservadas no cruzamento com o branco. O branqueamento se aceleraria porque os brancos procuravam os tipos "menos repulsivos" das outras raças, isto é, com mais características próximas às suas, para cruzar. Os brancos preferiam a mulata à negra, pois já tinha algo do branco, a cor, os traços, a psicologia. Ela era menos "repulsiva". Em vez de propor o *apartheid*, pode-se supor que, em sua recepção confusa de teorias europeias, Vianna estivesse propondo o oposto: a constituição de famílias de negros/ mestiços com brancos, para que a prole brasileira fosse cada vez mais branca e se tornasse capaz de autogoverno e progresso. Todavia, a "democracia racial" em Vianna era uma proposta mais cruel do que o *apartheid*: o casamento inter-racial, a vida afetiva, estrategicamente, levariam à destruição da raça do cônjuge negro/índio/mestiço!

Vianna acreditava que não estava delirando. Era "cientista social". Ele leu essas tendências arianizantes nas estatísticas do censo de 1920. E as estatísticas, para ele, são a consciência da sociedade. Por esses "meios objetivos" a sociedade toma consciência das transformações obscuras da economia e da cultura. As estatísticas revelam tendências não perceptíveis a olho nu. E elas revelavam, quantitativamente, que esse processo de arianização estava ocorrendo desde o primeiro século, mas só no século XX tornara-se visível. Aquela evolução declinante de longa duração, fundamental e invisível, constatada na primeira parte, que se tornara assustadoramente visível com a Abolição, Vianna heroicamente a corrigira e a revertera. Magicamente, o declínio tornou-se progresso, o pessimismo tornou-se otimismo. A "esperança venceu o medo". O branqueamento era um movimento objetivo e espontâneo, uma tendência ascensional de longa duração, e

CIVILIZAÇÃO BRASILEIRA E OTIMISMO ULTRACONSERVADOR (TRÁGICO) 163

o Estado nem precisaria tomar alguma atitude. Observando os números, que não mentem, Vianna vibrava feliz: a população negra estava sendo eliminada do Brasil! E também a indígena! Os nordestinos, mais atrasados, teriam de evoluir, mesmo que lentamente, para o europeu. O "fato" é que, para o "otimista Vianna", o tipo brasileiro estava se constituindo gradualmente, uniformizando-se na melhor direção possível: "evoluímos para o tipo europeu, o ariano vestido com a libré tropical". Ou seja: em breve seremos "puros mestiços brancos"! Lapouge, observando esse "mulato imitativo" pensando, esse "novo intelectual", poderia sorrir de volta e comentar, irônico: *"très désolé"*.

A "evolução ascendente" das instituições políticas: da fragmentação político-administrativa ao centralismo autoritário

Para Vianna, a República foi o outro evento que, no final do século XIX, revelou o declínio progressivo da civilização brasileira. Ela tornou visível o segundo mal, o outro processo de longa duração que corroía a nação: a descentralização político-administrativa. A vitória dos senhores rurais, construída ao longo de quatro séculos, ao mesmo tempo realizava e escondia esse outro mal que inviabilizava a construção da nação. Vianna, procurando dominar esse segundo eixo da linha declinante, que, para ele, conduzia a nação brasileira à fragmentação e à desunião, via como única saída a "centralização democrática" do poder. Ele tornou-se crítico dos senhores que admirava e quis desenvolver neles a consciência nacional, o reconhecimento do interesse público, o sentido da unidade e solidariedade nacionais. Para isso, na terceira parte da obra, faz uma história político-administrativa do Brasil mostrando como uma "evolução ascendente" a vitória do interesse público sobre o interesse privado. Vianna narra essa história a partir do fim desejado por ele. Ele defende a centralização do poder e mostra como esta foi construída gradual e dificilmente ao longo dos quatro séculos e meio. Ele quer demonstrar que, nos anos 1930, chegara o momento culminante desse processo. "Otimista pragmático", ele descreve uma "evolução ascendente", que vai da extrema descentralização inicial às vitórias parciais, sucessivas, da centralização. O fato de o Brasil ter continuado territorialmente íntegro demonstrava que os esforços empreendidos pela centralização haviam sido eficientes e que este era o caminho a ser seguido. Na descentralização, ele procurou ver as "estratégias sábias" de centralização por parte do Estado. Nessa perspectiva histórica, sua proposta de "centralização democrática" não pareceria abstrata, autoritária, pois toda a história brasileira conduzia à sua realização.

Vianna se pergunta: por que a descentralização político-administrativa ameaçou sempre a integridade nacional e por que todos os esforços de centralização sofreram tantas derrotas? Hipótese de Vianna: por "motivos geográficos". Determinista geográfico, ele se refere aos "agentes geográficos", parecendo até atribuir à natureza a condição de sujeito. A geografia "fez" a história brasileira ao impedir a sua unificação. Para ele, a maior dificuldade que os administradores coloniais, imperiais e republicanos enfrentaram foi a vasta extensão do território. Ao dar tanta ênfase aos "agentes geográficos", agora, ele parece minimizar a força do novo sentimento e do novo interesse social-econômico-político que foram se constituindo, diferentes e opostos ao sentimento e ao interesse da Metrópole, e que usavam a extensão do território para se manterem afastados do domínio da Coroa. Esse novo sujeito, cuja ação ele elogiara tanto na primeira parte, não aceitou ficar no litoral, ocupando e administrando as terras metropolitanas. Ele preferiu entrar pela fronteira aberta, ignorando os tratados assinados entre reis europeus, e buscar se realizar de forma própria. Surgia uma nova identidade nacional, que os administradores da Coroa controlavam dificilmente. A Metrópole tentou todos os meios para unir e articular esses poderes locais, mas a extensão do território a impedia de estar presente em todos os lugares e de exercer o seu domínio. O resultado político foi a fragmentação e a diferenciação político-administrativa.

Para Vianna, foi a "geografia em expansão" que colocou em confronto a Coroa com os múltiplos senhores locais. Não fosse o território tão extenso, esses senhores locais não teriam tanto poder. Nesse confronto, Vianna se divide: por um lado, como já vimos, ele admira e é empático com os conquistadores, pois sem sua ação desbravadora não haveria o Brasil. Por outro, como se verá nessa terceira parte, ele é contra a sua resistência à centralização metropolitana, pois essa resistência ameaçava a existência do Brasil. A multiplicação dos poderes locais ameaçava a integridade física e a unidade cívica do Brasil. Por isso, ele defende os administradores da Coroa contra os, agora, "caudilhos regionais". Temendo a fragmentação nacional, Vianna passa da admiração pelos senhores latifundiários à empatia com os administradores do próprio Estado colonial! No presente, como teórico do Estado Novo, ele queria reunir e controlar essa população, que, desde a Colônia, teimava em escapar aos controles do centro político-administrativo. Sua obsessão era a construção de um governo central, que se impusesse a todos e garantisse a unidade nacional. Essa é a questão do presente que ele está tratando historicamente. Ele faz uma história da "centralização democrática", da Colônia à República, para legitimar a ação estado-novista de Getúlio Vargas. Seu ponto de vista sobre o Brasil é o da centralização administrativa e política e, para ele, bastava vencer os "agentes geográficos" para que o Estado Novo conseguisse implantá-la. Mas, será que os verdadeiros sujeitos da descentralização político-administrativa, os "caudilhos regionais", a aceitariam e se submeteriam?

Considerando que o Brasil enfrentava ainda o mesmo problema nos anos 1930, Vianna retorna, então, à Colônia e examina as dificuldades encon-

CIVILIZAÇÃO BRASILEIRA E OTIMISMO ULTRACONSERVADOR (TRÁGICO)   165

tradas pela administração colonial para pôr rédeas a essa população independente, dispersa em um território em expansão, procurando compreender e aprender com as suas estratégias. Apesar de serem estratégias divisionistas e descentralizadoras, que, em princípio, reprovaria, ele admirava os administradores coloniais por sua "sabedoria política", pois percebia que o objetivo final era centralizador. Para ele, os administradores metropolitanos souberam criar novas estratégias administrativas que visavam, em última instância, à unidade. Eles tiveram de organizar um governo adaptado ao conjunto heterogêneo de nódulos sociais dispersos. Vianna, solidário com os administradores coloniais, avaliou as dificuldades que enfrentaram e procurou resolvê-las ombro a ombro com eles. O senso objetivo dos velhos estadistas coloniais, para ele, mostrou-se eficiente. Eles foram obrigados a fazer concessões à nova realidade. Algumas instituições transplantadas não tinham razão de ser aqui, pois embaraçavam, desviavam, retardavam, irritavam, asfixiavam. Mas, para Vianna, apesar desses desacertos, houve grandes acertos. Os administradores coloniais revelaram um superior espírito de objetividade, um conhecimento profundo das particularidades da nova terra e gente. O modo flexível e eficiente de exercerem o governo central "honrou o talento político dos estadistas coloniais".

Aos olhos dos estadistas coloniais, o fenômeno brasileiro era original. Não havia antecedentes que servissem como guia. Eles compreenderam logo que a melhor estratégia seria "dividir para governar". Era inútil tentar impor a unidade em um território em expansão. Eis o problema que tinham de resolver: organizar político-administrativamente um Estado que tinha *um máximo absoluto de área física e um mínimo de circulação social e política*. Os nódulos sociais eram isolados uns dos outros e não havia meios de comunicação. A unidade do governo era impossível. Um governo unitário implicaria uma base geográfica reduzida, com uma perfeita circulação política. A ampliação das bases físicas do Estado colonial, sem a ampliação correspondente dos meios de circulação política, condenou-o à fragmentação. Os políticos coloniais construíram as "estradas reais", mas não conseguiram dar muita eficiência à circulação política. Os meios de comunicação eram rudimentares: a pé ou a cavalo. Para os rios, as pirogas dos índios. Na costa, poucos veleiros. O "Brasil colonial" era múltiplo, disperso, distante, isolado, inacessível.

Portanto, a primeira estratégia de controle foi divisionista: o sistema de "capitanias hereditárias". Para centralizar, preferiu-se dividir. Todavia, essa primeira tentativa de controle do território brasileiro trouxe um resultado não pretendido, que tornou o problema da administração colonial ainda mais grave. O objetivo pretendido da Metrópole era ocupar e explorar a faixa que lhe cabia pelo Tratado de Tordesilhas. Mas o sistema de capitanias possibilitou o surgimento de centros urbanos que se tornaram a base de grupos que partiram para a conquista e a expansão do território: São Vicente, Piratininga, Vitória, Ilhéus, Bahia, Itamaracá, Olinda. O divisionis-

166 AS IDENTIDADES DO BRASIL 2

mo venceu a centralização. Com o fracasso do regime de capitanias hereditárias, a Coroa tentou impor uma estratégia mais diretamente centralizadora.
Ela criou o governo geral, que tinha uma estrutura administrativa simples: o
governador-geral, concentrando o governo político e militar; o ouvidor-mor,
encarregado da justiça; o procurador da Fazenda, encarregado do fisco; o
capitão-mor da costa, encarregado da defesa do litoral. Este último já era
uma criação adaptada às condições especiais da Colônia. Esse governo geral, que era o representante interno do poder absoluto do rei, encontrou
fortes resistências locais. Mas a centralização do poder dentro da Colônia,
uma estratégia oposta e corretiva das capitanias hereditárias, foi também
ineficiente. Os poderes locais impuseram modificações a essa simplicidade
do governo geral. O governo geral teve que renunciar ao seu esforço centralizador e dividir-se. Os estadistas coloniais, para Vianna, foram hábeis ao
aceitarem dividir o governo geral, para acompanhar e controlar essa realidade movediça.

Por imposição da extensão geográfica, essa primeira tentativa de centralização político-administrativa fracassou. Em 1621, a Colônia foi dividida
em duas seções: estado do Brasil e estado do Maranhão. Esses estados se
relacionavam melhor com a Metrópole do que entre si. Dentro desses estados, as distâncias continuavam enormes. O estado do Maranhão se manteve
com dificuldade por um século e meio, até 1760. Depois, o estado do Maranhão se dividiu em dois — ele e o estado do Pará. Três foram os governos
gerais: Pará, Maranhão e Bahia. Cada um com sua economia à parte e en-
tendendo-se com Lisboa. Mas, para Vianna, essas divisões garantiam o que
a Metrópole sempre pretendeu: a centralização. A Metrópole tinha de aceitar a descentralização para garantir o controle de cada região. Essa descentralização retomava a lógica político-administrativa do sistema de capitanias: dividir para governar. Cada estado se relacionava diretamente com o
rei, o que permitia a este a centralização do comando. Cada vez que se criava
uma administração regional na Colônia, o objetivo da Metrópole era con-
centrar o poder. Mas Vianna era obrigado a admitir: a fragmentação era
incontrolável. O território crescia acima de qualquer expectativa. Os administradores coloniais viram os poderes locais se multiplicarem e se tornarem cada vez mais independentes das suas pressões.

A Metrópole procurava acompanhar, hábil e agilmente, as mudanças
que ocorriam no território colonial, dividindo e deslocando os centros de
poder. Depois que o norte se acalmou, depois da expulsão dos franceses e
holandeses, a vida no sul se acelerou: os bandeirantes, o ouro, os confrontos com os espanhóis na bacia do Prata. O centro de gravidade econômico-
-militar da Colônia deslocou-se do norte para o sul e a Metrópole acompanhou esse movimento. A sede do governo geral passou da Bahia para o Rio
de Janeiro em 1760. Para Vianna, esse deslocamento provava que o pensamento dominante era o da unidade política. Só a quebravam quando era
impossível deixar de fazê-lo. Toda vez que a massa colonial criava um novo

CIVILIZAÇÃO BRASILEIRA E OTIMISMO ULTRACONSERVADOR (TRÁGICO)   167

centro econômico, os políticos modificavam a unidade anterior e deslocavam a sede do poder. A ideia unitária predominava quando eles deslocavam o governo geral para áreas de maior interesse e tensão. Mas, apesar dessa habilidade dos estadistas coloniais, a história da população colonial fugia ao controle metropolitano. Os governos locais foram se multiplicando e arrebatando ao governo geral a maior parte da sua autoridade. O Rio se separou da Bahia, São Paulo do Rio; Minas Gerais de São Paulo; Goiás de São Paulo; Mato Grosso de São Paulo; Rio Grande do Sul do Rio Janeiro. O Rio Grande do Sul estava sob o controle do Rio de Janeiro apenas nominalmente. O Pará se separou do Maranhão; o Ceará do Maranhão; o Piauí do Maranhão; a Paraíba de Pernambuco; Alagoas e Rio Grande do Norte de Pernambuco; Sergipe da Bahia.

O "fator geográfico" pulverizou o poder. Cada capitania se dividiu em comarcas, em distritos, em termos. Em cada um desses centros administrativos, o capitão-general distribuía os representantes da sua autoridade, os órgãos locais do poder geral: ouvidores, juízes de fora, capitães-mores, comandantes de destacamentos, chefes de presídios, capitães-mores regentes, batalhões de milicianos, ordenanças, patrulhas volantes. Esses centros de autoridade local acabaram tornando-se autônomos, independentes do capitão-general que os nomeou. O capitão-general não tinha autoridade sobre os desmandos e abusos locais. Cada capitania tornou-se um conjunto incoerente de governos locais. A unidade política era uma ficção vistosa, sem quase nenhuma objetividade prática. Em alguns momentos, Vianna duvida da eficiência do esforço unificador do Estado colonial ao constatar que o governo geral, ao se fragmentar deliberada e estrategicamente, acabou pulverizado. Estabeleceram-se dois "governículos locais": dos capitães-mores das aldeias e dos caudilhos locais, insulados em seus latifúndios. Eram eles que governavam, legislavam e justiçavam. O governo geral não podia nada contra eles e chegou-se à dissolução do seu poder. A Colônia tornou-se um vasto conjunto de nódulos sociais, de pequenos grupos humanos, isolados, perdidos no sertão, cidades da costa distantes, cidades florescentes nas minas, latifúndios autossuficientes. Uma sociedade ganglionar, que o governo geral não governava. Eram nódulos políticos, corpúsculos de Estado. Este era o efetivo governo da Colônia, apesar dos esforços dos estadistas coloniais para obterem o controle desses poderes locais.

O "fator geográfico" dividiu a sociedade colonial, diferenciando os modelos político-administrativos regionalmente. Na faixa agrícola formou-se uma aristocracia poderosa, baseada na cana. No interior, os criadores de gado do sertão do norte, os estancieiros dos pampas, os boiadeiros do planalto central. No centro-sul, surgiu a sociedade complexa das minas. Em cada uma dessas sociedades, as atividades políticas foram modificadas por suas circunstâncias econômico-sociais locais. Nas zonas agrícolas havia maior densidade demográfica do que no pastoreio. Havia "elementos superiores", brancos puros, capazes de organizar e administrar os municípios. As câmaras municipais foram instituídas pela aristocracia rural. O mundo do litoral agrícola, para Vianna, era democrático. Havia câmaras e eleições. Na zona do pastoreio, dispersa, rarefeita, não havia uma aristocracia e os municípios com suas câmaras não tinham poder efetivo. Surgiu a figura do capitão-mor regente, um verdadeiro ditador, que, sem câmaras, realizava o governo civil e político da região. Nas zonas pastoris, a organização municipal não era possível. Para Vianna, o capitão-mor regente foi uma criação muito adequada e inovadora. Também nas minas havia o capitão-mor de minas. Na região de diamantes e ouro não houve tanta simplicidade político-administrativa. Não era um governo democrático, com câmaras, como na zona agrícola. Era mais autocrático. O intendente dos diamantes tinha poderes excepcionais.

Para Vianna, tudo isso demonstra como foi poderosa a ação dos "agentes geográficos" sobre o poder público na Colônia. Cada região tinha organismos políticos próprios. Os organismos políticos adaptavam-se ao ambiente regional. Mas Vianna não considerava que o Estado colonial tivesse sido derrotado. Pelo contrário, para ele, os "estadistas coloniais" foram muito práticos, pois não insistiram no preconceito da uniformidade política. A aceitação pragmática da fragmentação visava a eficiência do fisco. O objetivo da administração era a melhor arrecadação fiscal, a melhor política fiscal, a melhor defesa fiscal. Os outros objetivos políticos tornaram-se secundários. Os "estadistas coloniais" só tinham esse objetivo: cobrar eficientemente os impostos. Por isso, aceitaram dividir o poder. A meu ver, isso talvez explicasse mais do que a geografia a formação e resistência dos poderes locais. Eles se afastaram do governo geral porque este só sabia cobrar-lhes impostos, que levava para longe, para Lisboa. Não lhes oferecia nada. O novo interesse nacional se fortaleceu resistindo à extração de suas riquezas pela Coroa, sentimento político com o qual Vianna não simpatizava. Esse particularismo colonial, ele o considerava antinacional, pois impediu a fundação da nação brasileira unida e solidária. Vianna é crítico das elites rurais quando elas não pensam e lutam pela unidade nacional. Elas deveriam ser esclarecidas pelas elites técnico-burocráticas do Estado no sentido da necessidade da coesão nacional. Mas ser solidário com a eficiência do esforço de controle fiscal da população brasileira pelo "Estado colonial" significaria defender a unidade "nacional"? Que "centralismo democrático" é este que Vianna defendia?

Para ele, a desintegração político-administrativa foi imposta também pelas três raças, que se distribuíram diferentemente pelo espaço geográfico e pelas economias e sociedades. Na organização militar, houve tropas de brancos, os batalhões de homens de cor e os batalhões de pardos. Na guerra holandesa, essa divisão era evidente. As três raças lutaram pelo mesmo objetivo sem se misturarem: Henrique Dias (pretos), Camarão (índios), Vieira e Vidal de Negreiros (brancos). Havia os batalhões de pardos, porque os

CIVILIZAÇÃO BRASILEIRA E OTIMISMO ULTRACONSERVADOR (TRÁGICO)   169

mestiços não queriam se misturar com os pretos. Essas diferenças étnicas afetaram também a organização da justiça. A presença do quilombola, que Vianna definia como uma "alimária humana escravizada fugitiva", deu lugar ao capitão do mato, entidade "importantíssima" naqueles tempos. Os índios foram protegidos por instâncias administrativas particulares. Tentou--se até criar um juiz dos índios. Houve também as especificidades psicológicas locais. Por exemplo, os gaúchos não lutavam a pé, pois eram cavaleiros. Para eles, fez-se um regimento de infantaria a cavalo. Eles viviam montados e "não mandavam nem preto a recado a pé".

Outro fator que levou à diferenciação do governo político-administrativo colonial foram as pressões externas regionais. O aparelho militar foi adaptado a essas pressões locais. Esse fator não atingiu a Colônia como um todo. Para Vianna, nunca fomos um povo guerreiro. Nossos conflitos foram locais. A luta holandesa foi local. O resto da Colônia não participou. Na região platina houve conflitos sérios, locais. Esse caráter intermitente, transitório e local das pressões externas durante a Colônia adiou a organização militar central até a fase da Independência. Na Colônia, a organização militar era local: eram corpos de milícias, regimentos formados por civis. Havia algumas tropas de soldados portugueses espalhados pelas capitanias mais importantes, nas fortalezas, costas, fronteiras. Cada capitania provia a sua própria defesa. Havia regimentos de São Paulo, Minas Gerais, Bahia, com vários nomes e composições. E mesmo na região de confronto com os espanhóis eram os batalhões locais de milicianos que realizavam o serviço de defesa da Colônia. Portanto, dominou no Exército o mesmo sistema dispersivo e regional que presidiu a organização do governo civil. A causa dessa fragmentação era a mesma: o "fator geográfico". Mas esses conflitos externos tiveram uma força contrária aos fatores geográficos, pois levaram à unidade. No extremo sul, eles tiveram esse papel aglutinador. Posteriormente, com as ameaças dos caudilhos do Prata e da Inglaterra de invadirem a Colônia, o problema da defesa perdeu seu caráter local e se tornou geral. Organizou-se no Rio de Janeiro uma guarnição poderosa, que foi o esboço do nosso Exército nacional.

Portanto, para Vianna, os "fatores geográficos fizeram a história brasileira", diretamente, ao inviabilizarem a centralização, pela extensão, dispersando e fragmentando e, indiretamente, diferenciando a organização político-administrativa segundo as diversidades econômico-sociais, étnicas e militares regionais. Mas Vianna não se impacientava ou continha a sua impaciência com os políticos coloniais por permitirem que essa situação perdurasse. Para ele, ao contrário, os políticos da Colônia foram hábeis ao transigirem com esses invencíveis fatores de dispersão e diferenciação naturais. Eles não estabeleceram uma organização centralizadora, absolutista, e não tiveram o seu poder dissolvido por isso. Eles preferiram centralizar, mas foram obrigados a ceder e a esquecer, aqui, os velhos princípios europeus. Eles criaram elementos novos de organização político-administrativa,

170 AS IDENTIDADES DO BRASIL 2

embora tenham transplantado também muitos órgãos inadequados. Em 1808, isso piorou. Mas, em conjunto, para ele, os administradores da Colônia foram hábeis, flexíveis, práticos e geniais. Eles conseguiram vencer os preconceitos europeus e mergulhar na nova realidade, administrando-a de forma criativa e original. Para Vianna, na verdade, a descentralização era aparente, pois se a Colônia permaneceu íntegra territorialmente, a vitória foi do esforço centralizador da Coroa e dos seus administradores coloniais. A centralização perdeu inúmeras batalhas, mas venceu a guerra. Foi analisando as estratégias político-administrativas dos estadistas coloniais que Vianna afirma ter aprendido a lidar com a realidade brasileira em sua singularidade e a enfrentá-la com o mesmo espírito otimista e pragmático.

O momento áureo da "ascendente história" da centralização político-administrativa no Brasil, para Vianna, foi o Império. Foi a vitória da centralização sobre a fragmentação político-administrativa do período colonial. O século XIX, como um todo, para ele, representou o apogeu da civilização brasileira. Vianna foi um profundo admirador da ação de d. Pedro II e das elites imperiais. Para ele, embora tenha sido prática e genial, a estratégia do "dividir para governar" dos estadistas coloniais tornou-se perigosa para a unidade nacional. A fragmentação colonial do poder trouxe enormes dificuldades aos administradores imperiais. Os problemas dos políticos da Independência eram antagônicos aos dos políticos coloniais. Os administradores imperiais tiveram que adotar uma estratégia oposta à do "dividir para governar". Havia uma nova nação a ser construída, e seu governo exigia a centralização. Eles deram ênfase ao governo único e não fizeram concessões aos poderes locais. Eles estenderam a uniformidade da organização política às diversidades regionais e locais. Agora, os objetivos eram diferentes: se os homens da Colônia visavam unicamente o fisco, os homens do Império buscavam a manutenção da unidade política do novo país. Os administradores imperiais tinham uma pátria a organizar, uma nação a construir, um povo a governar. Um povo espalhado por amplo território, socialmente diverso, politicamente fragmentado e, agora, dominado também por ideias exóticas: liberalismo, parlamentarismo, democracia, república. Essa nova força dispersiva, as ideias exóticas, aliada à dispersão geográfica exigiu dos administradores imperiais a radicalização na defesa da unidade com a Monarquia.

A nova estratégia imperial era "centralizar para governar". A nova nação tinha que vencer os problemas com os quais os administradores coloniais haviam aceitado conviver. No momento da Independência, de norte a sul, já havia uma nobreza latifundiária mais numerosa, mais opulenta, mais culta. Havia também uma aristocracia intelectual, vinda de Coimbra. Quando o rei veio, em 1808, essa aristocracia tornou-se a sua Corte. Na Corte apareceu a primeira aristocracia nacional. Depois, ela dominaria d. Pedro I. No mundo imperial os administradores nacionais já eram brasileiros. Vianna se identifica com essa nova fração político-administrativa das

CIVILIZAÇÃO BRASILEIRA E OTIMISMO ULTRACONSERVADOR (TRÁGICO) 171

elites rurais, porque elas lutavam pela unidade nacional. Ela era a elite rural dos seus sonhos, aquela que descobriu o interesse nacional. O príncipe se submetia a essa aristocracia brasileira. Quando se tornou suspeito, infiel, não pôde continuar e só lhe restou abdicar. Acima do poder do imperador, havia um poder mais forte, o dessa aristocracia nacional. Dessa nobreza saíram os construtores da nacionalidade. Com eles se governava ou não se governava. Após 1822, essa aristocracia nacional construiu e controlou a estrutura político-administrativa, que deu ao país mais de meio século de robustez. Eles organizaram e pacificaram a nação. Para Vianna, eles foram grandiosos. Eles renovaram tudo. Fizeram uma luta heroica pela unidade nacional contra a ação dispersiva dos fatores geográficos e das ideias exóticas. Eles receberam da Colônia um povo fragmentado. Em 1822, ainda era fraco o sentimento de unidade nacional. D. Pedro I não conseguiu a adesão de todas as províncias. Bahia, Maranhão, Pará preferiram ficar ligados a Portugal. Pernambuco queria autonomia. Em 1822, parecia impossível que o Brasil pudesse continuar unido. Nos anos 1930, Vianna queria dar continuidade à ação dessas elites imperiais e orientar o Estado na organização da integração nacional.

Para ele, a fragilidade do espírito nacional era consequência da política divisionista colonial e da persistência das dificuldades de comunicação e circulação. O centrifuguismo das províncias se explicava por três séculos de autonomia. Após a Independência, a nação passou a ter seu próprio centro, seu imperador. Era preciso fortalecer o centro fluminense, prendendo a ele todo o resto. Mas a empresa dos homens imperiais parecia impossível: fundar a unidade do governo sem os meios eficazes de circulação política. O problema colonial permanecia: *um máximo de base física com um mínimo de circulação política*. A primeira condição para a superação do problema foi encontrada: o imperador. Sem ele, para Vianna, seguindo todos os intérpretes conservadores, desde Varnhagen, o desmembramento do país seria inevitável. O imperador tornou-se a força centrípeta, a força mestra do mecanismo do governo nacional. Sem o rei, talvez hoje fôssemos um amontoado de pequenas repúblicas. A lealdade ao rei superou toda desordem e fragmentação. As revoltas não eram contra o monarca, diziam os rebeldes, mas contra o gabinete, o partido, a lei. No período regencial houve um eclipse do rei e a unidade foi seriamente ameaçada. Os particularismos eclodiram e foi preciso antecipar a maioridade. Os estadistas do Império utilizaram o rei para a unificação e a legalização do país e criaram um impressionante mecanismo centralizador. É como se o absolutismo chegasse aqui, depois de ter sido superado na Europa. Nada escapou, nem o mais remoto povoado, à sua compressão poderosa. O governo central interveio na economia e na organização político-administrativa das províncias e locais. O presidente da província era nomeado pelo imperador. Eram homens de confiança dele o chefe de polícia, os juízes de direito, os juízes municipais, os promotores públicos. Todas as autoridades em todas as instâncias eram nomeadas pelo imperador.

O Império começou a formação do Exército nacional, a segunda instituição de abrangência nacional, depois do imperador. Com o Exército, o poder central passou a controlar a dissolvência social, as turbulências regionais, o banditismo. Havia guarnições nas capitais das províncias e nas comarcas. A guarda nacional era dominada pelo poder central. Eram milícias locais. Vianna não poupa elogios ao gênio dos estadistas imperiais: *"era soberbo o seu mecanismo centralizador e legalizador"*. O Poder Moderador era a peça central dessa estrutura. Ele agia sobre o Legislativo, sobre o Judiciário, sobre o Executivo, sobre o Exército. Influía sobre a autonomia das províncias. Ele agia na formação dos gabinetes ministeriais, intervinha no jogo dos partidos. Ele fazia a alternância entre conservadores e liberais. Com isso, ele pacificava as lutas provinciais e locais, alimentando a esperança de ascensão política. Aqui, o rei reinava e governava. E administrava. Era o contrário do rei constitucional, apesar de ser um regime monárquico constitucional. O Senado e o Conselho de Estado cederam ao imperador todo o poder. Os liberais sabiam que o Poder Moderador era o centro. Para eles, bastaria destruí-lo. Eles queriam que a Câmara, os partidos, controlassem o Poder Moderador e fizeram de tudo para restringir o poder do rei. Os liberais republicanos o atacaram de frente. Os liberais apoiavam-se em ideias europeias e americanas. Lá, a centralização absolutista estava ultrapassada. Eles queriam eleições diretas e locais, que seria dar prova de progresso, civilização, modernidade. Dessas ideias, a mais forte era a da descentralização. Os liberais defendiam uma monarquia federativa. Se há muito de exótico nessa tese, por outro lado, ela é também muito nacional. Os liberais defendiam os valores e interesses locais, que na Colônia prevaleceram. Eles queriam o retorno à ordem descentralizada colonial, ao poder dos "caudilhos locais". Os liberais tinham força política porque o Império não conseguira resolver o problema preexistente da dispersão colonial. O problema geográfico havia sido comprimido, mas não eliminado. Por isso, a centralização imperial era artificial e não pôde durar.

Vianna elogia os administradores coloniais, mas sobretudo os imperiais, por sua capacidade de criar mecanismos e instituições centralizadores, quando a descentralização parecia levar inevitavelmente a nação à ruína. Ele os elogia por seu "otimismo pragmático", que os fazia agir com determinação e flexibilidade, espírito que ele próprio adotou. Com os seus objetivos próprios, bem ligados e articulados à realidade histórica singular do Brasil, garantiram a unidade territorial e nacional. Os estadistas coloniais mantiveram a integridade da Colônia administrando, com flexibilidade, a inevitável fragmentação do poder; os estadistas imperiais, com determinação, mantiveram a integridade da nação pela centralização radical do poder. Foram caminhos distintos, mas "sábios", que desenharam uma "linha ascendente" na história político-administrativa da nação. Para Vianna, o modelo imperial era o caminho a ser seguido. Esse modelo o inspiraria em sua proposta de um "Estado Novo". Infelizmente, para ele,

CIVILIZAÇÃO BRASILEIRA E OTIMISMO ULTRACONSERVADOR (TRÁGICO)   173

a República veio trazer a instabilidade e ressuscitar a fragmentação político-administrativa, representando um regresso à situação colonial. A República se libertou do fascínio do imperador, e os "fatores geográficos", que não haviam sido ainda dominados, se impuseram. A ideia republicana era antiga entre nós: 1789, 1817, 1823, 1831, 1835, 1870. A fonte inspiradora foi a Revolução Americana e as nações sul-americanas. Só o prestígio pessoal de d. Pedro II garantia a continuidade da Monarquia. Esse prestígio começou a ser abalado: a República crescia na Europa, discutia-se o direito de hereditariedade real, a inviolabilidade da pessoa real, o Exército se fortaleceu, a Abolição tornou-se inevitável. Extinto o prestígio do imperador, todo o sistema centralizado nele foi abalado, e o feliz período imperial encontrou seu fim. O Exército, a outra instituição de abrangência nacional, tomou o poder.

Em 1889, o Poder Moderador foi derrotado. Será que a orientação político-administrativa centralizadora fora definitivamente banida? Vianna se angustia com a situação republicana, que poderia levar à desintegração nacional. Os anos de 1888 e 1889, para ele, representaram a crise, a decadência, uma forte oscilação para baixo da "linha ascendente" para a centralização, com a possibilidade da extinção da nação pela fragmentação. A República federativa significou a vitória dos poderes regionais, dos "mandões locais", sobre o poder central. Cada estado tinha autonomia política e administrativa. O poder de intervenção federal nos estados era limitado. O presidente da República era um autocrata, um ditador, mas sua força centralizadora era menor, pois não tinha o prestígio pessoal do imperador e a força institucional do Poder Moderador. Ele só era um militar ou civil com controle sobre o Exército nacional e o apoio da Constituição Federal. Sua ação interventora era muito embaraçada. A luta pelo poder ficou mais aguda. Para Vianna, a República foi um terremoto político. O movimento militar de 1889, inicialmente, queria apenas derrubar o ministério e não o regime. Mas o Exército e os republicanos aproveitaram a situação e derrubaram o regime. Deodoro era um ditador militar e garantiu a nova situação contra a anarquia. O "encilhamento", que permitiu um enriquecimento transitório, desviou as atenções da política para a economia e garantiu alguns momentos de calma política. Foi passageiro. Começou o período tormentoso das revoluções civis.

A nação não parecia preparada para a República. Faltavam quadros locais, que a política imperial não havia estimulado. A organização autônoma dos estados sentiu os efeitos da velha política centralizadora do Império: não foram formados quadros regionais, e mãos inábeis assumiram responsabilidades, gerando crises. Nos estados em que havia uma aristocracia política organizada, Vianna considera que a República foi positiva. A Federação fez bem a São Paulo, Minas Gerais e Rio Grande do Sul. Para ele, os republicanos erraram ao darem a mesma autonomia a todos os estados. Uns avançaram, outros recuaram. Para muitos estados foi uma maioridade prematura. Quanto aos estados, pode-se perceber uma tendência geral: a redução da autonomia dos municípios, a absorção do seu poder pelos estados e o aumento do poder pessoal dos governadores de estado. Os presidentes da República foram obrigados a fazer a "política dos governadores". Eles buscaram o apoio dos governadores, que controlavam as bancadas de deputados federais. Estes se elegiam com "votos de cabresto" pelo povo-massa do seu clã. Os governadores ficaram mais fortes; o presidente, mais fraco. O poder central ficou dependente e enfraquecido. Os estadistas republicanos foram forçados a ceder, como os do período colonial, à pressão dos "fatores geográficos". O regime de federação centrífuga enfraqueceu o poder central. O regime unitário imperial tinha sido artificial. O problema da centralização implicava a solução concreta e, não, fantasiosa do problema da circulação. Sem estradas e outros meios de comunicação, a fragmentação do poder era inevitável.

Mas Vianna quer continuar a tradição do "otimismo pragmático" e, mesmo nesse retorno republicano à fragmentação político-administrativa, ao "dividir para governar", ele conseguiu ver um fortalecimento da "linha ascendente" para a centralização. Apesar de tudo, a República continuou o combate ao problema maior do Brasil: a extensa área física e a pouca circulação política. Apesar dos erros e riscos, a República procurou atingir objetivos centralizadores. Os correios e os telégrafos cresceram, as ferrovias se expandiram, visando a circulação e a articulação das regiões. O desenvolvimento da circulação ferroviária, que hoje se percebe ter sido muito precário, para Vianna, teve no campo político uma repercussão incalculável. Os desertos entre latifúndios e aldeias foram sendo colonizados com o aumento da população. Apesar das dificuldades postas pela descentralização do poder, na República, teria começado a haver uma vitória real sobre a dispersão imposta pelos fatores geográficos. Os administradores republicanos descentralizaram, mas viabilizaram a centralização real. Já era possível resolver a equação brasileira: *um máximo de base física + um máximo de circulação política = a um máximo de unidade política*. A unidade nacional real já raiava no horizonte do Brasil e uma ação centralizadora, patriótica, nacionalista já podia ser empreendida por um "novo Estado", unitário, centralizador e... pós-republicano!

O "novo Estado autoritário-democrático" construindo a nação

Vianna é, portanto, crítico do regime federativo republicano e da Constituição de 1891. Para ele, os liberais republicanos eram "idealistas utópicos", pois não percebiam que a democracia era incompatível com a nossa singular sociedade rural. A descentralização político-administrativa, aqui, nunca significou "democracia", mas "mandonismo local". Por causa deste, o Brasil não se constituíra ainda como nação, pois não tinha um es-

CIVILIZAÇÃO BRASILEIRA E OTIMISMO ULTRACONSERVADOR (TRÁGICO)   175

pírito de unidade e solidariedade. As leis, desde 1824, eram idealistas e não se referiam ao "país real". Entre o "país legal", sonhado pela Constituição de 1891, e o "país real", o dos senhores clânicos, havia um abismo. Apesar de tudo, Vianna considerava que a própria República tinha contribuído para a desejada centralização, ao obter um nível satisfatório de integração geográfica com um máximo de circulação. O governo federal interferia cada vez mais na vida econômica dos estados, amparando-os em suas crises. A União investia em ferrovias, em saúde pública, no combate às secas do Nordeste, no combate ao analfabetismo, na ampliação do ensino primário. Mas, para ele, apesar das conquistas republicanas, os estados não estavam preparados para a autonomia, a descentralização político-administrativa não podia continuar e o poder federal deveria prevalecer como força organizadora, coordenadora e administrativa. Eis a última frase da *Evolução do povo brasileiro*, em que ele resume e anuncia seu projeto político: *"caminhamos da federação centrífuga para a centrípeta. O poder central vencerá as forças locais"*.

Sua interpretação da história brasileira repercutiu fortemente na experiência brasileira dos anos 1930, orientando-a e legitimando-a. O que ele propôs para o Brasil foi uma revolução centralizadora, autoritária, para superar a crise que vivia a aristocracia rural. Ele quis demonstrar que, desde a Colônia, a centralização era o caminho político desejado. Na República, graças às forças regionais e locais unidas à força federal, o espaço foi sendo vencido, a circulação política foi se tornando possível e, para Vianna, o antigo sonho da evolução histórica brasileira parecia próximo de se realizar, concreta e não artificialmente. A União já circulava por todos os cantos do país e podia exercer o controle político e fiscal sobre cada cidadão brasileiro. Para ele, se a República retornou à descentralização colonial, a superação da República deveria ser um retorno à estratégia dos administradores imperiais: centralizar para governar. A figura da evolução ascendente da política brasileira, em Vianna, seria uma espiral: a República retornou à Colônia, mas em um nível mais avançado, e seu Estado autoritário retornaria ao Poder Moderador, também em um nível mais avançado. Sua interpretação da "evolução do povo brasileiro" mostra o caminho para a superação das ameaçadoras linhas do declínio da civilização brasileira.

Na obra que analisei, Vianna se deteve apenas no diagnóstico das "doenças brasileiras", sem se estender a sua proposta de terapia política. Seu projeto político foi apenas sugerido no último parágrafo da obra. Para termos uma visão mais completa da sua interpretação do Brasil, vou apenas mencionar algumas características de sua "utopia política", o Estado Novo, expostas em outras obras, sobretudo em *Instituições políticas brasileiras*. A terapia para as nossas doenças, segundo Vianna, seria um Executivo forte, assessorado por técnicos competentes, pois, para ele, somente um poder assim poderia criar estratégias concretas de domínio do meio geográfico e colocar o Estado em contato direto e no controle de cada canto do país.

Além disso, a população mestiça brasileira era incapaz de se auto-organizar e a sociedade só poderia encontrar ordem e disciplina se fosse conduzida por um Estado forte. Para ele, nos anos 1930, chegara o momento culminante da evolução do povo brasileiro, o da fundação da nação solidária e unida. Esse Estado político-administrativamente centralizador seria a saída política para a decadência republicana. Ele realizaria o que o governo geral colonial e o Poder Moderador desejaram e não puderam realizar, o que comprometeu a sobrevivência da nação brasileira. Vianna propôs reformas em um ritmo gradual e progressivo. Seu novo Brasil seria uma nação unida e solidária, pois o Estado forte estaria presente em seus mais recônditos recantos, gerenciando, coordenando, administrando, centralizando, pacificando, reprimindo, lutando contra a dispersão e a fragmentação.

Para ele, seu novo Estado seria "autoritário-democrático", pois criaria as condições para a transição à ordem democrática. Seu pressuposto é de que a sociedade não se autotransformaria e o Estado teria que transformá-la de cima em direção à democracia. Ele combateria os poderes locais e faria brotar a consciência nacional. A centralização seria o caminho ideal e real para a democracia. A sociedade brasileira deveria renunciar, no presente, aos métodos democráticos. A democracia exigia a via autoritária. O povo sozinho não poderia conquistá-la. Antes, o Estado deveria "construir o povo", organizando-o em associações que defendessem os seus interesses. O papel do Estado seria o de um coordenador das forças da sociedade. O construtivismo do seu Estado seria democrático porque "orgânico", reconhecendo e aceitando as práticas e mentalidades dominantes e partindo da sociedade. Um Estado puramente técnico produziria normas artificiais, distantes das condições da vida real. O país legal continuaria distante do país real. Ele deveria educar o povo, despertá-lo de sua apatia e ensiná-lo a defender os seus direitos. Em sua ação transformadora, devia agir com prudência, mudando gradualmente o país real. A construção da nação pelo Estado deveria ser feita de forma lenta e gradual, junto e ao lado do povo. Para ele, a Constituição de 1937 pôde estabelecer a coincidência entre o país legal e o país real porque era "autoritário-democrática".[28]

Vianna não defendia a modernização capitalista, baseada na iniciativa individual, na livre concorrência entre os capitais e no Estado mínimo. Ele defendia um Estado máximo. Seu modelo político não era o liberal burguês. A integração que defendia para o Brasil na civilização ocidental não impunha a absorção de padrões culturais capitalistas. Vianna era iberista, pertencia à cultura do "outro Ocidente", e propunha o domínio totalitário da sociedade pelo Estado e a aceitação pela sociedade desse domínio. Em seu modelo político-administrativo, o Estado e a sociedade passariam a ter interesses idênticos, os interesses dos indivíduos coincidiriam com o inte-

---

[28] Vianna, 1987; Moraes, 1993; Gomes, 1993; Odália, 1997; Ferreira, 1996.

resse coletivo. Os valores hegemônicos deveriam ser os do cooperativismo, do corporativismo, da conciliação de interesses, da solidariedade de cada indivíduo com o destino nacional. O Estado forte seria o centro criador dessa vontade de integração nacional nos indivíduos. Ele agiria mobilizando as classes, despertando-lhes a consciência do seu interesse particular e do interesse nacional. Pela educação, o Estado ensinaria as classes a submeterem o seu interesse particular à vontade nacional. Pela propaganda, difundiria a ideia da nação coesa e solidária entre as classes, e as conteria e conduziria pela força, quando as estratégias persuasivas falhassem. Vianna propunha o caminho da terceira via entre o liberalismo e o comunismo, talvez um tipo de "nacional-socialismo-cristão", que resgatasse os valores tradicionais e cristãos como *comunidade, pessoa, fraternidade, cooperação, patriotismo, solidariedade, união*. Para alguns intérpretes, até o seu racismo estaria submetido a esses valores tradicionais e cristãos, o que lhe retiraria a virulência nazifascista.[29]

Entretanto, sobre sua proposta de um "Estado autoritário-democrático construindo a nação", algumas questões podem ser levantadas: seria possível um Estado forte sem uma elite nacional? As elites rurais criaram o seu mundo graças à distância e à ausência do Estado: quem as faria aceitar a presença de um Executivo unitário e forte? Seria possível um Estado forte contra as elites locais? Quem seria o sujeito histórico construtor desse Estado nacional? Quem seria, para Vianna, esse novo "poder central", que venceria o problema geográfico e imporia a lei e a ordem aos "mandões locais"? O poder central na Colônia era a Coroa e o governo geral; no Império, era o imperador; na República, as elites regionais tomaram o poder e ficou claro que não eram nacionais. De fato, a descentralização brasileira nunca significou democracia, mas brutal autoritarismo local. Quem seria esse novo poder nacional, que mandaria nos mandões e que garantiria a unidade baseada na circulação política concreta e poderia circular *legitimamente* nessas vias nacionais? Seria um "supermandão"? Em quem Vianna depositava a sua esperança? Seria o retorno da Monarquia e do imperador? Seria a ditadura militar? Qual seria o verdadeiro sentimento político de Vianna sobre a nação brasileira e o que ele entendia por "Estado centralizado" e "Executivo forte"? O que ele queria dizer com "união e solidariedade nacionais", se é o autor da segunda parte dessa obra? "Solidariedade" alguma vez rimou com racismo? Vianna seria um perigoso teórico nazifascista ou sua interpretação do Brasil, redefinida, reconstruída, poderia ser aproveitada pela sociedade brasileira? Um "Estado forte", totalitário, em que os interesses dos indivíduos coincidam com os seus interesses, seria desejável? Será que devemos aceitar que a forma de governo adequada à nossa reali-

---

[29] Carvalho, 1993.

dade é o "autoritarismo democrático" e que somos incompatíveis com o regime democrático?

O projeto político de Vianna pode ser mais bem compreendido nas avaliações que fez das guerras e revoluções brasileiras do passado. Para Iglesias (1993 e 2000), seu ponto de vista sobre a história brasileira é gaúcho. E fluminense, "saquarema". Para Vianna, as revoluções sulinas foram perfeitas, objetivas e bem-sucedidas, enquanto as do norte (1817) e as do centro (1789) falharam em tudo. As revoluções sulinas foram "autoritário--democráticas", bem-organizadas e bem comandadas. Esse tipo de revolução, ele admirava. Os gaúchos eram capazes de autogoverno, em contraste com os matutos e sertanejos. A situação de guerra permanente lhes deu capacidade de organização, de mando e comando das massas. O gaúcho possuía os pré-requisitos da "democracia": o autogoverno, a beligerância, o sentido da hierarquia, da disciplina e da obediência. Eram solidários. Expulsaram índios e espanhóis e afirmaram o seu domínio. Vianna valoriza as suas guerras, os vê como defensores e fortalecedores da unidade nacional e, não, como opositores ao centro. Mineiros e nordestinos tentaram fragmentar a unidade nacional, um crime imperdoável aos seus olhos. Resta saber se os gaúchos realmente lutaram pelo Brasil ou apenas por sua região em sua "Revolução Farroupilha". Em todo caso, foi, de fato, um gaúcho, Getúlio Vargas, quem encarnou o espírito da sua teoria do novo Estado. Moraes (1993), em sua leitura simpatizante, contesta essa vinculação de Vianna exclusivamente ao modelo de revolução gaúcho. Para ele, as elites reformadoras de Vianna estavam ainda por ser criadas e não se restringiam às elites gaúchas. Sua obra desejava criar essa nova elite nacional. Vianna defendia uma "revolução passiva" (Gramsci, 1978), a ser conduzida do alto pelo Estado e pelas elites meritocrático-tecnocráticas de todas a regiões brasileiras que com ela viessem a se identificar.

Todavia, ainda hoje, no século XXI, não se constituiu uma elite nacional brasileira capaz de propor e lutar por um projeto que articule democraticamente os interesses regionais em um interesse nacional. Talvez a causa da decadência da civilização brasileira seja a inexistência de alianças entre as elites regionais que as constituam como elites nacionais. Há apenas elites regionais fortes, que se impõem às outras regiões. Talvez a "nação brasileira" nunca tenha existido! A República revelou o que já se sabia desde a Colônia, e que o Império escondeu: a inexistência de elites nacionais. As elites são locais e regionais e mantêm entre elas uma relação de disputa feroz e corrupta pelos recursos reunidos pela União e uma relação de domínio violento e absoluto com as populações locais. Elas se entregolpeiam a todo instante, gerando uma instabilidade política permanente. Elas impõem, permanentemente, a derrota à população, inviabilizando qualquer possibilidade de união e solidariedade nacional. Apesar dos seus excessos, e apenas para pensar com ele por alguns momentos, o sonho de Vianna parece ter alguma legitimidade. Ele desejava o que todos desejamos: a fundação de uma nação

CIVILIZAÇÃO BRASILEIRA E OTIMISMO ULTRACONSERVADOR (TRÁGICO)   179

brasileira unida e solidária, eficiente, capaz de formular e resolver competentemente os problemas brasileiros. Eu também a desejo, mas, diferentemente de Vianna, prefiro que ela se constitua democraticamente, no respeito à heterogeneidade, à multiplicidade e à pluralidade das identidades do Brasil. O projeto político e os meios que Vianna propôs me parecem profundamente discutíveis e temerários. Sua visão das raças, da mestiçagem; o desprestígio com que trata o povo brasileiro; o elogio que faz da ação brutal das elites rurais; a proposta do Estado autoritário; o engessamento dos conflitos; o emprego manipulador da persuasão e excessivo da força; a Federação centrípeta; a mistura de governo carismático e tecnoburocrático; o corporativismo; o cooperativismo; o trabalho controlado pelo Estado; a ausência de Parlamento; o Estado criando/manipulando tecnicamente a nação de cima para baixo; o controle da educação, da imprensa, da cultura; tudo isso é assustador. O Estado autoritário como esperança é de dar medo! A proposta de modernização conservadora de Vianna é trágica!

Contudo, sua preocupação com a estabilidade da vida política brasileira como condição para o seu sucesso era legítima, pois a história do Estado brasileiro é dramática: d. Pedro I abdicou, Feijó renunciou, regências unas e trinas em crise, golpe da maioridade, d. Pedro II foi derrubado, Deodoro renunciou, Prudente de Moraes sofreu atentado, os anos 1920 foram difíceis. Júlio Prestes não assumiu o poder, Revolução de 30, Estado Novo, Getúlio Vargas foi derrubado. Depois da morte de Vianna, em 1951, a situação política tornou-se ainda mais instável: Getúlio Vargas se suicidou (o que sentiria Vianna, se soubesse disso?), crise, JK quase não assumiu, Jânio renunciou, Jango foi derrubado, ditadura, Costa e Silva sofreu um acidente, Figueiredo mal terminou seu governo, Tancredo não assumiu, Collor sofreu *impeachment* e Lula, infelizmente, perdeu a oportunidade de "transformar" a história brasileira. Houve ainda crises de gabinetes, revoltas reprimidas, manifestações e marchas sufocadas, greves controladas, protestos censurados, intentonas e golpes que falharam, silêncios que engoliram a rebelião. As reformas político-administrativas se sucederam, formulando mal e, portanto, não resolvendo os problemas. Essa instabilidade visível no Estado é apenas a ponta do *iceberg* da instabilidade social e econômica vivida pela população. Nesse contexto, o sonho de "ordem e progresso", a demanda por "autoridade" são compreensíveis e legítimos. O governo FHC, que durou oito anos, foi um milagre de estabilidade, talvez, mas a população brasileira deseja uma "nova ordem", que lhe seja favorável. O que se espera é a constituição de um mundo brasileiro reconhecível, soberano, de uma nação capaz de autogoverno, integrada à vida internacional de forma original, pacífica e eficiente. Quanto à miscigenação, devemos aceitar que somos mesmo a-raciais, omnirraciais, metarraciais e multiculturais, como diria Freyre. Quanto ao regime político, não há dúvida de que deve continuar sendo republicano e democrático.

PARTE II

O REDESCOBRIMENTO DO BRASIL

CIVILIZAÇÃO BRASILEIRA E OTIMISMO REVOLUCIONÁRIO (INGÊNUO):
Manoel Bomfim e o sonho da República soberana e democrática

Manoel Bomfim, escovando a história do Brasil a contrapelo

Manoel José Bomfim (1868-1932), sergipano, era filho de um personagem social novo do Nordeste, exterior ao mundo açucareiro, e muito bem-sucedido, um vaqueiro, que se tornou comerciante ao ter a sorte de se casar com uma viúva rica. Seu pai era um mameluco empreendedor, que venceu no comércio competindo com os brancos das elites tradicionais e estrangeiros. Ele criou um império: imóveis, lojas, engenho, frota de saveiros. Nunca se meteu em política, pois sabia que não era o seu meio. Mas seu sucesso econômico-social foi político ao não reproduzir a ordem rural nordestina. Bomfim, portanto, favorecido pela sorte, era filho de um Brasil novo, moderno, em pleno Nordeste. Sua família era rica e urbana, tinha seus negócios em Aracaju, mas fez uma concessão ao passado ao comprar terras para implantar um engenho. O jovem Bomfim ficou entre o passado e o futuro, com um pé no engenho e outro na cidade. Ele pôde ver claramente o que o Brasil tinha sido e em que poderia se tornar, pois seu pai veio do mundo nordestino tradicional e abriu um novo horizonte na cidade. Bomfim radicalizou a mudança iniciada pelo pai ao abandonar os negócios da família em Aracaju e ir para Salvador e para o Rio de Janeiro, para estudar medicina, contra a vontade dos pais, mas com uma privilegiada mesada. É interessante o fato de sua vida estar dividida entre os séculos XIX e XX em exatos 32 anos em cada um. Isso quer dizer que ele conheceu bem, de forma adulta e crítica, tanto o Império quanto a República. Equilibrando-se entre o passado rural nordestino e o futuro urbano, que já era presente para sua família, Bomfim preferiu romper radicalmente com aquele passado.[30]

---

[30] Aguiar, 2000.

184 AS IDENTIDADES DO BRASIL 2

Ele fugiu daquele passado, indo para o Rio de Janeiro, onde foi jornalista, professor e diretor do Instituto de Educação, deputado federal por Sergipe, secretário de Educação do Rio de Janeiro. Em 1903, com bolsa do governo brasileiro, foi estudar psicologia experimental em Paris, com Alfred Binet e Georges Dumas, na Sorbonne. Voltou ainda em 1903, depois de oito meses na França. Foi em Paris que descobriu a América Latina e o Brasil e escreveu *América Latina: males de origem*, provocado pela opinião negativa dos europeus, que acusavam os latino-americanos de ocuparem "imerecidamente" um vasto território. Esse livro teve alguma repercussão quando saiu, em 1905, levando seu polêmico conterrâneo, Sílvio Romero, a escrever outro, também intitulado *América Latina*, para refutar a análise de Bomfim, reafirmando todos os preconceitos racistas e outros dos europeus contra os latino-americanos! Sílvio Romero repôs a tese do branqueamento, "que seria um ganho evolutivo" para nós. Para ele, como para os outros, era alarmante que o Brasil viesse a ser dominado pelas raças inferiores ou cruzadas. Aguiar não perdoa Bomfim por não ter polemizado com o vaidoso Sílvio Romero. Para o fiel Aguiar, se tivesse aceito esse combate literário, Bomfim teria conquistado um espaço maior no campo intelectual e talvez não se tornasse o "rebelde esquecido" que se tornou. Todavia, tudo o que Bomfim escreveu sobre a inteligência brasileira, "subserviente", "aculturada", "imitativa", e outros adjetivos extremamente duros, aplicava-se a Romero. Ele não aceitou tão passivamente o seu ataque, pelo contrário, foi Romero quem replicou ao ataque de Bomfim e este, calando-se, apenas manteve seu ponto de vista.[31]

Bomfim, com formação em medicina e psicologia, escreveu várias obras sobre pedagogia, psicologia, história da América Latina e do Brasil, entre as quais se destacam *América Latina: males de origem* (1905), *Através do Brasil* (com Olavo Bilac, em 1910), *Lições de pedagogia; teoria e prática da educação* (1915), *Noções de psicologia* (1917), *O Brasil na América* (1929), *O Brasil na história* (1930), *O Brasil nação* (1931). Ele se tornou mais popular com a publicação, em 1935, por Carlos Maul, de fragmentos da sua importante trilogia *O Brasil na América*, *O Brasil na história* e *O Brasil nação*, na coletânea *O Brasil*, pretendendo sintetizar seu pensamento. Tomarei essa antologia de Maul como fonte, apesar de autores como Iglesias (2000), Sussekind e Ventura (1984) e Aguiar (2000) não a recomendarem. Estes alegam que Maul foi um dos signatários do manifesto do Partido Nacional Fascista e teria deturpado o pensamento de Bomfim ao dar ênfase, em sua seleção, aos excertos mais nacionalistas, que levaram alguns analistas da sua coletânea, como Alfredo Bosi (1978), em sua *História concisa da literatura brasileira*, a considerarem Bomfim fascista, colocando-o ao lado de Oliveira Vianna e Alberto Torres. Para Aguiar (2000), a coletânea de Maul é mal-organizada,

---

[31] Romero, 1906; Aguiar, 2000.

CIVILIZAÇÃO BRASILEIRA E OTIMISMO REVOLUCIONÁRIO (INGÊNUO)   185

os textos pessimamente ordenados e sem indicação da fonte e tornou-se uma referência negativa na obra de Bomfim. Ela é incompleta, pois não contém a sua crítica à Revolução de 1930, aos fascismos, e sua apologia da Revolução Mexicana. Discordo dessa avaliação e considero essa resistência à coletânea de Maul um "pedantismo acadêmico", um "eruditismo bacharelesco". Para mim, o fato de essa coletânea ter aproximado o pensamento de Bomfim da sociedade brasileira, permitindo-lhe a sua recepção, é muito importante. Maul popularizou Bomfim, servindo ao seu projeto pedagógico revolucionário. Há centenas de publicações do mesmo tipo com as obras de Marx. Sussekind e Ventura, e eu mesmo agora, também estamos divulgando Bomfim.[32]

Todavia, da coletânea de Maul, utilizarei somente os excertos de *O Brasil na América* e *O Brasil na história*. O livro de Bomfim que tomarei como fonte principal para refletir sobre sua interpretação do Brasil será o admirável *O Brasil nação, realidade da soberania brasileira* (1931), em sua edição da Topbooks, de 1996, com prefácio, posfácio, anexos e apresentações de Ronaldo Aguiar e Wilson Martins. Ao examiná-lo, pude ver que Maul foi fiel a Bomfim, pois sua tese, apresentada em *O Brasil nação*, é reconhecível nos excertos de *O Brasil*. Bomfim é um intérprete excepcional do Brasil, mas prolixo, repetitivo, redundante; suas obras são enormes, desanimadoras para o grande público. Maul era um admirador de Bomfim e quis torná-lo acessível a todos colocando-o inteiro em um só volume. Isso não me desagrada, porque o que me interessa é o pensamento recebido, apropriado por seus intérpretes e pela sociedade, e não um impossível Bomfim em si, puro e idêntico a si. Já renunciei a esse "purismo acadêmico". O sentido da obra não pertence ao autor, mas aos seus leitores. Roger Chartier (1989) sustenta que o sentido de uma obra não é estável, e cada leitor se apropria dele de forma particular, dependendo dos seus motivos, projetos e habilidade de leitura. Aceito essa tese de Chartier e acho relevante tudo o que foi pensado e escrito sobre Bomfim, todas as impressões e versões, para a compreensão e discussão da sua ideia de Brasil. Aos leitores cabe a recriação dos sentidos de uma obra. Minha apropriação daquilo que Maul fez de Bomfim afasta-se muito tanto de conclusões fascistas quanto da pretensão de uma leitura ideal, final, indiscutível de Bomfim. Faço aqui apenas um convite à reflexão e à discussão da sua visão do Brasil, contrastando-a com as anteriores, e o sentido que articulo neste capítulo será modificado, recriado, reescrito por cada novo leitor.

Os críticos da coletânea de Maul a recusam porque receiam que Bomfim apareça nela como defensor de um "nacionalismo fascista". De fato, ele era mesmo radicalmente nacionalista. Mas seu nacionalismo era fascista?

---

[32] Ver também Santos, 2005.

Se, por um lado, como Calmon, ele via a nação como um "organismo em evolução", sem rupturas, procura inimigos externos e internos, para acelerar o "amadurecimento da consciência nacional", e tem um discurso e faz propostas políticas autoritárias; por outro lado, Chacon (1965), Iglesias (2000), Sussekind e Ventura (1984), Ribeiro (1993), Leite (1976) e Aguiar (2000) o veem, com razão, mais socialista do que integralista. Embora reconheça que há essa perigosa ambiguidade nacional-socialista em seu pensamento histórico, também o recebo como portador de um sentimento socialista, antielitista, republicano e democrático. Bomfim, em uma linguagem radicalmente apaixonada e ressentida, parece um marxista brasileiro precoce, original, anterior a 1922. Era uma voz dissonante, heterodoxa, que ousava pensar o impensável, num meio social alienado, conservador e inculto. Ele desejava a extensão das liberdades democráticas a todos. Ele pode ser visto como um "grande homem" nietzschiano-benjaminiano, que interpretou e fez a história a contrapelo. Ele pensava com liberdade e pagava o preço da solidão. Para Aguiar, ele tinha um espírito anarquista-socialista, cultivado nas leituras de Proudhon, Bakunin e Kropotkin. Leu Marx em francês. Aprendeu com Marx e os anarquistas que a espécie humana não se orienta pela seleção das espécies, pela vitória do mais apto, mas pela solidariedade e pela ajuda mútua. O que me permite supor que Bomfim tivesse também uma formação cristã, embora se dissesse ateu, o que era muito comum entre os próprios comunistas. Ele viveu cercado de positivismo, evolucionismo, naturalismo, transformismo, racismo, de Comte, Spencer, Taine, Buckle, Darwin, Haeckel e Gobineau. Mas Bomfim valorizava o pensamento como "criação própria" e ele, de fato, conseguiu produzir uma síntese nova, ao mesmo tempo apropriando-se e superando todas essas e outras importações. A sua interpretação do Brasil revela um pensamento histórico-sociológico admiravelmente independente, autóctone, local, brasileiro.

A obra de Bomfim é uma densa revisão da história e da historiografia brasileiras. É uma teoria da história do Brasil e da *América Latina*. Na história do Brasil, ele identifica duas forças, duas tradições nacionais: uma, que considera a expressão própria, essencial da alma brasileira republicana e democrática, viva e atuante desde o começo do século XVII; a outra, ligada à monarquia portuguesa, presente no espírito dos dirigentes do Estado luso--brasileiro, continuadores da ação da Metrópole portuguesa. Para ele, a história do Brasil é a luta entre os defensores dessas duas tradições, um conflito inconciliável. Uma está na alma do povo, representa a nação propriamente dita; a outra liga-se aos exploradores dela, que controlam e dirigem o Estado. A nação se opõe ao Estado; o Estado oprime a nação. A primeira foi várias vezes derrotada, mas ainda resiste e sonha com a vitória. O ponto de vista de Bomfim é o da primeira tradição nacional, a republicana e democrática, do povo contra o Estado luso-brasileiro. É do ponto de vista da "esperança" que avalia o que denomina "tradição política luso-brasileira bragantina", cuja vitória considera que foi desastrosa para a nação brasileira. Na encruzilhada da

CIVILIZAÇÃO BRASILEIRA E OTIMISMO REVOLUCIONÁRIO (INGÊNUO)   187

história brasileira, em 1808, Bomfim, ao contrário de Calmon, manteve-se fiel aos rebeldes republicanos do período colonial e se opôs ao Estado monárquico português que se implantou aqui. Assim como em Calmon, para ele, a nação brasileira era como uma árvore que crescia vigorosamente, mas suas energias eram sugadas por uma planta parasita externa. Em 1808, a planta parasita internalizou-se, tomou definitivamente a árvore-nação e a sufocou. Ao contrário de Calmon, Bomfim não saltou para a poderosa planta parasita para sobreviver, mantendo-se fiel à derrotada árvore-nação.

Para ele, esse conflito não poderia deixar de se refletir na historiografia brasileira. Os historiadores brasileiros se dividiriam em duas correntes: a que ele denominou "oficial", "bragantina", "antipatriótica", "portuguesa", ligada à planta parasita, e a "patriótica", "republicana", "revolucionária", "brasileira", fiel à árvore-nação. Defino essa divisão, independentemente de Bomfim, como a historiografia do "descobrimento do Brasil" e a do "redescobrimento do Brasil". Para ele, essas duas correntes de interpretação do Brasil começaram a se combater já a partir de 1640, quando, após a União Ibérica, Portugal tornou-se o inimigo do Brasil, pois, decadente, passou a viver da exploração das nossas riquezas. Para Bomfim, a casa de Bragança foi a grande interessada e promotora da adulteração da nossa história. Em sua ação contra o Brasil, Portugal teve o apoio da "historiografia bragantina", que difamava os heróis nacionais, consagrando aqueles que os massacraram. Essa historiografia prestigiava os que exploravam o Brasil e se identificava com o Estado luso-brasileiro. Criou-se a misteriosa lenda bragantina: *"a unidade do Brasil foi resultado da Independência com a Monarquia"*, *"quem fez o Brasil foram os Bragança"*. Oliveira Lima e Pedro Calmon, historiadores da família real, garantiam que a Independência foi sólida por ter sido com a Monarquia, pois a nova nação se manteve unida e foi logo reconhecida pelos europeus. A República teria sido a turbulência radical e o fim da unidade. Para Bomfim, essa visão da Independência não é a "nossa história". É lenda! O maior historiador bragantista, Varnhagen, foi quase insuperável na deturpação da história brasileira. Sua história oficial do trono tornou-se o túmulo dos grandes brasileiros coloniais. Esses historiadores ditos "brasileiros" afirmam que a América Latina tem a tendência à desagregação e que o Brasil, sem a Monarquia, seria mais um país latino-americano cortado em pedaços.[33]

Para Bomfim, a historiografia patriótica é republicana e democrática, e contesta esse ponto de vista português. Para a historiografia sinceramente brasileira, que se opõe ao Estado e se identifica com a nação, a Independência com a Monarquia foi um embuste que nos impôs uma solução externa. D. Pedro I se apropriou do movimento espontâneo de defesa da emancipação brasileira em benefício próprio, colocando, ele, sim, em risco a unidade

---

[33] Bomfim, 1935.

brasileira. Aquela independência levou os brasileiros a desconfiarem deles mesmos, a duvidarem de si mesmos. A pátria se desorientou, mas inquebrável e inabalável, unida, voltou a si em 1824, 1826 e 1831. A um patriota brasileiro, para Bomfim, as páginas de Varnhagen, de Oliveira Lima, de Pedro Calmon serão sempre injúria às suas verdadeiras tradições. Os historiadores brasileiros bragantistas tinham ódio à tradição nacionalista brasileira. E traíram o Brasil. Em suas "histórias do Brasil", os revolucionários eram descritos como idealistas, rebeldes, jacobinos. Mas, na verdade, eram sinceros, entusiastas, solidários, patriotas. Eram republicanos e democratas. Eram anti-Bragança.

A historiografia patriótica considera a Metrópole a inimiga maior da unidade brasileira. Os primeiros historiadores da tradição brasileira foram frei Vicente do Salvador (1627) e Robert Southey (1810). Frei Vicente foi o primeiro brasileiro a escrever uma "história do Brasil" a favor do Brasil, mas o livro não foi publicado. Foi escondido! Ele denunciava a infecção metropolitana responsável pelos males do Brasil. Sua obra revelava seu sentimento de amor ao Brasil e defendia os seus interesses. Nosso primeiro historiador era um grande patriota, orgulha-se Bomfim. Sua obra era um vivo protesto contra as misérias brasileiras. Para a Metrópole, era perigoso deixá-la ao alcance dos brasileiros. Mas, apesar de tudo, sua obra sobreviveu. Ele foi copiado e roubado em capítulos inteiros. A primeira história do Brasil era a revelação de um espírito novo, de uma tradição nacional nova, era um modelo de história para a nova nação. A obra do frade baiano era a aurora da mentalidade brasileira e da história nacional. Capistrano foi seu brilhante revisor e comentador. E o prosseguiu na defesa da tradição brasileira.

A historiografia patriótica narra a história de um povo que se unificou e se formou como nação cedo e rapidamente. Bastaram dois séculos para que surgisse um novo espírito nacional. Esse espírito brasileiro mostrou-se inabalável, por mais que a Metrópole tentasse dividi-lo. A nação brasileira é solidária, fraterna, sem lutas internas dissolventes. No sertão, o verdadeiro solo do Brasil, houve uma atividade entrelaçadora, unificante. Partindo de São Paulo, Bahia, Pernambuco e Maranhão, o Brasil foi pouco a pouco sendo ocupado. A Amazônia foi conquistada. Os costumes, interesses e sentimentos se entrelaçaram. Baianos, paulistas, pernambucanos se uniram em origem, língua, religião e sangue. O gado uniu, a atividade bandeirante uniu, as minas uniram. As correntes migratórias e as atividades se ajustaram, criando um sentimento nacional profundo. Apesar das distâncias, o movimento da Colônia era em direção à centralização. A nação resistiu aos vários movimentos desagregadores. As gentes brasileiras rapidamente se aproximaram e se reconheceram.

O surgimento dessa unidade profunda do Brasil, Bomfim o descreve como se fosse um "milagre". Essa "unidade brasileira" seria verossímil ou uma nova lenda? Bomfim constrói uma metafísica da identidade brasileira. Ele supõe, e nisso se aproxima de Calmon e pode ser confundido com um fas-

CIVILIZAÇÃO BRASILEIRA E OTIMISMO REVOLUCIONÁRIO (INGÊNUO)

cista, uma identidade ontológica brasileira, um ser brasileiro original, substancial, homogêneo, que as primeiras guerras contra franceses e holandeses apenas revelaram. Essa alma brasileira profunda sempre esteve aí e resistiu a toda ação divisionista da Metrópole. A vida nacional cresceu como um "organismo vivo", desenvolveu-se, brotando da terra e da herança do povo português vitorioso contra os árabes e Castela. Bomfim não era lusófobo, mas anti-Bragança. Ele admirava e se inspirava na conquista da unidade nacional pelo povo português. Aqui, as comunicações eram precárias, lutas civis ocorriam, mas essas crises e dificuldades não traziam desunião. Pelo contrário, serviam para avivar os laços nativistas. Os mineiros não manifestavam ódio aos paulistas, os pernambucanos uniram-se em revoltas posteriores. As regiões tinham populações diversas, mas nutriam-se de um sentimento comum, brasileiro. Para a historiografia patriótica, foi a Monarquia que pôs em perigo a união nacional. A unidade brasileira não foi feita, mas sobreviveu à Monarquia antipatriótica. A unidade nacional é muito anterior a 1822 e prosseguiria pelo futuro, seria eterna, indiferente aos esforços antipatrióticos para fragmentá-la.

Bomfim, assim como Frei Vicente e Capistrano, sustenta uma "interpretação nordestina" do Brasil contra as interpretações paulista e mineira. Assim como cada nação interpreta a história universal a partir do seu ponto de vista e atribui-se um lugar central, cada região brasileira também narra a história nacional a partir do seu ponto de vista, atribuindo-se a centralidade. Para a interpretação nordestina do Brasil, é no Nordeste que o espírito nacional está enraizado profundamente. O Nordeste é o coração do Brasil. A lenda da identidade ontológica do Brasil se enraíza no Nordeste. A grande revolução colonial brasileira não foi a Inconfidência Mineira. Para essa visão do Brasil, no Nordeste foi mais acesa e coesa a defesa da pátria. Para os historiadores nordestinos, a expulsão dos holandeses pelos pernambucanos na Batalha de Guararapes, em 1654, e as revoluções pernambucanas de 1817 e 1824 foram os eventos fundadores da nação brasileira. Pernambuco é o principal sujeito da história brasileira colonial. Do ponto de vista da tradição e da historiografia nacionalista, 1817 foi a grande revolução nacional, o maior evento da história do Brasil, a data mais nobre na luta por um Brasil soberano, livre e republicano. O sonho da nação brasileira é sobretudo nordestino.

Bomfim, um nordestino sonhador, situando-se radicalmente na corrente historiográfica patriótica, faz o elogio da nação brasileira e de seus mais revolucionários representantes, lamentando sua repressão e massacre pela Metrópole, por seus herdeiros do Império e também pelos falsos revolucionários da República. Para ele, a nação brasileira não venceu ainda e vive soterrada. Bomfim põe-se a favor e ao lado da nação brasileira derrotada e, por isso, o tom apaixonado da sua análise. Neste capítulo, para atualizar e promover a discussão do seu pensamento, apresentarei suas teses sobre o Brasil, procurando preservar sua própria linguagem. Meu método empático

190   AS IDENTIDADES DO BRASIL 2

com Bomfim se acentua. Que ele fale, pois esta análise do Brasil é dele e ele se expressa de forma vigorosa e brilhante. Mas, ao fazê-lo falar, estarei falando através dele, e "melhor", talvez, pois de forma ainda viva, mas mais concisa. Só tenho reservas ao seu nacionalismo excessivo, ao seu tom autoritário, que podem mesmo dar-lhe um ar fascista, e a sua proposta revolucionária de tipo mexicano, mas na qual ele próprio não acreditava muito. Ele só queria a extensão das liberdades democráticas à maioria e não sabia como dizê-lo e fazê-lo. Sua análise do Brasil, cuja emoção orienta os projetos das esquerdas brasileiras, vou "declamá-la", como ele próprio declamava os poemas de Castro Alves. Vou "interpretar" sua composição, brevemente, com meu arranjo, tom e estilo. O que me chama a atenção é o caráter profundamente crítico, radicalmente rebelde, pioneiro, ousado, e ingenuamente romântico da sua interpretação do Brasil. Sua ideia de Brasil, sua representação da vida brasileira, sua reconstrução da temporalidade brasileira, desejo rememorá-las e trazê-las à vida. Vou recontar e promover a discussão de sua "outra história do Brasil", na qual denuncia a opressão ao povo brasileiro e se levanta irado e apaixonadamente contra a repressão às originais expressões e manifestações da alma brasileira profunda.

As obras: *O Brasil nação* (1931) e *O Brasil* (1935)

Nostalgia e esperança: a fundação mítica da nação brasileira

A reinterpretação da história do Brasil de Bomfim começa com uma denúncia historiográfica. Bomfim já sabia que a história "não narra o que aconteceu", que é um conflito de interpretações ligado aos interesses e projetos políticos dos atores históricos em luta. O conhecimento histórico não é especulativo, mas ligado à vida. E deve ser uma vantagem e não uma desvantagem para a vida. Ele denunciou a historiografia brasileira dominante em sua época, que não servia à vida brasileira. Pelo contrário, os historiadores brasileiros narravam uma história do Brasil contra o Brasil, vítimas dos preconceitos europeus em relação à América Latina e ao Brasil. Para ele, enquanto os historiadores brasileiros estivessem dominados pelo interesse europeu em manter o Brasil sob seu controle, eles seriam apenas os servidores dos inimigos do Brasil. Sua pretensão de "cientificidade" era ridícula. Bomfim lutou para que o pensamento brasileiro se libertasse e fosse capaz de se autoconstruir com autonomia, para formular e encontrar soluções brasileiras para os problemas brasileiros. A mudança na história do Brasil pressupunha a mudança na historiografia brasileira. O pensamento histórico precisava tomar o Brasil como um problema nosso e, não, repetir acriticamente o modo pelo qual os europeus pensavam e problematizavam o Brasil. Bomfim era idealista: era preciso mudar nossa consciência para sermos eficientes na mudança histórica. Era indispensável pensar o Brasil de outra forma, para fazermos uma

CIVILIZAÇÃO BRASILEIRA E OTIMISMO REVOLUCIONÁRIO (INGÊNUO)

outra história. Por isso, ele denunciou os equívocos da historiografia oficial e propôs aos historiadores uma nova atitude e olhar sobre a vida brasileira. Ele quis fazer uma revolução na historiografia brasileira.

A independência histórica brasileira exigia a independência da historiografia brasileira, que não podia continuar submissa aos padrões do pensamento histórico europeu. Bomfim denunciou o uso da historiografia feito pelos povos europeus. Eles se serviam da historiografia para exagerarem sua grandeza nacional, enobrecendo e ampliando os seus feitos, dando-lhes significação e valor muito além da realidade. Os franceses contavam uma história em que Luís XIV era central para o destino de toda a humanidade. Os ingleses se achavam mais gloriosos. Holandeses, alemães, italianos e espanhóis não menos. A história universal passava a ter como centro a história desses povos europeus, que escreviam diversas histórias universais, representando-se como "civilizados" e "modernos". Eles se imaginavam centros de gravitação das histórias das outras nações. Seus historiadores nacionais diziam que produziam "pesquisas históricas científicas" para atribuírem ao seu povo a centralidade humana. Cada povo europeu engrandecia seu próprio esforço e, para isso, não hesitava em deturpar a história. Eles criavam histórias universais diversas, dizendo que foram "cientificamente construídas", que eram "verdadeiras", mas eram incoerentes, repletas de fábulas heroicas.

Para Bomfim, a França talvez fosse a mais presunçosa. Ali nasceu a sociologia, a primeira expressão do positivismo. Para ele, a obra de Comte era genial, mas incompatível com a flexibilidade da vida, pois generalizadora e preconceituosa. Nada era menos positivo do que sua tese da evolução do espírito humano em três estados. Sua intenção era simpática: dar a fórmula, a mais perfeita, da socialização humana. Mas o resultado era o mais antipático, pois avesso à verdadeira humanização da espécie. Sua doutrina não absorvia o novo e a diferença na evolução social. A mentalidade média dominava o gênio individual. A atividade individual se subordinava ao gênio coletivo, ao meio social. A individualidade não contava. O francês era pouco acessível ao que lhe era estranho, preferindo enquadrar o novo em generalizações claras e vazias, isto é, seus valores, aquilo que ele compreendia. Suas teorias nasciam de observações escassas, superficiais, incompletas e mal-induzidas. Tudo terminava com o sucesso da história dos franceses. Tudo ocorreu para que, finalmente, os franceses vencessem e salvassem a humanidade! A história universal se reduzia ao critério estreito dos franceses. Mas, para Bomfim, avaliar a história da humanidade a partir da França era produzir juízos impróprios. Tudo o que não tinha influência francesa era eliminado, sendo considerado "bárbaro", "primitivo", não "civilizado".

Apesar disso, o critério histórico dos franceses tinha sobre os historiadores brasileiros domínio absoluto. Isso era compreensível porque, nas lutas pela liberdade política, a França foi valiosa. O vigor intelectual dos seus enciclopedistas foi forte. A influência revolucionária apoiou nossas

192   AS IDENTIDADES DO BRASIL 2

reivindicações de soberania. Vimos nossa história pelos olhos dos críticos franceses. Entregamo-nos à orientação do espírito francês, seguimos as suas doutrinas. Grande parte dos conceitos em que consagramos heróis e feitos nossos eram reflexos imediatos de ideias francesas. Não éramos capazes de observação própria, mas de uma assimilação pronta. Olhávamos a nossa história com um critério de empréstimo, sem considerarmos a nossa tradição efetiva. Os filósofos da Inconfidência Mineira, espécie de "enciclopedistas nacionais", pretenderam mobilizar os mineiros para a revolução utilizando uma língua estrangeira, o latim! Tiradentes é um "herói francês"! Contamos a nossa história com a linguagem deles e nos perguntando se eles nos aprovariam. Seus dogmas perturbaram a apreciação da nossa história. Conceitos inaplicáveis mesmo na França, nós os aplicávamos implacavelmente a nós. Analisávamos o Brasil com doutrinas alheias às condições da nossa formação, sem a possibilidade de um critério nosso. O Iluminismo e o positivismo não reconheciam o índio, que não era branco, greco-romano e cristão. Com eles, não se podia saber o quão importante o índio foi para o Brasil. Por causa da influência francesa, denegrimos essa raça, que foi absorvida e está presente nos corpos e na cultura brasileiros. No positivismo, não havia lugar para o caboclo, para o mestiço, que, intuitivos e místicos, eram indiferentes ao progresso, alheios às hierarquias.

Portanto, para Bomfim, por mais "libertários e civilizadores" que fossem os critérios franceses, eles eram exteriores à nossa tradição e deturpavam nossa história. Eles diminuíam os valores brasileiros. Se avaliarmos a civilização brasileira com os critérios europeus, ela nos parecerá insignificante, nula. As suas teorias raciológicas nada tinham de "científicas", servindo apenas para legitimar sua pretensão de superioridade racial e sua dominação. Os grandes quadros da história universal, pintados por franceses e europeus, não concediam nada à tradição brasileira. Na hierarquia dos povos, o Brasil era posto entre os menores, os exóticos e selvagens. Achavam até irrisório que nós, brasileiros, pretendêssemos ter lugar na história da humanidade! Eles nos afundavam na depressão histórica. Para eles, éramos inferiores, degenerados, incapazes, doentes. Falavam do Brasil como uma simples e passiva matéria plástica, modelada pela expansão deles. E nos esqueciam à margem.

Os historiadores brasileiros bragantistas repetiam acriticamente essas histórias universais europeias e aceitavam passivamente que o Brasil fosse posto à margem. Se esse era o lugar do Brasil na história universal, os brasileiros teriam motivos para se orgulharem do Brasil? Para Bomfim, essa interpretação europeia e portuguesa da história brasileira impedia os brasileiros de se apropriarem de seu próprio passado e futuro. Era uma historiografia que nos tratava como escravos: homens sem direito ao passado e ao futuro. Para ele, era indispensável destruir essa "história para o Trono", essa "história oficial bragantina", dominada pelo elogio suspeito, lembrando-se do que deveria ser esquecido, esquecendo o que deveria ser

CIVILIZAÇÃO BRASILEIRA E OTIMISMO REVOLUCIONÁRIO (INGÊNUO)   193

lembrado, desconhecendo os nossos próprios interesses. Essa deturpação da história brasileira era um atentado a nossa tradição, que, por isso, se desintegrava. A nova historiografia brasileira deveria resgatar a tradição nacionalista, trazendo à luz a consciência nacional, que seria a base da luta pela emancipação brasileira. A historiografia teria um papel fundamental na revolução brasileira, ao resgatar e educar a população na genuína tradição nacional. Os historiadores brasileiros tinham a missão de reabrir o horizonte do Brasil, escrevendo a nossa história a contrapelo.

Este foi o esforço de Bomfim: reescrever uma história do Brasil a contrapelo, a favor do Brasil e contra o trono, contra os Bragança e os poderes que os sucederam e mantiveram seus valores e modos de agir. Ele queria oferecer à nação brasileira a glória e a centralidade que lhe foram recusadas pela historiografia europeia e pelos intelectuais brasileiros aculturados. De certa forma, embora dissesse que os europeus "deturpavam a história universal", Bomfim pensava que a história devia servir, sim, à vida dos povos e cada povo devia construir sua própria visão da história universal, procurando inserir-se nela em uma "posição de sujeito", positiva, construtiva, central. A história devia ensinar um povo a sonhar com sua plena realização. A historiografia devia descrever "sonhos verossímeis". Os europeus tinham razão em se atribuírem a centralidade da história universal, pois queriam ser vencedores. O erro do Brasil foi aceitar a posição periférica que lhe davam, admitindo passivamente a sua exclusão, repetindo cegamente a historiografia deles. O erro da historiografia brasileira foi se submeter a uma visão da história construída para atender aos interesses de outros povos. "Imitar os europeus" não significa repetir o que eles disseram, mas nos apropriarmos dos seus métodos de modo favorável a nós. Cada povo deve construir sua própria visão da história universal, para elevar a sua autoestima e ser capaz de agir com eficiência. O que faltava ao Brasil era um olhar próprio, uma avaliação própria da história da humanidade e do seu lugar nela. O lugar do Brasil deve ser descrito como central, para que possamos nos sentir livres e no mesmo nível dos outros povos. A historiografia brasileira bragantista inseria o Brasil no sonho dos outros, submetia-o ao projeto dos europeus, que lhe reservavam um lugar insignificante. Seria preciso construir uma outra historiografia, a favor do Brasil, oferecendo-lhe uma outra imagem, uma outra identidade, que permitisse ao povo brasileiro se querer bem e ousar agir.

Para elevar a autoestima da nação, Bomfim, "imitando os europeus", cria um mito de fundação do Brasil. Ele sonha que o lugar do Brasil na história universal é central! Para ele, em sua origem, o Brasil foi glorioso. O Brasil começou como "grande potência" e seu destino é reencontrar seu lugar original. Se a história da América é central para a humanidade, a história do Brasil também o é, pois foi o Brasil do século XVII que modelou a América. Uma história que procure conhecer a singularidade da América do Sul encontrará o papel essencial desempenhado pelo Brasil. Para ele, quando espa-

194 AS IDENTIDADES DO BRASIL 2

nhóis e portugueses pretenderam controlar as terras descobertas, o Tratado de Tordesilhas dividiu o mundo. A maior parte da América coube aos espanhóis. Mas os outros países europeus contestaram o Tratado de Tordesilhas e investiram sobre os territórios americanos. Houve alternância nas ocupações da América. Não se tinha certeza a que povo europeu caberia as partes da América. Não era evidente que o norte seria dos ingleses, pois havia disputa com espanhóis e franceses. A Espanha perdeu toda a América do Norte. No sul, a colonização teve um caráter mais definitivo desde o começo. Flutuou, mas Portugal e Espanha garantiram o Tratado de Tordesilhas. O continente americano foi palco de intensas lutas entre os europeus e, nestas lutas, o Brasil teve um papel de "vitoriosa potência universal"!

Portugal contou pouco dessa primeira história da América do Sul. O que era português foi defendido por uma nascente tradição brasileira, patriótica e eficaz, inspirada nos feitos portugueses da Reconquista, da unificação do reino e da conquista do Atlântico. Situado o Brasil na parte mais acessível da América do Sul, a América espanhola garantiu-se por trás do Brasil. A França tentou muitas vezes se apossar das largas costas brasileiras. A França conquistou o Canadá e outras colônias e tinha todas as condições e motivos para lutar pelo Brasil. Sua pirataria era eficiente. A Holanda, por seu turno, criou companhias ocidentais e orientais de pirataria. Era uma pirataria de Estado, que apresava navios e riquezas. Os piratas eram oficiais! Bomfim faz, agora, com os povos europeus o mesmo que seus historiadores fizeram com o Brasil: denigre-os! Para ele, a origem do grande Império britânico era a pirataria. Dizia-se que o pirata era *corajoso, aventureiro, valente*. Era apenas pirata! As nações europeias eram piratas. Elas tentaram invadir e assaltar o Brasil, que reagiu com coragem e expulsou esses ladrões. O Brasil constituiu-se como nação ao derrotá-las! Os poderosos exércitos franceses só conheceram fracassos aqui. Pernambuco foi o único no mundo a expulsar os piratas holandeses. Isso ocorreu porque a Holanda estava decadente? Não. Para Bomfim, foi o vigor da nova nação. No resto do mundo, o poder holandês era incontestado. Os insurgentes brasileiros derrotaram a poderosa Holanda! Os brasileiros foram os primeiros a impor a derrota a holandeses e franceses. O Brasil fez recuar as potências europeias. Ao fazê-lo, decidiu sua sorte e a de toda a América do Sul. A Espanha defendia mal as suas colônias, perdeu as Guianas, a América do Norte e as ilhas do mar das Antilhas, territórios não protegidos pelas costas brasileiras.

A tese-sonho de Bomfim é que o Brasil modelou a América do Sul e influenciou decisivamente a distribuição das terras do Novo Mundo. Ele concede que são conjecturas suas, mas plausíveis. Além da vitória pernambucana, ele acentua também a vitória dos paulistas sobre a Espanha. Estes conquistaram grande parte do território espanhol na América do Sul. A vida espanhola do rio da Prata foi modelada pelos paulistas. A sociedade brasileira foi a primeira sociedade americana. Os limites do Brasil foram fixados desde o século XVII. A história brasileira fez a geografia brasileira. Os limites do

CIVILIZAÇÃO BRASILEIRA E OTIMISMO REVOLUCIONÁRIO (INGÊNUO) 195

território foram desenhados pela efetiva ocupação por brasileiros. Se o Brasil caísse em mãos holandesas, inglesas, francesas, a América do Sul teria outra histéria, que não se pode conjecturar seriamente como seria. A América do Sul não seria ibérica, mas múltipla. E quais as consequências sobre o destino da Europa? França e Holanda ficariam mais fortes contra seus inimigos europeus e, na própria Europa, seria tudo bem diferente.

No século XVII, portanto, o Brasil já era uma pátria nova, que decidia os rumos da história universal. No século XVII, portugueses e indígenas já tinham definido a identidade física do povo brasileiro. Esse "brasileiro mameluco" se expressou na reação ao holandês e ao francês e na expansão pelo sertão. Para ele, a influência do negro no corpo e na alma brasileiros foi menos pronunciada do que parece, pois ele chegou tarde, apenas no século XVIII. A defesa de Pernambuco foi uma vitória da gente brasileira e, não, da Metrópole. Esta foi derrotada junto com os holandeses. Surgiu uma nova paixão patriótica, uma nova civilização, uma nova identidade nacional. A nova nação foi a primeira da América. O Brasil começou a vida civilizada na produção agrícola, humanizando as paisagens, prendendo ao solo os que para aqui vieram. Os primeiros colonos vinham fazer uma exploração agrícola estável. Trouxeram a cana-de-açúcar. Pernambuco foi a terra mais rica do Brasil. Olinda foi a cidade mais luxuosa. A prosperidade no século XVII foi grandiosa. Numerosos cristãos-novos vieram para cá. Enquanto as Índias minguavam, o Brasil crescia.

Enfim, para Bomfim, o primeiro Brasil teve papel central na história do mundo moderno, e os brasileiros precisavam saber disso e, não, das tolices da história oficial bragantina. Os brasileiros precisavam de uma historiografia que os fizesse sonhar, que lhes falasse da sua gloriosa origem, para que pudessem avançar com coragem e esperança. Eles precisavam se lembrar do patriotismo e da coragem dos primeiros brasileiros na defesa da nação contra os estrangeiros. A história do Brasil devia se lembrar orgulhosamente de nomes brasileiros: Cavalcanti, Albuquerque Maranhão, Bento Maciel, Soares Moreno. São heróis brasileiros. Esse exército foi a primeira afirmação da nação e a maior defesa contra ataques estrangeiros. Os brasileiros tinham uma ação própria, autônoma. Tomavam a decisão da guerra e da trégua à revelia da Metrópole. A energia dos primeiros colonos não serviu apenas para defender a posse da terra, mas para fazer dela uma pátria. Para Bomfim, os historiadores brasileiros precisavam enfatizar a projeção do Brasil sobre o mundo. A história brasileira não é inferior a nenhuma outra. O Brasil não bragantino do século XVII faz parte da história da conquista do Atlântico e da América. Exaltado, ele afirma que "da ação dos primeiros brasileiros derivaram consequências históricas muito mais fortes do que as conquistas de Alexandre!".[34]

---

[34] Até aqui, com base em Bomfim, 1935.

196   AS IDENTIDADES DO BRASIL 2

Derrota e frustração: a herança bragantina. Pobre Brasil!

Eis como Bomfim descreve miticamente a fundação da nação brasileira. E sonhando com o retorno a essa origem heroica, ele aborda a realidade da derrota. Em *O Brasil nação, realidade da soberania brasileira*, um Bomfim exaltado descreve as sucessivas derrotas da nação brasileira em face do Estado luso-brasileiro. Após a União Ibérica e a vitória contra os holandeses, os portugueses apertaram as garras em torno da nação brasileira que se formava, asfixiando-a, tirando-lhe o fôlego e a vida. Lembrando minha metáfora da "Introdução", foi a primeira de uma série de mordidas do vampiro português! Para ele, o tempo brasileiro é de declínio: uma origem perfeita, corrompida pela dominação estrangeira. E um tempo de esperança: a do restabelecimento da gloriosa origem. Em linguagem mítica, para Bomfim, o mundo brasileiro foi perfeito em sua criação, quando valorosos semideuses brasileiros o criaram. Mas a história profanou e corrompeu a perfeita criação e seria preciso negar esse tempo transcorrido para a restauração da perfeição da origem. O ritual que ligaria o atual ao tempo eterno original seria uma revolução social. Em linguagem religiosa, estávamos no Éden, felizes, mas passamos a sofrer do pecado original do bragantismo e decaímos abaixo da humanidade e esperamos a redenção. Em sua linguagem biológica, o Brasil nasceu saudável e vigoroso, adoeceu gravemente, encheu-se de vermes e parasitas, perdeu a saúde, as energias e pode se curar ou morrer. Bomfim tem esperança na cura e escreveu sua obra para oferecer à nação o seu diagnóstico e a terapia. Mas tem dúvidas quanto à eficácia da terapia. A nação doente teria condições de reagir, de lutar contra um mal que a corrói por fora e por dentro há quatro séculos? Ele quer despertá-la, e se dirige a ela energicamente, aos berros, bate-lhe na cara, provoca o seu amor próprio. Ele a trata como médico e como psicólogo, agressivamente, desejando restaurar-lhe a saúde física e a autoestima.

Bomfim se desequilibra entre o sonho e o pesadelo. Se, entre 1640 e 1654, os brasileiros puderam derrotar os holandeses, por que não proclamaram, então, a sua independência? Eis seu tormento! Para ele, essas datas representam, para a nação brasileira, a vitória e a derrota. Para um Bomfim sonhador, representam uma extraordinária vitória sobre os holandeses e a consolidação da nação; para um Bomfim frustrado, representam uma terríve derrota e nossa submissão ao decadente Estado português. Após o supremo bem da constituição da nova nação poderosa e feliz, veio o supremo mal da derrota e da decadência. O domínio português significou para o Brasil a ruína, a perda de toda riqueza e da autoestima. Para ele, herdamos do Portuga dos Bragança uma realidade política de opressão, corrupção, ignorância, tributos, uma administração arbitrária, a dilapidação dos orçamentos. O povo brasileiro, desde o início, demonstrou possuir os dons essenciais para se uma nação sólida e feliz: união, solidariedade, patriotismo, cordialidade. Mas derrotada e anulada politicamente por Portugal, a nação brasileira foi carne

CIVILIZAÇÃO BRASILEIRA E OTIMISMO REVOLUCIONÁRIO (INGÊNUO)   197

viva para a "varejeira lusitana". Depois, d. João VI, arrancando-lhe o crucifixo, veio morder o belo pescoço e beber o sangue da nação aqui mesmo, e abafou, mentiu, infectou, oprimiu, desfigurou a nação. A liberdade, a democracia, a justiça, as necessidades essenciais à vida de uma nação moderna, aqui tornaram-se mentiras. Para Bomfim, essa herança portuguesa arruinava a nossa vida pública até os dias em que ele vivia e escrevia.

Mas, para ele, a nação brasileira não se rendeu e não se renderá jamais. Bomfim reflete viva e furiosamente sobre o mal da dominação portuguesa, que se internalizou e se radicalizou no Império e na República, desejando levar a nação a reagir e a se libertar da opressão dessa herança. Para ele, desde 1640, a tradição nacional lutava com coragem e vigor para se livrar desse "espírito bragantino", mas perdeu várias oportunidades de vitória. Em todas elas, a herança bragantina falou mais alto, deixando a impressão de ser uma infecção incurável. A primeira oportunidade perdida de fundação da República brasileira, depois de 1640, foi em 7 de setembro de 1822. Para ele, a assim denominada pela historiografia bragantina "revolução da Independência" foi uma mentira. Na verdade, ele diria que foi a mais vigorosa mordida do vampiro estrangeiro, tornando ainda mais caudaloso o rio de sangue vertido pela nação. A opressão bragantina se radicalizou, pois o Brasil incluiu em sua vida interna o próprio Estado português. O Portugal parasitário que sufocava a distância veio para dentro e passou a sufocar de dentro, desde 1808. Para que houvesse a independência deveria ter havido uma substituição radical de gentes, de quadros dirigentes, o que não houve. D. Pedro I era um imperador estrangeiro e oprimiu o Brasil que se erguia. Ele era vaidoso e vivia para os seus interesses e apetites. Na verdade, d. Pedro era contra a independência do Brasil. Ele até quis voltar atrás do gesto do Ipiranga. Ele queria era o Reino Unido, cabendo-lhe a melhor parte dele, o Brasil, onde estavam a riqueza e o poder, pois Portugal era um Estado decadente, dependente. D. Pedro queria fundar um império luso-brasileiro, cabendo ao Brasil a sede e, a ele, a Coroa. Ele queria garantir o Brasil como asilo seguro para os Bragança e, cercado e servido por portugueses, fez de tudo para reunir o Brasil a Portugal. E por isso foi expulso. Para Bomfim, o servilismo da nossa historiografia quis fazer de d. Pedro I um herói. Mas ele era covarde e fugiu. A abdicação de 1831 não foi um gesto superior de desistência em vista do bem. Foi um recuo, uma acovardada retirada diante da revolução. D. Pedro II nunca soube ser brasileiro e acabou mal, apupado nas ruas e expulso.[35]

D. João VI, na verdade, ao mesmo tempo "presenteou" e "vendeu" o Brasil ao seu filho. E os ingênuos brasileiros permitiram que ele os governasse, acreditando que fosse um aliado na revolução da Independência. Portugal só reconheceu a independência mediante indenização e d. Pedro pagou a seu pai um bom preço. A independência interessava também aos

---

[35] Bomfim, 1996.

ingleses e foi a Inglaterra que definiu os seus termos, em defesa dos interesses dos Bragança e seus. O reconhecimento da independência por Portugal foi um arranjo entre os governos inglês e português. A independência foi um arranjo entre o pai e o filho, com o apoio dos ingleses. Se Portugal entrasse em guerra contra o Brasil, a Inglaterra estaria do seu lado. Os ingleses exigiram: o Brasil só seria independente com a Monarquia, sob o governo de um Bragança. O que os nacionalistas brasileiros queriam evitar, ocorreu: a independência significou a reunião do Brasil a Portugal sob a dinastia Bragança. A independência foi uma vitória portuguesa contra a nação brasileira, que, apesar de tudo, era ativa, lutava, e já estava pronta para ser soberana, republicana e democrática.

A Independência não foi uma revolução nacional, mas uma sinistra vitória do bragantismo português. A nação derrotada se viu dominada e oprimida pelo imperador estrangeiro. D. Pedro nunca se tornou, nem poderia se tornar, brasileiro. Ele era o imperador do Brasil e ainda mantinha seu direito à sucessão ao trono português. O imperador do Brasil era também o herdeiro legal da Coroa portuguesa e tornou-se, depois, rei de Portugal com o nome de d. Pedro IV. Ele agia apenas por seus exclusivos interesses. O Estado português implantado no Brasil desafiou o povo brasileiro ao fechar a Assembleia Nacional Constituinte em 1823. Em 1824, uma Constituição centralizadora foi doada para ser uma mentira, como a própria Independência. Com d. Pedro I se iniciou no Brasil o costume de termos Constituição para não ser cumprida. A Constituição, ele a rejeitava, prepotentemente. O governo era de viscondes, marqueses e condes. D. Pedro criou o Banco do Brasil e, em poucos anos, a nação veio a dever mais do que o capital inicial. Bancarrota e ignorância, tal foi o governo da "marquesada". A política externa dos Bragança foi vergonhosa. Felizmente, d. Pedro I foi derrotado pelos uruguaios e argentinos, pois se fosse vencedor, tão forte se sentiria que teria levado o seu plano do Reino Unido até o fim.

Para Bomfim, a "negociação do reconhecimento", a independência feita por portugueses e ingleses, queria era evitar a independência com a República, que seria feita por brasileiros. Os que fizeram 1822 só tinham um objetivo: combater o sonho da República. Todavia, para ele, a fundação da nação brasileira democrática e republicana não era uma remota possibilidade, mas uma aspiração viva e forte na alma do Brasil. O sonho da nação republicana e democrática aparecera na tradição das rebeliões coloniais, e os republicanos continuavam fortes em 1821, 1822 e 1823. Para Bomfim, a Independência verdadeiramente brasileira só se realizaria com a República. Contudo, em sua luta, entre 1827 e 1830, os brasileiros se dividiram em, de um lado, os moderados, que combatiam apenas o absolutismo do imperador, e, de outro, os democratas republicanos, que repeliam toda a política do Império, lutando por uma República democrática, federal, pacífica e bem americana. Os moderados eram tuteláveis e moldáveis em sua oposição, pelo imperador. Atuaram na campanha contra o imperador para amortecê-la, para reduzi-la a simples mudança de pessoas. Eram futuros marqueses! A nação ressurgia vigorosa e

CIVILIZAÇÃO BRASILEIRA E OTIMISMO REVOLUCIONÁRIO (INGÊNUO)   199

se afirmava na voz dos exaltados republicanos. Toda a opinião pública nacional era contra os excessos absolutistas do imperador, mas a divisão dos brasileiros em sua luta nacional foi fatal.

A segunda oportunidade de vitória da nação brasileira foi em 1831, com a expulsão do imperador. Os republicanos reagiram com forte movimento nacionalista e democrático ao longo dos anos 1820, mas fracassaram novamente. A divisão dos brasileiros em moderados e exaltados impediu a sua vitória. O Estado português venceu o espírito de brasileirismo em que se fizeram as revoluções de 1817, 1824, 1831. O bragantismo, único governo conhecido no Brasil até 1831, infectava as camadas governantes e, mesmo através de uma revolução, os que chegavam até o governo infeccionavam-se e deixavam de ser expressões legítimas das puras necessidades nacionais. O veneno bragantino adoecia os revolucionários e, no poder, eles deixavam de representar os ideais e se transformavam em monstros da tradição dirigente. O Brasil já era autônomo em vampiros e esses neovampiros brasileiros se encarregavam de manter a nação exangue e exânime, submissa aos interesses externos. A queda do Primeiro Império não representou a vitória da nação republicana e democrática. A abdicação não levou à radicalização da revolução da independência. Em 1831, a revolução teve medo de si mesma. Negou-se a solidariedade das tradições nacionais e das aspirações democráticas.

Foi a vitória dos moderados neobragantinos, que se impuseram aos exaltados. Para Bomfim, 1831 não poderia ter tido o trágico desfecho que teve. A revolução foi novamente frustrada. Para a nação, antes a derrota da revolução do que seu desvirtuamento em mãos de moderados. Em 1822 e em 1831, embora já fosse possível sonhar, a exigência de uma "nova ordem" não foi atendida. Desde 1823, a campanha contra o Império fci ardorosa, uma exaltação confiante e juvenil. Mas os moderados de 1831 apagaram essa chama. Houve explosões de exaltados, que foram seguidamente derrotados e desmoralizados. Bomfim lamenta a facilidade e a presteza com que o imperador se deixou expulsar, pois isso impediu a revolução de 1831 de fazer o que a de 1822 não fizera. O governo continuou de marqueses e viscondes, e o Brasil teve de continuar a pregar e a pedir por uma revolução. Em 1831, tal como em 1822, a revolução brasileira foi outro malogro. Assim, o esforço do Brasil para ser brasileiramente independente tinha até então três fracassos: a imigração do Estado português (1808), a derrota de 1817, a Independência com o Bragança (1822) e, em 1831, o quarto e maior desastre, a abdicação com os moderados. Após a vitória, os moderados impuseram a legalidade, a paciência, a autoridade, a sensatez, a calma. A parte viva da nação, vibrante e intransigente, protestou vigorosamente, mas foi esmagada. O povo que destituiu o imperador deveria também ter dissolvido a sua Câmara e avançado com a revolução. A Câmara impôs a mudança "dentro da lei" e os exaltados foram tratados como facciosos e desordeiros.

Os inimigos da nação, os moderados adoecidos de bragantismo, os neovampiros venceram. A nação, contrariada nas suas aspirações mais vivas, empalideceu, abateu-se, tornou-se cética. Para Bomfim, a razão nacional estava com os exaltados, mas, desorganizados, eram sempre derrotados. Eles nunca se organizaram para a luta civil e, por isso, os moderados ficaram senhores dos destinos desta pátria. A vitória dos moderados fez com que a vida política no Brasil perdesse ideais e se reduzisse a nomes e à politicagem. A vida política brasileira se degradou, pois o mal bragantino se revigorou. Dos homens de 1831, Bomfim destaca apenas o padre Feijó, que descreve como uma "figura viva, distinta, forte, nobre caráter, com vontade, inteligência, ativo". Em sua exaltação republicana, não compreendo como Bomfim pôde admirar Feijó, pois foi o líder dos moderados que tomaram o poder. Feijó organizou a vitória de 1831 e garantiu o poder dos moderados, suplantando os exaltados e os restauradores. Feijó não seria um daqueles neovampiros moderados que, doentes de bragantismo, uma vez no poder esqueciam seus princípios e a sua causa? Bomfim descreve Feijó, contraditoriamente, como "moderado e democrata, republicano e socialista, abolicionista". Ele defendia radicalmente a liberdade política e a emancipação nacional, defendia o federalismo, mas, infelizmente, "foi obrigado a entregar a sorte do país à politicagem dos moderados". Ele era brando com os exaltados e trabalhou pela democracia e pela república. Após 1837, o liberal Feijó foi posto à margem. Bomfim lamenta que Feijó tenha falhado como regente, organizando o poder para os moderados e marqueses. Mas, paradoxalmente, o admira, assim como a José Bonifácio de Andrada, outro moderado, como representantes do brasileirismo.

Portanto, para Bomfim, a Independência do Brasil foi uma mentira em 1822 e um fracasso em 1831. Em ambas as oportunidades de vitória da revolução brasileira, o Estado monárquico português venceu. Em 1840, a derrota da nação republicana e democrática se consumou. O bragantismo se estabeleceu definitivamente e o vampirismo tornou-se interno. Para Bomfim, a nação foi ao fundo do poço! O Brasil conheceu o mais sinistro golpe de Estado. Em 1840, acentuou-se a obra de destruição das poucas liberdades conquistadas em 1831. Não foi d. Pedro II quem deu o golpe, pois era uma criança, mas foi quem lucrou com ele, para reinar com um poder incontrastável. Ele presidiu a degradação da vida pública. O Estado português revigorado envolveu a nação em uma "crosta de podridão". O Segundo Império foi uma extensão do Império luso-brasileiro de d. João VI e d. Pedro I. O passado instalou-se no presente. O mal de origem se impôs. O imperador dominou a nação com o seu absolutismo. De 1840 a 1889, para Bomfim, a história política oficial do Brasil foi asquerosa pelos crimes contra a nação e contra a humanidade. Foram 49 anos de mentiras, perfídias, usurpação. O imperador estragou todas as forças vitais da nação e só reconhecia uma virtude: o servilismo.

CIVILIZAÇÃO BRASILEIRA E OTIMISMO REVOLUCIONÁRIO (INGÊNUO)

A vida do Segundo Império se fez com os dois partidos políticos, mas os dois eram a mesma coisa com nomes diferentes. Os políticos mudavam fácil e fisiologicamente de um para o outro. Os programas diziam uma coisa e, no poder, os partidos faziam outra. Houve descrédito dos partidos, perda de convicções, eliminação da luta. Uma vida política sem opiniões e princípios, que distribuía empregos, posições, títulos, honras. A política liberal nunca esteve no poder com os liberais. Os liberais eram tão escravocratas quanto os conservadores. A conciliação era imposta e o "intransigente" era amaldiçoado. O egoísmo e a indiferença pela nação predominavam contra os ideais. Os políticos eram indiferentes a compromissos e só faziam questão de serem os preferidos do imperador. Este dissolvia e reunia gabinetes seus. Seu poder era pessoal. O povo brasileiro não se autogovernava. Os partidos tinham influência segundo eram chamados ao governo. Não era um sistema representativo. Os partidos não agiam pelo povo, mas pela aceitação e indicação do imperador. A opinião pública não interessava. A Constituição não era a lei.

A política imperial se apoiou na corrupção e no favoritismo. O Segundo Império, longo, "pacífico", foi uma época em que a nação foi ainda mais anulada. Em 49 anos não houve um momento em que se sentisse a vontade nacional, a não ser no final, em 1888. Foi o reino da insinceridade, do embuste, da dissimulação, da traição, da degradação, da corrupção. O Segundo Império foi fechado ao influxo da opinião, alheio aos estímulos da vida nacional. A independência de caráter era tida como insensatez e intransigência. Foi o sistema do silêncio parlamentar. Os homens públicos do Império tinham uma única probidade: eram limpos quanto a dinheiro, não se vendiam, nem metiam a mão nos cofres do Estado. O imperador era inflexível quanto ao dinheiro público. A corrupção que havia era a do tráfico de prestígio. O medo maior era não ser escolhido pelo imperador e cair na sua lista negra. O favoritismo do imperador levava à apostasia, ao servilismo. Ele roeu as fibras do caráter nacional. Os governos não eram ladrões por terror do imperador. Quando o regime se esboroou ao golpe dos abolicionistas, em que renascia a alma republicana brasileira, a miséria da política de embustes apareceu em transigências e apostasias. O trono e seus políticos foram para a revolução, aceitando tudo o que mais repeliam. Surgiram os "conservadores abolicionistas e republicanos"! Esse espírito transigente, apóstata, sem convicções e ideais se implantou entre nós porque tivemos de incluir em nosso destino o Estado português e, em nosso sangue, a herança bragantina. E "morremos de indigestão e anemia!".

D. Pedro II, "um Bragança aqui abandonado", foi a substância da vida monárquica brasileira. Que valores havia nele para acumular tanto poder? Quem era Pedro II? Para Bomfim, há uma contradição entre sua enorme concentração de poder e a exiguidade psíquica da sua personalidade. Como poder político, d. Pedro II foi monstruoso. Mas, psicologicamente, era precário. Para o psicólogo Bomfim, d. Pedro II tinha um temperamento frio, sem prazeres, inteligência mediana, escassa imaginação, assimilação fácil, tendência ao exame, à crítica, mas sem perspectivas; era erudito, reflexivo, tinha grande capacidade de estudo, mas sem emoções, uma afetividade pobre, medida, o coração seco, a sensibilidade frívola, uma bondade convencional. Não era cruel. Era incompatível com o nefando crime contra a América e a humanidade que cometeu, a Guerra do Paraguai. Era um caráter apagado, conduzido por uma vontade lúcida, refletida e nítida, a serviço da vaidade, o seu estímulo mais forte. Era filho de um imperador escorraçado e corrido, representante de um trono desprestigiado. Desde cedo, foi estragado pela lisonja e pela adulação. Não teve infância. Era um adolescente pouco jovial. Sofreu uma pedagogia deformadora e depressiva. Era todo circunspeção, reflexão, sensatez. Vaidoso, queria ser elogiado como um grande rei. Por convenção, ele foi liberal, justo, bom, probo, honesto, patriota. Era um bom senhor dos brasileiros, que tratava como escravos. Era rancoroso. Era contraditório: com as suas boas qualidades morais conservou a escravidão, sistematizou a corrupção política, fez guerras injustas, resistiu à vontade nacional. Patriota, ele reduziu a soberania da nação à soberania do trono. Ele buscava apenas a onipotência pessoal. Suas boas intenções não combinavam com o bem da pátria. Não era odiado, mas seu poder absoluto levou à República. D. Pedro II não tinha a estrutura psíquica de um déspota. Não era um César. Apesar desse retrato arrasador, Bomfim ainda o admirava: "nem parecia um Bragança!". D. Pedro II foi um homem são, decente e pessoalmente digno. Saiu do país recusando uma quantia que lhe foi oferecida pelos revolucionários.

Mas seu governo era contra os interesses e as liberdades nacionais, um parlamentarismo de mentira. Além do seu absolutismo anticonstitucional, o bragantismo apodrecia os que o cercavam. A Corte-metrópole, herdeira da primeira Metrópole, dominava a nação já desiludida de ser livre e de ter destino próprio. Não havia qualquer ensaio de intervenção efetiva da nação no funcionamento do Estado. A vida municipal foi sufocada pelo Poder Moderador. Não há nação onde as liberdades locais tenham sido mais contidas do que no Brasil imperial, e ficamos cada vez mais distantes da liberdade política e da realidade democrática. Até o início do século XVIII, as câmaras municipais governavam o país. Houve municipalidades que chegaram a depor, prender e recambiar para Lisboa autoridades despóticas. Os "bons do povo", representantes da população urbana, foram ativos na vida pública da Colônia. No Primeiro Império, a defesa da união do Brasil levou à centralização político-administrativa. Com uma célebre lei de 1846, tornou-se impossível qualquer veleidade de autonomia municipal no Império do Brasil.

Enfim, na interpretação radicalmente republicana de Bomfim, a nação brasileira tornou-se vítima perene do parasitismo bragantino. A Independência com a Monarquia, a Abdicação com os moderados, o Golpe da Maioridade e o Poder Moderador, eis a sucessão de derrotas sofridas pela nação republicana brasileira. O Estado monárquico é o nosso mal original, que contaminou o poder em todos os níveis, inclusive na República. Na Colônia, no Império e na República, o Brasil tornou-se o reino dos mandões. A nação foi oprimida por capitães-generais, capitães-mores, governadores e presidentes, que eram, em essência, a mesma coisa. E tornou-se impossível organizar uma legítima democracia com dirigentes feitos numa tradição política pervertida. Sucedem-se os homens e eles não saem do arcaísmo político bragantino governo-domínio-usufruto-privilégio-opressão-espoliação. Para Bomfim, a educação popular talvez fosse a única saída para a nação brasileira. Mas o Império suprimiu o poder local e, ao mesmo tempo, impôs-lhe o peso da educação primária e secundária. Resultado: as populações brasileiras ficaram na ignorância de sempre. De 1840 a 1888, em face do mundo, a nação brasileira só não regrediu mais porque, desde a Colônia, o Brasil já era a parte mais retrógrada do mundo americano: sem imprensa, sem universidades, sem educação. A população estava mergulhada na escravidão e no analfabetismo. No fim do Segundo Império, apenas 2% dos brasileiros sabiam ler e escrever. Havia poucas escolas primárias oficiais, mesmo no Rio de Janeiro. A instrução primária estava reduzida à leitura elementar, às quatro operações e ao catecismo cristão. Não havia instrução popular, nem profissional, nem centro de cultura. Para Bomfim, e ele grita a sua revolta, quando se pensa nas necessidades efetivas daquele Brasil de 1850-90, cheio de vigor e ansioso de progresso, a condição em que o Império o mantinha era infame. O Brasil era o reino do obscurantismo e da ignorância, cultivados para garantirem a vitória do despotismo bragantino.

Nostalgia e esperança: a República soberana e democrática

Entre 1845 e 1889, para Bomfim, o Império bragantino salgou a terra e cobriu a nação brasileira com um manto escuro, impedindo-a de ver a luz, como se ela fosse incompatível com o sol. Ele usa uma linguagem ainda mais dramática: o Império "infeccionou" a nação e a envolveu em uma "crosta de podridão". Todavia, as derrotas políticas sucessivas não a silenciaram. Pelo contrário, quanto mais ferida e oprimida, mais vivas e emocionadas tornaram-se as suas expressões. A tradição nacional encontrou novas estratégias para se manifestar. Do confronto político direto, ela passou para a luta política no pensamento e na arte. A cultura tornou-se o espaço do combate político. Após as derrotas de 1842 e 1848, a alma nacional passou a se exprimir em um pensamento vibrante e profundo: a nossa poesia lírica. Esse lirismo era a expressão da esperança nacional na chegada de uma ordem político-social republicana e democrática. A resistência nacional passou a se manifestar de forma exuberante na esfera da cultura. Foi como se a nação compreendesse que a luta direta devia se nutrir e se orientar por valores, ideais, utopias, que deviam ainda ser formulados em linguagem vibrante e densa, para atingir a população e mobilizá-la para a conquista do seu sonho. A situação política desfavorável, paradoxalmente, foi fecunda, pois propiciou a emergência do nosso pensamento próprio.

O Império tinha os seus aduladores, literatos e historiadores: Alves Branco, Toureiro Aranha, Porto Alegre, Varnhagen, Pereira da Silva, Moreira de Azevedo, que continuavam Santa Rita Durão, Rocha Pita, Pereira de Sá, que Bomfim desprezava como portadores de "um pensamento vazio e subserviente". O pensamento brasileiro, até 1845, era sem ideias, sem cores e formas, nulo. Para ele, a independência política exigia a criação de uma literatura e de uma historiografia independentes. O passado bragantino não nos dera os meios de formação mental que pudessem propiciar a criação de um pensamento próprio e afirmativo. As grandes cidades brasileiras vergavam sob o mercantilismo português, avesso às coisas do pensamento, indiferente às solicitações estéticas. Todo mundo que poderia ser literato se dirigia para o direito e a política. Para Bomfim, a evolução do nosso sentimento nacional corria como uma corrente submarina, elevando-se em determinados momentos em altas ondas, que eram quebradas e obrigadas a voltarem a correr sob a superfície. A sequência das altas ondas quebradas foi a reconquista de Pernambuco, os movimentos nacionalistas, a revolução de 1817, a reação política de 1823 e 1831 e o lirismo de 1845 e 1889. Para ele, esta última onda era a mais alta e inquebrável, pois era a expressão maior da autoconquista definitiva dos corações e mentes da nação.

Na segunda metade do século XIX, sob a ditadura do imperador, a alma nacional voltou-se para o pensamento e para a arte, em defesa da liberdade política e da justiça social, e se autorreconheceu. De 1845 a 1870, uma nova poesia lírica expressou em versos e voz sentida a alma nacional oprimida. A nação brasileira reencontrou-se em seus primeiros poetas, articulou em palavras o seu conteúdo. No capítulo VI, intitulado "Novo ânimo", da segunda parte de O Brasil nação, Bomfim aparece impregnado do romantismo lírico dos poetas brasileiros. Ele se identificava com esses "vampiros infelizes", os românticos poetas da revolução brasileira, e se tornou um deles. Para Bomfim, era necessário acentuar o valor social, nacional e político, dos grandes poetas brasileiros. O pensamento autoritário vê o poeta como um espírito infantil, leviano, fantasista, insensato, sentimentalista. Vê a poesia como algo inútil para a vida. Bomfim lembra que os ingleses e os americanos conservam religiosamente a lembrança dos seus Shakespeare, Byron, Poe, Whitman. Dir-se-ia que a afirmação da nacionalidade em europeus e norte-americanos dependeu de seus poetas. Para ele, um país não se faz somente com diretores de bancos e gerentes financeiros. A poesia é o encontro inteligente do mundo interior com o mundo ambiente. Um poeta legítimo e completo é um povo todo em um só espírito. Sua obra se impõe, pois vai direto às almas. A poesia sintetiza todo o sentimento de um povo. O cantor condensa em um só movimento a multiplicidade de sentimentos, dá-lhe forma própria, nítida e penetrante.

Os nossos líricos de 1845-70, quase todos, foram existências fugazes, juventudes que terminaram no túmulo. Para Bomfim, isso não lhes diminui o prestígio. A sua vida valeu pelo conteúdo dos seus poemas. O mote principal dos seus versos era o amor. A "crítica pedante" não lhes perdoou o subjetivismo, o tom lamentoso e dolente. Mas, para Bomfim, essa é a condição essencial da poesia, que é um "pensamento sentido". Para todo poeta, a dor é santa e sagrada. Os cantos desesperados são os mais belos. A poesia romântica nacionalista foi preciosa para o povo brasileiro. Ela revelou a nação brasileira em seu sentir próprio. Os poetas cantaram a natureza brasileira, celebraram o gênio do seu povo e a sua história. Foram patriotas, defensores da justiça e da revolução. Eles, os cantores da alma brasileira, foram o melhor dessa época de trevas: Gonçalves Dias, Álvares de Azevedo, Casimiro de Abreu, Junqueira Freire, José de Alencar, Fagundes Varela, Castro Alves, Machado de Assis. Eles falaram direto aos corações brasileiros. Foi a influência dessa poesia que levou à dissolução das nefandas instituições do regime bragantino: a escravidão e a monarquia. Os poetas se revoltaram contra a sorte da pátria rebaixada. Eles clamaram pela redenção nacional. Bomfim nos pergunta: quem não se comoveu com os versos de Gonçalves Dias? E com os de Castro Alves? A poesia revelava os grandes problemas nacionais. Para Bomfim, no Brasil, só a poesia tem sido pensamento original. Ela tem sido a legítima voz da nacionalidade. A poesia brasileira é um jardim cercado pelo lixo político e pelo mimetismo cultural. O Brasil de 1850 ardeu no lirismo de seus cantores. Com eles se reafirmou a tradição brasileira e negou-se o Império bragantino. Em seus versos, o valor da nação não era o Estado poderoso, mas o homem brasileiro, seu elemento essencial.

O pensamento autoritário descarta a contribuição dos poetas: "são devaneios, sem possibilidade de eficiência na sociedade". Esse puro lirismo, que ação eficiente poderia propor? Para Bomfim, mesmo não sendo "eficiente na sociedade", a obra dos poetas tem um valor absoluto: são vértices do pensamento. Mas os versos dos nossos poetas românticos do século XIX foram absolutamente eficientes na sociedade brasileira. Nesses versos se reconheceram as almas brasileiras. Os grandes líricos foram populares. Dessa poesia inundou-se a alma do Brasil. A juventude dilatou a sua consciência social e nacional. Bomfim, afastando-se longamente da sua linguagem biológica e do seu naturalismo, se detém prazerosamente na "declamação" e análise dos poemas de Gonçalves Dias, Casimiro de Abreu, Álvares de Azevedo, Fagundes Varela, Castro Alves, José de Alencar. Para ele, originais, só temos poetas. Não temos pensamento abstrato original ainda. Somos "retardados intelectuais" e expressamos com dificuldade a nossa experiência histórica. E podemos ser otimistas porque a nossa poesia tem valor. Os líricos brasileiros produziram uma poesia original, própria e com interesse universal. O romantismo deu-nos voz específica, inconfundível, revelando o nosso temperamento. Nosso "gênio peculiar" se pronunciou na obra dos líricos, desses "vampiros tristes", nostálgicos da alma nacional. Cada um deles deu o melhor de sua alma ao amor da terra-mãe e de suas tradições. Até Gonçalves Dias, só uma história mal-analisada nos falava de pátria. Desde então, somos embalados por esses ideais que eles descreveram.

Nossos românticos, buscando o que nos diferenciava do europeu e de outros povos, cantaram um dos temas centrais da alma essencialmente brasileira: o índio. De fato, não se compreende a realidade humana, aqui, sem as tribos que humanizavam a paisagem brasileira. O índio deve ser um motivo constante da "poesia que se inspira de nós mesmos". Nosso espírito nacional se afirmou contra a Metrópole e o índio o representa porque resistiu ao português. Ele não se deixou escravizar e aculturar. Para Bomfim, críticos pseudocientíficos, objetivistas, ignorantes arrogantes procuram diminuir o valor literário e patriótico do indianismo, negando-lhe sinceridade de emoção e realidade de vida. Dizem que o índio não falava, nem sentia como Iracema e que não teve influência na formação do Brasil. Bomfim discorda e reconhece no indianismo um valor cultural definitivo. A consagração do índio apurou o sentimento de nacionalidade. Nosso nacionalismo aproxima-nos do índio, para nos diferenciarmos do português. Tentamos nos identificar com os brasis, para encontrarmos a nossa mais "pura identidade" e soprarmos o fogo do amor à pátria.

Enfim, para ele, na amarga derrota, os poetas brasileiros salvaram a sensibilidade brasileira. A inspiração dos poetas teve o poder de repor-nos na humanidade, restituindo-nos ideais. A poesia reacendeu a esperança em plena escuridão da dominação bragantina. O seu sentimento agitou as propagandas que comoveram e mobilizaram as revoluções. Os nossos líricos românticos tornaram-se fatores decisivos nas transformações sociais e políticas do Brasil. Sua obra teve grande significação na história dessas transformações. A política nacional alimentada no tráfico, feita com a escravidão, foi destruída por uma outra idealidade que vinha do coração brasileiro. Começou a mais eficaz das revoluções, aquela em que se renovam as almas. O espírito brasileiro se descobria e começava a se expressar viva e vigorosamente. Até nos aspectos essencialmente literários criou-se o estilo nacional, o idioma brasileiro. Nossos líricos dedicaram suas vidas para nos falar de esperanças, ilusões, saudades, desesperos, afetos reais. Nossos líricos sofreram por um ideal. Sob a asfixia do Império, o romantismo foi a suprema renovação das energias mentais em que toda a alma brasileira refez seus sentimentos e reformou sua ação. Esses líricos eram almas em desacordo com o mundo político. Foram vozes de protesto e lamento. Eram nacionalistas radicais, revolucionários, que queriam reconquistar a pátria sagrada. Eles lutaram pela realização da liberdade, da democracia e da justiça social.

Bomfim se identificava especialmente com Castro Alves, o poeta da Abolição, que considerava genial e a ele dedicou seu livro. Em Castro Alves, para Bomfim, a poesia era uma missão. O poeta elevou a sua voz orientadora de multidões, consagrando o bem, fulminando injustiças. Seus poemas são pura paixão. Ele sonhou com um novo Brasil. Castro Alves arrastou os corações para a revolução. Ele não celebrava o passado, destruía as suas impiedosas injustiças. Ele lutou por um futuro de solidariedade. Sua obra era nacionalista, libertadora, republicana, revolucionária. Ele lutou contra a injustiça, o militarismo e a escravidão. Seu gênio foi imediatamente reconhecido, seus cantos levantaram, de fato, o que havia de grande na alma brasileira. Eram versos de um adolescente revoltado. Castro Alves queria ver a pátria brasileira livre e em plena justiça. O valor da sua poesia é estético, mas sobretudo de generosidade humana e propaganda social. Era o pensamento da juventude brasileira do século XIX. Sua literatura social realimentava o combate. A Abolição começou nos versos de Castro Alves. Enfim, para Bomfim, nas belas páginas de *O Brasil nação*, foram os poetas que quebraram a "crosta de podridão" gerada pela asfixia política do Império. Em seus cantos renasceu a nostalgia da origem e a esperança da nação brasileira: a República soberana e democrática.

Frustração: a proclamação da "República bragantina"

Para Bomfim, a vida da nação brasileira se fez através de quatro revoluções frustradas: a Independência, a Abdicação, a Abolição e a República. As quatro revoluções que marcam os estágios da evolução nacional, todas ocorridas no século XIX, foram frustradas porque não enfrentaram uma resistência efetiva. Não foram revoluções profundas, pois não curaram os nossos males. Em todas elas, a independência continuou por ser feita. No século XX, os brasileiros lutavam ainda pela autonomia nacional, pois 1889 não resolveu as crises de 1822 e 1831. Os "revolucionários" que ascenderam nessas datas foram os moderados, que se assenhorearam das posições, anulando a revolução. Os moderados e os adesistas controlaram esses movimentos, impedindo a sua radicalização. Para Bomfim, nossas revoluções geralmente funcionaram assim: primeiro, a ideia revolucionária vivia em uma minoria fraca, que lutava solitariamente; depois, encontrava a adesão de toda a opinião pública. Quando o movimento irrompia, quando a ação revolucionária era desencadeada, não encontrava mais resistência. Tinha-se a impressão de que a revolução fora vitoriosa, pois todos vinham para ela, dominados pela força da opinião pública. Mas o que ocorria é que aqueles que, antes, combatiam a revolução simulavam adesão a ela e passavam a "dirigi-la", isto é, agiam para impedi-la. Foram eles, os moderados e adesistas, os neovampiros, que impediram o sucesso das nossas revoluções. Os dominadores de ontem fingiam não resistir à mudança, simulavam aderir ao movimento, para continuarem vivos e dirigentes. Em toda legítima revolução há a eliminação da classe dominante. Isso nunca ocorreu no nosso país.

E o tom radical de Bomfim passa ao grito! Não vamos interrompê-lo. Pelo contrário, vamos segui-lo em sua paixão e ouvi-lo extasiados. Quero permanecer o mais próximo possível daquilo que ele quis ou gostaria de dizer. Ele se desespera: por que esses adesistas de última hora conseguiam tomar o controle da situação camuflando-se de "revolucionários"? Como pôde a nação acreditar que os dirigentes do regime anterior passaram a aceitar os novos ideais? Como os conservadores e mandões de sempre conseguiram convencê-la de que lideravam a democracia brasileira? E procura raciocinar, mergulhado na emoção das derrotas sucessivas. Para ele, uma das razões é que não temos educação política. Viemos do mandonismo colonial e esse mandonismo se reproduziu nos novos dirigentes. Nossa herança bragantina não permite que as consciências se esclareçam. Nossas revoluções não tinham programas, ideais e convicções. A população analfabeta, inculta e politicamente despreparada não podia resistir aos mandões, que continuavam mandando. Outra razão, para ele, é que, geralmente, os verdadeiros republicanos não se organizavam para a ação. Em 1889, o Partido Republicano não era eficientemente revolucionário. Ele não pôde liderar a revolução porque não estava bem-organizado e estava distante da realidade. O pensamento político republicano não era popular, mas restrito às classes dirigentes. Para Bomfim, apesar de, naqueles dias, já serem conhecidas as concepções de Karl Marx (e ele as conhecia e fez delas uma leitura própria, não dominada pela ortodoxia soviética do PCB), os aspectos político-sociais não existiam para os revolucionários republicanos. O Manifesto do Partido Republicano de 1870 era posterior ao Manifesto do Partido Comunista e contemporâneo da Comuna de Paris, mas a ideologia da República não correspondia à sua época. Tudo não passou de ineficientes liberalismos, de pobre positivismo. Os republicanos de 1889 estavam mais distantes da alma popular do que os de 1831. Eram juristas fazendo política. Outra razão ainda, para ele, é o fato de as revoluções terem sido feitas com o apoio ativo e formal das Forças Armadas. Os golpes de 1822, 1831 e 1889 foram golpes de força, que visavam apenas conquistar o poder e não mudar o poder.

Para Bomfim, a Abolição da Escravidão, o sonho de Castro Alves e dos poetas líricos, a primeira e única tentativa de revolução social na vida do Brasil, foi uma terrível frustração. Por um lado, foi a mais bela e radical revolução brasileira, a mais próxima dos ideais da tradição republicana. A Abolição era um vivo desejo nacional desde José Bonifácio e Feijó. Desde 1817, os brasileiros viam a escravidão como um cancro social. Os poetas românticos expressaram o caráter essencialmente antiescravista da alma nacional. Por outro lado, a Abolição frustrou, porque se fez tardiamente, quando não havia mais nenhum país escravocrata. O tráfico só foi extinto quando o inglês o impôs, agredindo a soberania nacional. Além de tardia, a Abolição frustrou também porque não conseguiu vencer a ordem do regime bragantino. O abolicionismo deveria trazer o trabalho livre, o trabalhador qualificado, a educação política, leis sociais de proteção do trabalhador, a organização sindical e o direito de greve, a boa higiene do local de trabalho, a criação de seguros contra acidentes e velhice. Devia fazer mudanças para impedir a exploração dos trabalhadores. Nada disso se fez. O operário se manteve economicamente mais escravo do que antes. A exclusão social

CIVILIZAÇÃO BRASILEIRA E OTIMISMO REVOLUCIONÁRIO (INGÊNUO)

agravou-se. A Abolição não resolveu a questão social. Os dirigentes continuaram os mesmos e, por isso, a Abolição falhou como revolução social.

Para Bomfim, d. Pedro II não era um abolicionista, mas, na hora da revolução, passou para o seu lado e fingiu ter sido sempre abolicionista. D. Pedro II, o onipotente, se tivesse um mínimo de sentimento abolicionista, não esperaria que o tráfico se extinguisse sob a pressão da Inglaterra. O governo do Império era a sua vontade. As leis do Ventre Livre e da Abolição do Tráfico se fizeram porque ele decidiu fazê-las, sem consultar a nação. A politicagem do Império só foi sincera na defesa da escravidão. A única oposição que enfrentou foi a dos abolicionistas. Com a Abolição, o Império reconheceu que sua política anterior era injusta, impatriótica, cruel, incapaz de atender às necessidades do país. Na verdade, o Império se rendeu à Abolição contra a qual lutou o tempo todo. Após a Abolição, que não foi outorgada pelo imperador, o Império não fazia mais sentido. Ela foi conquistada em uma desinteressada e impávida campanha: versos, artigos, discursos, comícios, libertações espontâneas de escravos, resistência do Exército. A realeza não teve nada com essa campanha revolucionária. O trono não pôde resistir-lhe mais. O Império se entregou e desabou. O trono não se sacrificou pela Abolição. Ele foi abatido e desarticulado pela vitória da revolução abolicionista. A Abolição derrotou o Império, que ficou à mercê dos republicanos. Mas, miséria política bragantina nossa: a política governamental que fez de tudo contra o abolicionismo, quando sentiu a vitória irresistível da causa, aderiu à revolução e procurou legalizá-la! A Abolição acabou sendo uma "revolução legalizada" à última hora. Os próprios escravocratas criaram leis que a legitimavam e anulavam o seu efeito revolucionário. No final, a própria filha do imperador quis se apresentar como o sujeito da revolução! O próprio d. Pedro II passou a se considerar um abolicionista! E a revolução da Abolição, como todas as anteriores, foi esvaziada pelos adesistas conservadores, perdendo a sua profundidade. A nação foi mais uma vez frustrada e teve que abandonar o sonho da mudança social radical para retornar ao pesadelo da realidade bragantina.

Vindo logo após, entrelaçada à Abolição, e esvaziando-a, a Proclamação da República, para Bomfim, foi o auge da frustração. Se ele se frustrou com 1822 e 1831, e atacou violentamente d. Pedro I e os moderados, em 1889. seu alvo foram os militares golpistas e os bacharéis. Para ele, a Proclamação da República deveria coroar uma tradição de origens ainda mais profundas do que o abolicionismo. O republicanismo era a mais antiga das tradições nacionais. A República foi a constante aspiração da alma brasileira, desde 1640. Contudo, a revolução republicana foi outro lamentável malogro. Não viria a República se os monarquistas fossem sinceros. Aderiram, quase todos. Ninguém quis morrer pelo rei. Entre 1870 e 1889, a propaganda republicana foi feita com um verbalismo estéril e pedante. Os republicanos que conquistaram o poder não foram além do que fora feito em 1831. Feijó era mais radical do que os republicanos de 1889. O movimento foi li-

210 AS IDENTIDADES DO BRASIL 2

derado por um general que nunca se dissera republicano, que era amigo e admirador do monarca. O Exército se substituiu à nação. A República instalada se desviou para prepotências, crimes, misérias. Ela foi feita pelos mesmos homens do Império, quando deveria ter sido a integral substituição de tudo, ideias, programas, homens e processos. Deveria ser uma renovação tal que permitisse a emergência da alma essencial do Brasil. Mas os que deviam impedi-la aderiram e se apossaram dela. A revolução da República foi travada pelos militares, pela ideologia positivista e pelo liberalismo demagógico do bacharelismo jurista. O poder republicano se manteve distante da realidade nacional. Para Bomfim, foi um desastre o fato de os militares terem tido a iniciativa da República e o domínio sobre ela. Ela se reduziu a um golpe de Estado.

Bomfim não esconde sua decepção e gira sua metralhadora verbal contra os militares, os moderados e os adesistas da República. Embalada pelos versos dos poetas românticos, a nação sonhava e esperava a radicalização da República, que traria a justiça, a liberdade, o civismo, a competência administrativa, a liberdade de expressão, a autonomia local, a honestidade, a tolerância, a democracia. Mas a República que veio limitou-se à abolição da Monarquia. Deodoro não tinha condições de governar e se fez reacionário. Teve que renunciar. Floriano assumiu e defendeu o regime contra os poderes locais. Substituiu-se um "déspota manso e limpo" por sucessivos tiranos violentos e sujos. Minas Gerais e São Paulo tornaram-se os donos dessa democracia de mentira. As oligarquias decidiam tudo e não perguntavam nada a ninguém. Para ele, a República chegou a essa degradação por causa da nossa secular e terrível herança bragantina. Houve uma reconstituição do poder central, metropolitano, em torno dos dois grandes estados que dominaram a República. A República tornou-se uma tirania paulista-mineira, um arbítrio político pior do que nos dias de d. Pedro I. A solidariedade nacional foi comprometida.

A Proclamação da República decepcionou a nação, que continuou abafada, escravizada pela nova classe dirigente, como era antes pelo governo da Metrópole. A tradição nacional republicana tinha como inspiração a justiça e a liberdade. A tradição bragantina tendia ao despotismo vil. A República de 1889, continuando a tradição política portuguesa bragantina, repetiu os crimes dos governos da Metrópole e de d. Pedro II contra o Brasil. Nas "formas de pensar e sentir" dos dirigentes republicanos encontramos o nosso mal de origem: o mandonismo, a injustiça, o autoritarismo, a prepotência, a intolerância, a ausência de senso crítico, leituras mal-assimiladas, a sedução pela riqueza material, a mentira, a ausência de convicções políticas, a corrupção. A realidade da nação brasileira deixou de ter significação para tais governantes neobragantinos. Eles pensavam mal o Brasil, com fórmulas verbais gastas, eruditismo, preconceitos, o bacharelismo legista. O governo republicano era exercido por bacharéis em direito, que não tinham preparo para o governo de uma na-

CIVILIZAÇÃO BRASILEIRA E OTIMISMO REVOLUCIONÁRIO (INGÊNUO)   211

ção moderna, que desejava a solidariedade das nações. Governar deve ser fazer valer a lei e a justiça. A República democrática tem como fim realizar a felicidade do maior número. Para isso, o governo de juristas da República bragantina era impróprio.

Na República bragantina, os bandos políticos devoravam orçamentos, acumulavam leis, para se autoprotegerem. Houve manifesto desacordo entre as fórmulas escritas e a realidade. A República agravou as infâmias do bragantismo. Era um regime em que famílias se assenhorearam do poder, dos orçamentos. A Constituição "liberal" garantia a miséria moral, a injustiça, privilégios e rapinas, apesar de falar em democracia e direitos políticos. A "mais liberal" das Constituições nos impôs o regime do arbítrio e das torpezas impunes. As leis mantinham a injustiça, o privilégio, o fisco, a opressão, a corrupção. Na "República realmente existente" nada fazia lembrar a democracia e a consciência nacional. Para os dirigentes brasileiros, o Brasil significava usufruto. Seu governo ideal era esse: tirania, posse, ordem, privilégios, extinção da nacionalidade e do patriotismo. Nossos estadistas só tinham uma obra em mente: a satisfação dos apetites e o governo pela força. Nossos dirigentes lutavam pela riqueza e pelo acúmulo de força. Esses bacharéis só tinham uma ideia fixa: tesouraria, receita, tributo, orçamento. Eles ignoravam a realidade prática da vida. Eram nulos de ideologia. O Brasil continuou o seu triste destino: farta pastagem do parasitismo bragantino. A massa da nação permanecia ignara, doente, quase não sabendo que tinha direito à vida. Para Bomfim, se no Brasil a produção aumentava era porque o brasileiro ainda não se resignara ao suicídio.

A indignação de Bomfim transborda e entorna na alma do leitor a sua paixão pelo povo brasileiro. Ele prossegue gritando a sua emoção e já decidi não interrompê-lo. Pelo contrário, estou fascinado com sua coragem e sua análise lúcida da história brasileira. O Brasil, ele continua, envergonha-se do nome de "caloteiro" que os seus governantes lhe fizeram no exterior, sobrecarregando as gerações futuras com os juros dos seus empréstimos fabulosos. E não fizeram nada com essa fortuna! Eles a extraviaram e a roubaram! E ainda só queriam descobrir novas fontes de renda! Eles abandonaram o Brasil a negocistas internacionais, que arremetavam em leilão as suas riquezas. O Brasil foi enleado em negociatas. Os novos empossados denunciavam os cofres vazios deixados pelos antecessores e sofriam a mesma denúncia depois. A República decaiu em autocracia. O Partido Republicano Paulista e o Partido Republicano Mineiro substituíram a casa de Bragança e permanecemos na política de sempre. A República era o conluio dos mandões. A Constituição republicana apenas mascarava o domínio do país pelas oligarquias. Era inoperante, insuficiente. Não havia Federação, nem democracia representativa, apenas os dirigentes de sempre, as oligarquias de sempre. Um mineiro vinha depois de um paulista. O novo mandão-presidente "colocava" a sua gente, do diretor ao servente. O Estado era deles, dos filhos, genros, cunhados, primos.

A nação arrasada acabou aceitando que o regime republicano era isso mesmo. Na República, a política continuou sendo a arte de amesquinhar-se até a carência de todo amor-próprio. Reinava o cinismo, a hipocrisia, o servilismo, a esperteza, a vaidade, a canalhice, a estupidez, a irresponsabilidade. O Brasil estava na mão de bandos espúrios, de costumes oligárquicos corruptos, dirigentes abjetos, tiranos e rapaces. Era a continuação do poder colonial: o bragantismo se perpetuava na República. Governar era sinônimo de dominar e possuir. Os interesses pessoais se confundiam com os interesses do Estado. A República foi nula quanto ao progresso social e à defesa de ideias. Os políticos brasileiros eram os piores inimigos do Brasil. Nenhum deles foi feito para governar a nação. Continuamos coloniais, anteontem de Lisboa, ontem da Corte dos Bragança, na República, das oligarquias de Minas e São Paulo. Não importava mais quem era a metrópole. Esvaiu-se a confiança da nação, que já nem sabia definir as suas esperanças. A República foi revolucionariamente nula. O Brasil tinha um déficit a crescer e jamais se viu em legítima prosperidade. Continuou também a reinar a insuficiência mental: saber vazio, oco, eloquência, retórica, palavrório, verbalização fácil, lugares-comuns, frases consagradas. Havia falta de senso crítico, de ideias originais, de valores novos, de pensamento vivo, de ação inteligente. Faltavam cérebros capazes de análises fecundas, apoiadas na realidade, capazes de ideias sintéticas, vivas, realizáveis. As necessidades reais não eram lucidamente interpretadas. Os nossos dirigentes não tinham acesso à vida das ideias. O seu fracasso, eles o atribuíam à "índole primitiva e mestiça do povo brasileiro".

Em um posfácio de 1931, três anos após ter terminado e ainda não ter publicado o livro, Bomfim comenta a Revolução de 30, que acabara de ocorrer. Para ele, esta não era ainda a esperada revolução republicana. Os agitadores anunciavam que estavam realizando uma "grande revolução", mas não houve substituição de gentes, nem de programas, nem de processos. A agitação se limitou ao mundo político dos governantes tradicionais. Houve apenas um desentendimento entre os oligarcas dos grandes estados, gerando apenas uma confusão entre os dirigentes, que, na verdade, "queriam um ditador como Mussolini, um bom fascismo crioulo". Bomfim se afasta explicitamente do integralismo. Para ele, os militares, mais uma vez, achando ainda que "purificariam a República e salvariam a nação", se apoderaram do processo revolucionário. Para ele, esses ambiciosos apenas tomaram o poder para não mudá-lo. Na chamada "Revolução de 30", não houve nenhuma novidade de programa que a diferenciasse dos tradicionais processos de pura politicagem. Os "revolucionários" criaram a fórmula "colaboração de classes", que era apenas um engodo para manter o trabalhador na extrema dependência econômica, pois não pode haver real colaboração entre partes de valores tão diferentes. Para Bomfim, a revolução só será real quando o trabalhador puder participar do Estado e organizar as suas condições de trabalho, e via como tarefa grandiosa a ser feita a educação e a preparação da massa popular para o seu autogoverno.

A submissão cultural bragantina e o racismo

Para Bomfim, assim foi edificado o Brasil. Eis de onde vieram e o que valem os que o conduziram e o conduzem. É um milagre que ainda exista uma nação com o nome de Brasil! É surpreendente que a nação ainda subsista, após ter sido tão sugada, anulada, devorada, aviltada pelos que a representam. Mas, apesar de tudo, ela produziu e cresceu. Terá futuro? Quais seriam as chances de a nação brasileira se livrar desse passado de derrotas e se reencontrar consigo mesma? Para ele, caberia aos intelectuais brasileiros do presente procurar saídas, criar um programa político-social que a curasse do seu mal secular. Eles precisariam procurar compreender as razões da miséria presente e, para isso, deveriam percorrer "as veias do passado brasileiro". Mas a frustração de Bomfim chega ao paroxismo ao constatar que nossa vida intelectual estava também dominada pelo bragantismo. O nosso mal era até mais grave na vida intelectual e moral, e dela não se poderia esperar soluções. Para Bomfim, no Brasil neobragantino, o pensamento histórico-social era "pulhice literatada", sem apoio na realidade, sem critério de ciência. Os intelectuais brasileiros "pensavam o Brasil" de forma superficial e vazia, sem perceberem as necessidades reais do país. Eles não poderiam propor um "programa político-social" refletido e eficiente, pois eram incapazes de uma análise lúcida da realidade. Incapazes de pensar a realidade, os nossos intelectuais aceitavam e se submetiam aos conceitos e juízos que lhes traziam as suas mal-assimiladas leituras importadas. E com essas mal metabolizadas leituras acabaram legitimando ou não resistindo ao espírito dos dirigentes bragantinos: a busca exclusiva do aumento da força e da riqueza.

Essa submissão dos intelectuais brasileiros às ideias europeias era evidente em relação à questão da raça. Os próprios intelectuais brasileiros e as classes dirigentes, em vez de defender a população brasileira, a acusavam de ser inferior por causa da miscigenação das três raças. Eles consideravam o caboclo e o negro inferiores. Os intelectuais bragantinos se submeteram a Gobineau, que proclamara a desigualdade das raças e a absoluta superioridade dos germanos. Para esse pseudoantropólogo francês, essa era a mais pura raça branca, a única civilizável. Bomfim se opõe exaltado a esse "arremedo de ciência" que são as teorias raciais. Ele aciona sua metralhadora verbal contra os racistas estrangeiros e locais. Para ele, o conceito de "ariano" se limitava a um valor linguístico. Não existia a "raça" ariana. Mas essa falsa ideia se entranhou no nosso pensamento bacharelesco como "dolicocefalia", "nordiquismo", "lourismo". Para Bomfim, tratava-se de uma zootecnia pseudocientífica, que foi construída para legitimar o colonialismo e, aqui, servia para manter e expandir o poder bragantino. Ele estranhava, então, que esses "brancos superiores" se dedicassem a se destruir estupidamente. Eles queriam a paz e provocavam a guerra. O dolicocéfalo louro no poder significava invasão e conquista e representava milhões de vítimas de guerra. Será que eram superiores porque não hesitavam em praticar e repetir o genocídio?

214 AS IDENTIDADES DO BRASIL 2

Bomfim quis poder contar com os intelectuais brasileiros na luta pela libertação da nação brasileira, mas descobriu desoladamente que não poderia, porque, em sua fase "científica", nos anos 1920-30, os estudos histórico-sociais não deram continuidade ao sonho dos poetas românticos do século XIX, que eram então negados e caricaturados. No início do século XX, a etnologia oficial brasileira aceitava a pseudociência das raças e, apoiado nela, o Estado bragantino pretendia resolver o que considerava o "problema da população brasileira: a inferioridade racial"! Dominados por essa pseudoetnologia importada, os intelectuais brasileiros transformaram o preconceito de raça em "teoria científica". Todavia, para Bomfim, essa "ciência" não se aplicava à nação brasileira, pois, aqui, nunca houve preconceito de raça. Havia uma forte proporção de sangue índio e negro nos pretensos brancos brasileiros. Mas o Estado brasileiro esperava que em dois ou três séculos, com o afluxo de imigrantes brancos, teríamos uma população relativamente homogênea, com o negro esmaecido e o caboclo embranquecido. Esse "branqueamento", contudo, não constituiria uma solução, pois afirmava-se também que as inferioridades índia e negra seriam comunicadas aos frutos dos brancos. Para Bomfim, esses cálculos genéticos racistas eram um erro científico. Nunca houve qualquer hierarquia orgânica ou psíquica das raças humanas. Essa falsa ciência deprimia e desmoralizava a nação brasileira e legitimava o seu massacre. Ela excluía a população brasileira da condição humana. Isso só não ocorrera ainda porque, na população branca, infiltrara-se muito da cordialidade e da compaixão ingênua das raças dominadas. Os brancos brasileiros, por serem miscigenados, tinham a sensibilidade de negros e índios, e isso os salvou. Ao contrário, nos Estados Unidos, os preconceitos de raça dividiram a população em brancos e negros de tal modo que os "superiores" não sabiam sair da dificuldade. E essa intolerância racial americana era uma comprovada inferioridade.

Os dirigentes brasileiros, orientados por seus intelectuais imitativos e submissos, aplicaram de forma antibrasileira os falsos e interesseiros conceitos dessa ideológica ciência da hierarquia racial. Eles desprezavam o povo brasileiro e apelaram para a imigração para acelerarem sua "purificação racial". Eles só viam a possibilidade de prosperidade com a construção de uma nova nação, branca, física e culturalmente. Por isso, decretaram a necessidade da imigração, invejando a prosperidade americana, que também se apoiou na imigração. Eles trouxeram as sobras da população europeia e *coolies* chineses, como gado importado. Mas, com sua cultura bragantina, queriam que os imigrantes trabalhassem como os escravos. Os brancos e orientais, aqui, foram recebidos e tratados como os negros. Para Bomfim, a cultura americana não recebera o imigrante assim. Esquecendo-se do seu racismo radical, Bomfim até elogia o povo americano como um "povo democrático", praticante do *self-government*, que incutiu seu gênio nos recém-chegados. O povo americano tinha uma "vida política livre", era "um povo instruído", que "conhecia os seus direitos", com "boa educação política". Não havia americanos analfabetos. A vida interna era forte.

Mas era assim também para os negros? Bomfim sustenta que, nos Estados Unidos, o imigrante não era considerado racialmente superior e se tornava americano, orgulhoso do seu novo país. Os imigrantes não se sentiam superiores nos Estados Unidos, pois os americanos não incentivavam a imigração para se "purificarem racialmente" e também não importavam manadas de escravos. Bomfim se esqueceu de que eles queriam também aumentar a percentagem da população branca? Eles podiam facilitar a entrada de quem quisessem, exceto de negros. A população não africana foi quadruplicada, e Bomfim afirma que isso se deu "sem desvio do desenvolvimento nacional". Quando se fartaram de imigrantes não africanos, passaram a dificultar-lhes a entrada, porque muitos grupos começaram a marcar sua diferença em relação à comunidade nacional. Eles não permitiram que regiões inteiras ficassem nas mãos de alemães, italianos e poloneses, como os governantes brasileiros fizeram. A meu ver, Bomfim se mostra ingênuo ao se referir à imigração nos Estados Unidos. Ele perde sua arguta lucidez ao comparar a imigração americana com a brasileira e ao minimizar o forte racismo do processo americano.

Mas sua análise do racismo e da imigração brasileira é surpreendente pelo pioneirismo e pela lucidez. No Brasil, para ele, a política de imigração foi contraditória: por um lado, as elites queriam manter a escravidão com os novos "braços brancos"; por outro, queriam purificar a raça e construir uma nação nova. Ora, numa nova nação, "racialmente superior", os dirigentes não poderiam continuar a tratar a população como escrava. Mas a cultura bragantina era a da escravidão e os dirigentes procuravam tratar os imigrantes como escravos. O dirigente brasileiro via no imigrante "braços", que permitiriam a ele continuar a se enriquecer com o trabalho alheio. Ele buscou imigrantes já aviltados em sua origem, chineses, indianos, japoneses, para explorá-los como escravos. Na população brasileira, dominada pela cultura bragantina da baixa autoestima, consolidada pela pseudociência racial, a imigração fortaleceu o seu sentimento de inferioridade. Para Bomfim, quando um povo se sente inferior não deve buscar imigrantes. Precisa preparar-se primeiro. Imigrantes que se reputam superiores devem ser evitados. A imigração alemã no sul do Brasil foi, assim, equivocada. Não tínhamos uma população preparada para impor sua mentalidade aos imigrantes, e estes ostentavam seu sentimento de superioridade e oprimiram a população nacional, que se representava como inferior.

Para Bomfim, a imigração trouxe muitos problemas para o Brasil. Com a chegada dos imigrantes, a nação brasileira desapareceu em diversas regiões do território nacional, sobretudo no Sul. O desenvolvimento nacional se viu fragmentado e desviado, pois o Sul foi dominado por populações estrangeiras. Os dirigentes enalteciam o valor do "gado humano" que importavam, cotejando-o acintosamente com o trabalhador nacional. Os imigrantes, que eram espoliados em sua pátria, aqui, torna-ram-se ao mesmo tempo vítimas da parasitagem das fazendas e semideu-ses, seres superiores, diante da população mestiça. Os italianos e alemães vieram de sociedades mais cultas e eram mais disciplinados, mais organi-zados, mais ativos do que os humildes brasileiros, bestialmente oprimidos como ex-escravos. A cultura bragantina passou a dividir o Brasil em um norte inferior e um sul superior, por causa da presença ou da ausência do imigrante. Bomfim, profundamente indignado, interroga: vamos nos sub-meter e aspirar a ser o que não somos e desaparecer, afogados, diluídos, em ondas de imigrantes? Será que sem os estrangeiros estaremos perdi-dos? Para ele, seria melhor aspirarmos a ser o que somos. Deveríamos apurar nosso gênio próprio, em vez de pedir uma suposta superioridade estrangeira. Bomfim não era xenófobo, não era contra a imigração, que, para ele, foi boa para o Brasil, contribuindo para o seu desenvolvimento. Mas não naqueles termos.

Na verdade, para ele, nossa única inferioridade era essa insuficiên-cia mental que nos levava a importar e a aceitar, sem crítica, esses desca-bidos julgamentos dos que tinham interesse em nos manter humilhados, sem confiança em nós mesmos. A história brasileira explicava essa "insu-ficiência mental". Tal inferioridade intelectual explicava-se pela vitória do poder bragantino e pela derrota do projeto de autonomia da nação brasileira. Vinha da Colônia, de 1822, 1831 e 1889, o nosso receio de con-cluir por conta própria, a nossa incapacidade de pensar a nossa realidade e a nossa tendência a aceitar fórmulas desmentidas por nossa experiência. Os dirigentes brasileiros repetiam as baboseiras da pseudociência euro-peia em detrimento do Brasil. A nação estava mergulhada na cultura bra-gantina, conhecendo-se mal, julgando-se mal, dominada por essa direção incapaz e criminosa, alheia à realidade do Brasil e do mundo. As elites dirigentes e seus intelectuais orgânicos não interpretavam devidamente o passado, não eram lúcidos, não eram capazes de examinar as condições de nossa existência. Eles eram incapazes de vislumbrar e construir um futuro para a nação brasileira. A tradição própria desses dirigentes era a barbárie guerreira, o massacre da nação brasileira e dos vizinhos latino--americanos. Por causa de sua vitória, o Brasil vivia na miséria. "Neo-vampiros felizes" viam o Brasil com os olhos dominados pelo olhar do mestre. Mas, para Bomfim, nós tínhamos qualidades e virtudes que, se fossem bem conduzidas, e só o seriam por um poder que soubesse reco-nhecê-las, poderiam fazer a grandeza e a glória de qualquer povo. O sen-timento patriótico devia voltar a animar o povo brasileiro. A população brasileira é pacífica, nosso nacionalismo não é guerreiro e imperialista, temos riquezas naturais, um povo bom, trabalhador, cheio de vontade de viver e progredir... mas seu sonho de vida plena e feliz terminara sempre em pesadelos de falência, miséria, ignorância e opressão! Estaremos con-denados ao inferno eterno?

Últimas esperanças da nação brasileira: educação e revolução

Para Bomfim, os brasileiros, embora não aparecessem na história do Brasil oficial, constituíam ainda uma nação. Esse povo escondido e desconhecido precisava emergir, e sua vitória era a única esperança de um futuro digno para o Brasil. Eles eram milhões que trabalhavam e produziam em silêncio. Para ele, a essência da nacionalidade estava no povo, que tinha o supremo direito à pátria. O Brasil, humanamente definido, era na alma popular que o encontrávamos. Esse povo seria grandioso quando tivesse a plena consciência de sua força. E podemos ter esperança na vitória, pois, quanto mais o afundavam, o anônimo brasileiro reagia, espontaneamente, envolvendo em puro afeto a sua pátria. Nele pulsava a alma da nação. Mas era impedido de participar da vida pública e obrigado a esperar o pior dos que o governavam. Impedido de participar, ele passava a ignorar a vida política e a desprezar o mundo dos dirigentes. Essa era sua reação ao desdém com que o tratavam. Bomfim comparava o povo brasileiro a Sansão: era um gigante poderoso e cego! Era preciso abrir os olhos desse Sansão. O povo brasileiro merecia viver em um regime de liberdade, pois tendia à solidariedade, tinha um caráter cordial e manso, não se envolvia em desordens facciosas. Esses humildes irradiavam vida, eram afetivamente expansivos. Apesar de tudo, nosso povo criou um ambiente de meiguice, generoso e bom. Entregue a si mesmo, ele viveria em paz. No sertão, onde não havia dirigentes bragantinos e bacharéis, o sertanejo era mais humano, mais moral. Havia crimes, mas reinava a cordialidade, a harmonia, a bondade. O modo de vida sertanejo era espontâneo, ligava-se à vida simples dos primeiros tempos, à vida da tribo no seu comunismo de coração. Se o Brasil tivesse tido a formação democrática da América inglesa seríamos, hoje, um povo próximo da liberdade política.

Para Bomfim, afastando toda suspeita de fascista que poderia pesar sobre ele, a ordem ideal para a vida social seria a inteira liberdade democrática, a plena manifestação das opiniões, na desordem, na inovação. A evolução triunfante da sociedade tinha essa direção. O progresso oferecia o vapor, o avião e a democracia. A política superior, buscando o bem comum, não admitia restrições à liberdade, não reconhecia privilégios fora da lei. Nos povos mais cultos, apesar de o Estado ainda ser instrumento do domínio da burguesia, havia instituições liberais, transigência com a democracia, cortejava-se a opinião pública e respeitava-se a decisão das urnas. Eram democracias imperfeitas, mas mais próximas do ideal de justiça e do progresso social. A liberdade era a condição do progresso humano. Na democracia ideal, reina a vontade da maioria. O poder da maioria não é visto como a tirania do número, pois maioria e tirania são antagônicas. Tirania é o poder da minoria sobre a maioria. A única "tirania" admissível é a do grande número, dos espoliados, que se rebelavam em justas reivindicações. E não é tirania se for uma franca manifestação da maioria. É preciso a prá-

218   AS IDENTIDADES DO BRASIL 2

tica da liberdade para uma perfeita justiça. A eficácia da ação humana está sempre na livre plenitude das iniciativas. O seu manancial é o desejo, que só é potente na consciência que se sente livre de qualquer coação. A liberdade é a condição da felicidade individual e do bem-estar comum.

Para Bomfim, ao contrário dos intérpretes anteriores, o povo brasileiro não era incompatível com a vida democrática e a desejava. Mas a nação brasileira estava muito longe desse mundo ideal. Ela sempre teve seu próprio Estado como algoz, como inimigo. Os parasitas coloniais continuavam explorando a nação. A pátria ungiu-se de ódio contra a estabilidade da ordem dominadora. O padrão de vida do brasileiro era o mais baixo possível. O povo brasileiro era apagado, deprimido, melancólico, sem esperanças. Os dirigentes bloqueavam seu caminho para a humanidade. Bomfim se indignava e se desesperava: "pobre povo! Pobres gentes, essencialmente boas, aviltadas por secular espoliação!". Esse povo tosquiado por seus parasitas dirigentes, como poderia ele se sentir em sua pátria se era dominado, qual um vencido em uma guerra? Podia um tal viver perpetuar-se? Quatro séculos de opressão podiam ser perdoados? Os dirigentes criminosos não seriam punidos? Será eternamente assim? Bomfim desejava ardentemente que não e via dois caminhos possíveis para a realização da verdadeira independência nacional. Ele propôs duas estratégias de ação ao povo brasileiro para a conquista da sua liberdade.

Para ele, em um primeiro momento, o remédio contra o nosso mal seria a formação do povo brasileiro. A educação seria o caminho. A educação traria a libertação do gênio nacional se ensinasse a complexidade das relações humanas e nos salvasse do complexo de inferioridade. Só um grande esforço educacional poderia levar o Brasil a ser senhor do seu destino. O que se teria a fazer era formar homens e preparar brasileiros para liderarem a luta por uma vida próspera, livre e justa. A ignorância é que sustentava a escravidão da nação brasileira. A educação popular fora desprezada e esquecida. No entanto, bastaria isso para elevar-nos como nação. O soerguimento da nação poderia ser obtido com investimentos em educação. Mas o Brasil continuava a ser o país dos analfabetos e despreparados. A herança bragantina só podia se manter com uma população politicamente nula, socialmente atrasada e mentalmente desvalorizada. Se o povo brasileiro, pela educação popular, tomasse consciência de sua situação não iria admitir permanecer nela. Se permanecermos como estamos, ignorantes, mal-preparados, seremos eliminados pelos que marcham para o futuro. Todavia, a obra educativa necessária para tornar a nação brasileira livre, próspera e humana só poderia ser feita por um novo Estado, pois a atual classe dirigente nunca faria esse investimento em educação popular, condenando para sempre o Brasil ao aniquilamento.

Bomfim, em um segundo momento, dando-se conta de que o Estado bragantino jamais iria investir na educação do povo brasileiro, pois teria ameaçado o seu poder, concluiu que a mudança poderia vir apenas com uma revolução. Ele concluiu que, para que fosse possível a reeducação do povo, seria preciso fundar uma nova ordem política. A nação teria ainda de

CIVILIZAÇÃO BRASILEIRA E OTIMISMO REVOLUCIONÁRIO (INGÊNUO)

conquistar o Estado, para coincidir consigo mesma. O câncer do poder bragantino deveria ser extirpado pela força. O Estado brasileiro nunca coincidiu com a nação e fez de tudo para retardar o encontro do Brasil consigo mesmo. Mas, para Bomfim, ingenuamente otimista, chegaria um momento em que Sansão não quereria mais trabalhar para os filisteus. A nação desejaria se autogovernar, isto é, construir sua própria estrada por onde pudesse se autoconduzir. Teremos que conquistar o Estado para levar nosso povo tranquilo, bom, educável ao progresso. O patriotismo era o sentimento próprio para a defesa da liberdade. Os dirigentes apelavam também ao "patriotismo", o deles, que servia à consolidação do seu Estado. Havia que distinguir a tradição nacional bragantina, que dominava o Estado, que ousava levantar a bandeira de uma falsa pátria, e a tradição nacional republicana e democrática, legítima tradição patriótica, de onde poderia vir a verdadeira emancipação do Brasil, através de uma utópica "nação-Estado".

Bomfim, nesse momento marxista, expressou algo semelhante à leitura judaica que Walter Benjamin faria do marxismo no final dos anos 1930. Para ele, os revolucionários deveriam agir para "escovar a história brasileira a contrapelo" e saldar a dívida com os antepassados, que foram muitas vezes derrotados em seu sonho de independência. O presente deveria resgatar a dívida com os antepassados e realizar o sonho da revolução da independência. O pior passado brasileiro, o bragantismo, o oligarquismo, deveria ser soterrado. O outro passado, republicano e nacionalista, sucessivas vezes derrotado, deveria ser exumado da historiografia bragantina para nutrir o combate patriótico em direção ao futuro. Esse passado a ser restaurado era a memória que nutria o sonho de liberdade e justiça, que estimulava a combatividade popular, para a plena realização da nação. Era a memória do passado americano-brasileiro e, não, a do português. O Brasil sofria o peso mortífero do passado dos conservadores. Por horror ao esforço ou tendência ao repouso, o homem apega-se ao passado. Mas as nações mais avançadas lutavam contra o peso do que já foi, destruindo o entrave. Para Bomfim, o remédio para o Brasil era o povo brasileiro, lembrando-se das revoluções derrotadas, abrir-se ao novo e fundar uma nova política, orientada para os que trabalhavam. A humanidade não poderia continuar dividida em espoliados e espoliadores, trabalhadores e dominantes, toda a produção organizada no interesse dos que detinham o capital. Isso não poderia perdurar.

Para ele, talvez até se precisasse radicalizar a revolução e eliminar todo o passado, esquecer as derrotas, para que a nação brasileira pudesse recomeçar a luta por sua integração ao mundo moderno. O passado deveria ser destruído, se resistisse, para a integral substituição da classe dirigente e a total inclusão dos que trabalhavam e produziam. Devíamos passar por uma verdadeira revolução que destruísse privilégios, substituísse os processos, os dirigentes. Da infecção que nos comunicou o Estado português bragantino não poderia nada ser poupado. Dessa infecção tinha que se curar o Brasil. O povo precisava agitar-se, convulso, em "purificante revolução". Ou o Brasil fazia a sua revolução, que criaria uma nova política, ou morreria em decomposição, pois nenhuma nação podia ter soberania e liberdade com tais dirigentes. O movimento revolucionário tinha de vir de baixo, do próprio povo. As "revoluções" que só eram divisões entre as classes dirigentes mantinham o mesmo. Elas eram falsas. Faltava-nos a verdadeira revolução, a conquista do poder por uma classe que o ocuparia para impor um novo padrão de valores. Precisávamos de formas políticas absolutamente novas. Devíamos nos inspirar no modelo de justiça da Comuna de Paris. A violência seria desculpada pelos séculos de sofrimento. Os excessos revolucionários seriam justificados pelas longas injustiças sociais. Para a revolução, a educação e a formação do povo eram essenciais, para que a massa da população ascendesse mental e socialmente. A educação popular deveria ensinar os brasileiros a distinguir entre os "patriotismos" e a fazer a opção pelo bom combate.

Para Bomfim, o mundo brasileiro estava muito abaixo do índice de desenvolvimento humano e não havia outro remédio: substituir tudo, curar a infecção. A evolução humana consistia na ascensão da vida instintiva para a plena moralidade e justiça. A explosão revolucionária seria uma depuração súbita, uma mutação de formas. A massa popular destruiria a ordem político-social que a oprimia. Para ele, agora, explicitamente marxista, a revolução traria a solução social-comunista. A classe trabalhadora reivindicaria a ascendência política, já que o trabalho era essencial na produção e o capital não passava de espoliação. A luta do proletariado, por todo lado, era reconhecida como uma causa justa. As derrotas havidas tinham sido oscilações da longa campanha, que não desviariam do resultado final. No Brasil, a situação, por ser mais retrógrada, era mais simples e fácil. As classes burguesas eram mais resistentes nos povos avançados. Para nós, sem grandes riquezas acumuladas e com organização capitalista precária, fácil e pronta seria a revolução.

Todavia, quem seria a vanguarda revolucionária? Aí começava a dificuldade. Para ele, o movimento deveria envolver a grande maioria da nação, inspirada e dirigida por uma minoria intelectual ativa, esclarecida, desinteressada, exaltada, revoltada contra a injustiça. A salvação não viria de cima, pois a revolução seria contra a classe dirigente. O próprio povo teria que agir. Não seria mais um desses levantes que desprestigiavam o nome "revolução". Não seria também um ataque que visaria apenas destruir o passado. A verdadeira obra revolucionária seria uma nova construção. A revolução seria a libertação da pátria. Precisávamos mergulhar no caos para um novo reinício. A história não deixava outra escolha. Para Bomfim, um tipo de revolução que poderia inspirar o Brasil em seu caminho era a que o México havia feito nos primeiros 20 anos do século XX: afastamento definitivo dos velhos dirigentes e reparações de justiça que soerguessem o ânimo nacional. Tal nos convinha porque as condições históricas nos aproximavam. Apurando as formas e processos mexicanos, teríamos o lineamento da revolução possível, indispensável e eficaz. Para ele, nem o fascismo, nem a III Internacional Comunista interessavam, mas um programa ligado à nossa situação histórica e geográfica particular: reparações justas e inadiáveis, afirmação da pátria, preparo da população, terra para os que desejavam trabalhá-la. No México, desde o zapatismo, isso se realizava. Poderíamos tentá-lo, mas precisávamos de uma "nova classe realizadora".

Bomfim, no entanto, como vários intérpretes do Brasil, após sonhar com a revolução e descrevê-la apaixonadamente, terminou cético quanto à possibilidade da sua realização. Como todo otimista ingênuo, romântico e sonhador, ele também acabou cético. Ele parecia não ver ou não crer na existência dessa "nova classe realizadora", que seria a vanguarda revolucionária. O que deveria ocorrer primeiro: a conquista do Estado ou a formação da consciência revolucionária? Ele hesitava entre a educação e a revolução. No início, ele acreditava que a educação prepararia o povo para a ação; depois, pensou que era preciso, primeiro, conquistar o Estado e, depois, mudar a nação pela educação. No final, ele duvidava que se pudesse tomar o Estado sem a mudança da consciência pela educação. O que inviabilizava a revolução, pois o Estado bragantino jamais investiria em educação popular. Ele terminou cético quanto à possibilidade da mudança radical. Nos anos 1920, nada prenunciava a revolução. Havia dificuldades intransponíveis, como falta de líderes e de intelectuais revolucionários, o povo sem consciência dos direitos, inculto, despreparado. Faltava o espírito revolucionário, faltava a educação, faltava a organização da classe que poderia realizar a explosão revolucionária. Não havia nem a consciência, nem o sujeito revolucionário. Preparar a revolução não era armar motins, mas formar uma opinião contra a injustiça. Era preciso um programa educativo que, dentro da vida comum, ensinasse o protesto contra o direito recusado. Era preciso desafiar a lei ilegítima, o crime legal. A nação brasileira, para se redimir num esforço próprio, devia tomar consciência da sua situação. A educação devia criar uma "vontade de redenção". Essa era a missão de uma minoria, votada ao sacrifício pessoal, iluminada. revoltada, "apóstolos da revolução". Ela iria preparar a revolução. Faltava essa minoria capaz de "transformar o sofrimento em redenção". Seria uma carência irremissível? Para ele, a coragem da revolução não era a de morrer, mas a de viver plenamente. O essencial na revolução era a legitimidade e a pureza do ideal, com o qual não se podia transigir. Devíamos lutar intransigentemente por um ideal. E era fácil construir um ideal: bastava olhar para a miséria circundante!

Bomfim, olhando a miséria circundante e perscrutando a trajetória da história brasileira, explicitou o seu ideal: para ele, a humanidade espoliada e oprimida tinha a classe proletária como sua grande reserva de valores humanos. Mas, para ele, não se podia propor a revolução proletária internacional, pois a humanidade era uma abstração. Concretamente, ela existia fracionada em grupos, as pátrias, em que cada um de nós se encontrava. A humanidade se realizava em grupos, numa tradição, numa pátria. Não poderíamos sair da pátria sem sair da humanidade. A "nacionalidade" era a tradição histórica de cada pátria. O ideal a defender era o da solidariedade da espécie humana, que estava dividida em pátrias. Para ele, sintetizando Marx e Herder, a revolução proletária devia ser nacional, patriótica. As "revoluções nacionais" é que realizariam o ideal humano universal. Os diferentes povos, ao conquistarem, separadamente e apoiando-se mutuamente, solidariamente, a liberdade, a prosperidade, a justiça social, iriam se irmanar em uma humanidade real. Pátria, nacionalidade, solidariedade e justiça eram os valores que realizariam a humanidade real. Este era o seu ideal: existíamos em uma pátria, pertencíamos a uma tradição nacional, aspirávamos à justiça, clamávamos pelo progresso e contra o privilégio. No Brasil, a nossa pátria, este ideal era incompatível com os ideais das classes dirigentes. O povo se enchia de asco pelo Estado brasileiro. Este era o mal que infamava o Brasil: a rejeição da população brasileira pelo próprio Brasil. Como amar o Brasil? Como não se envergonhar da identidade brasileira? Para Bomfim, a ação revolucionária teria como objetivo reunir o Estado e a nação, integrar a vida civil e a vida política, aproximar os dirigentes e o povo, articular as ideias ao nosso lugar histórico, na edificação de uma "nação-Estado" soberana, republicana e democrática. Isso significaria um reencontro feliz do Brasil consigo mesmo.[36]

Por que se deve ler Manoel Bomfim?

Deve-se ler Manoel Bomfim porque sua interpretação do Brasil é a favor da nação brasileira, defende os interesses populares contra o parasitismo das elites, propõe uma radicalização democrática contra a tradição secular de espoliação e exclusão da população brasileira do seu próprio país. Suas teses rebeldes, solitárias em sua época, abrem o horizonte brasileiro para a integração democrática da nação, que ainda está por ser conquistada. Sua interpretação revolucionária do Brasil é original, corajosa, pioneira. Ele antecipou muitas teses sobre o Brasil, que, depois, fizeram a notoriedade de outros autores. Ele sustentou a força da civilização brasileira contra o olhar desanimador, aniquilador, de europeus e intelectuais brasileiros aculturados. Ele nos ensinou a recusar esse "olhar dominado" que nos ressecava. Sua recepção das teorias raciológicas como não científicas, como justificadoras da expansão e dominação europeia sobre a América Latina — já em 1905! —, foi genial. Ele pensou o Brasil no contexto latino-americano, o que somente muito mais tarde se faria. Ele combateu a "história oficial", que enaltecia os heróis luso-brasileiros que massacraram a população brasileira. Escovando a história brasileira a contrapelo, para ele, os nossos verdadeiros heróis foram os brasileiros derrotados em 1817, 1824,

---

[36] Até aqui, com base em Bomfim, 1996.

CIVILIZAÇÃO BRASILEIRA E OTIMISMO REVOLUCIONÁRIO (INGÊNUO)   223

1889, e que ainda continuavam submetidos na República herdeira do poder bragantino. Ele denunciou — em 1905! — a destruição do meio ambiente e defendeu a exploração racional dos recursos naturais. A discussão de sua interpretação do Brasil é indispensável para que possamos nos aproximar mais da realidade brasileira e criar uma representação de nós mesmos, com uma linguagem nossa, moderna, mas própria, que nos faça avançar com coragem e confiança.

Todavia, sua obra é pouquíssimo conhecida e a discussão importante que ela propõe sobre o Brasil quase nunca é realizada. Vamireh Chacon (1965) foi o primeiro a se interrogar, em sua *História das ideias socialistas no Brasil*, sobre as razões desse silêncio que se fez em torno de Manoel Bomfim. Para ele, Bomfim não foi recebido porque "o filisteísmo reacionário e o seu irmão, o filisteísmo pseudorrevolucionário, fizeram questão de escondê-lo. Eles o negam, não o mencionam, com medo de que venha a ser descoberto. A sua mensagem é perigosa para os bem-pensantes". Para Darcy Ribeiro (1993), Bomfim não foi reconhecido porque seu pensamento "era tão novo, tão original e tão contrastante com o discurso científico oficial que todos os basbaques brasileiros, e entre eles Sílvio Romero, só podiam ficar perplexos". Para Aguiar (2000), seu sucesso foi ter sido esquecido, pois sempre manteve uma atitude de distanciamento crítico em relação às instituições do campo intelectual. Ele rejeitou o convite de Machado de Assis para ser um dos fundadores da ABL. Ele andava na contramão institucional. Para Dante Moreira Leite (1976), Bomfim foi esquecido por "estar adiantado em relação aos intelectuais de seu tempo ou pelo fato de ser capaz de propor uma perspectiva para a qual esses intelectuais não estavam preparados. Ele estaria à frente do seu tempo". Aluízio Alves Filho (1979) não aceita essa análise de Leite. Para ele, "não existe autor adiantado ao seu tempo". Toda obra emerge do seu tempo. Se Bomfim foi esquecido só pode ter sido porque seu pensamento era incômodo ao pensamento dominante. Aliás, para Alves Filho, não foi apenas ele, Bomfim, que foi esquecido. Todos os que articularam um *contradiscurso* parecido com o seu foram esquecidos. Ele não foi apenas um ensaísta esquecido, mas mais um representante de um discurso que se quis silenciar. De fato, o próprio Bomfim se considerava seguidor de dois esquecidos: frei Vicente do Salvador e Robert Southey. E de Capistrano de Abreu, também esquecido, seu contemporâneo, que apreciava resgatar e restaurar autores esquecidos, como Antonil e o próprio frei Vicente. O pensamento brasileiro radical incomoda e é afastado das novas gerações, que não o veem no ensino e em novas reedições.

A coletânea de excertos das obras de Bomfim, produzida por Flora Sussekind e Roberto Ventura, intitulada *História e dependência: cultura e modernidade em Manoel Bomfim* (1984) é importante por resgatar e divulgar sua obra. Esses autores pretenderam fazer o mesmo que foi feito por Maul, que também foi importante, mas de forma mais organizada, diversificando os temas dos excertos, citando as obras de onde foram extraídos. A antologia é precedida por uma análise competente dos fundamentos teóricos da obra de Bomfim. Em seu ensaio "Uma teoria biológica da mais-valia", Sussekind e Ventura veem em Bomfim um analista da sociedade brasileira que se utilizava de metáforas biológicas para compreendê-la. Ele veria a história brasileira movida pela lógica de um "parasitismo biológico". A nação brasileira teria sido sempre "sugada" por parasitas externos — a decadente Metrópole portuguesa, manipulada pelos ingleses — e internos — os seus representantes locais. A nação brasileira ficou exangue, exânime, sanguessugada por esses parasitas internos e externos, após a gloriosa vitória contra holandeses e franceses, no século XVII. A nação brasileira foi uma farta teta que engordou os seus decrépitos parasitas. E por que os brasileiros não conseguiram se emancipar dos portugueses e de sua hereditariedade luso-brasileira, se foram capazes de expulsar os franceses e holandeses? Isso talvez se explicasse, conjecturo, pela dificuldade em representar a diferença da nossa identidade da identidade portuguesa. Os brasileiros lutaram com eficiência contra os estrangeiros porque a diferença de identidades permitia essa eficiência. Contra os portugueses, a diferenciação existe e é forte, mas tornou-se difusa, camuflada, diluída, indefinível. A alteridade portuguesa é menos clara, pois é um dos troncos da nossa origem, e o "poder bragantino" impedia sua percepção e representação. Isso teria tornado vulnerável a nação brasileira, que, impotente, não pôde impedir que a Metrópole instalasse as suas "ventosas" em seus poros e sugasse todas as suas energias e riquezas.[37]

Para Sussekind e Ventura, Bomfim não foi recebido porque se expressava ainda em uma "linguagem velha", biologista, naturalista. Ele via a história como um organismo em desenvolvimento. Ele teria chegado por si mesmo à tese marxista da exploração de classe, e a formulou em uma linguagem biológica. Sua mensagem nova e revolucionária não foi compreendida, pois seus termos eram tradicionais. Para o seu leitor, o sentido novo dentro daquela linguagem velha ficava opaco. O conteúdo da sua análise era revolucionário, radicalmente rebelde, mas deveria estar articulado na nova linguagem adequada a esse conteúdo naquela época: o marxismo. Todavia, ele não utilizou nem o método, nem a linguagem da teoria marxista. Ele sabia da existência de Marx e o citou várias vezes. Em muitos momentos, ele mencionou o proletariado, a burguesia, o imperialismo, a luta de classes, dominantes e dominados, a revolução socialista-comunista. Mas sua análise do Brasil não aplicava as categorias marxistas, embora a mensagem final fosse a denúncia da exploração sofrida pelo proletariado, a necessidade da revolução, da vitória do povo sobre as elites, a emancipação da nação. Ele tinha a emoção marxista, mas não possuía a teoria e o seu vocabulário. Seria isso um mal, uma limitação do seu pensamento histórico-social? Talvez o seu marxismo fosse o me-

---

[37] Sussekind e Ventura, 1984.

CIVILIZAÇÃO BRASILEIRA E OTIMISMO REVOLUCIONÁRIO (INGÊNUO)   225

lhor marxismo, pois uma redescoberta original da intuição de Marx e, não, a imitação ou repetição de programas dogmáticos importados.

De todo modo, ele tinha a emoção e a intuição vivas, vibrantes, da revolução, mas não tinha a linguagem das ciências humanas. Ele pensava circularmente, repetindo muitas vezes o que já tinha dito, perdendo rigor e consistência na análise histórica. Sua prolixidade excessiva, repetitiva, pode tê-lo tornado desanimador para os seus possíveis leitores. Para se ter uma ideia da profundidade da sua rebeldia e da inadequação da sua linguagem para a teoria social, vale lembrar os termos que usou para se referir aos imperadores Bragança. Para ele, os Bragança eram todos "tarados, broncos, orgulhosos, pulhas, maus, ingratos, sórdidos, dissipados, injustos, sibaritas, assassinos, parasitas, beatos, mulherengos, doidos, devassos, sem inteligência, degenerados, nauseabundos, espíritos inferiores, mentecaptos, egoístas, disformes, fracos, boçais, imorais, corruptos, ignorantes...". D. João VI era tudo isso acima e mais "lorpa, insignificante, insulso covarde, cretino, desgraçado, infame, degradado, imbecil, hesitante, dúbio, trêmulo, contraditório, dissimulado, fugido de 1808!". D. Pedro I era tudo isso acima e mais "aventureiro, calculista, desleal, insincero, mentiroso, embusteiro, farsante, arbitrário, despótico, tirânico, pessoal, 'português', epilético, paranoico, louco, exemplo de degradação humana!".

É uma linguagem profundamente passional, delirante! Isso pode provocar resistência em quem quer encontrar uma "análise" do Brasil, mesmo por parte daqueles que rejeitam o objetivismo e a imparcialidade na ciência social. O discurso de Bomfim é estranho. Há algo de furioso, que nos faz supor algum desequilíbrio psicológico. Há algo como uma "lucidez louca", se esse oximoro faz sentido. Se seu discurso fosse oral, tem-se a impressão de que estaria com o rosto avermelhado e aos berros! Geralmente, quem se expressa assim causa mais estranheza e medo do que interesse. É preciso superar esse estranhamento inicial, que, imagino, todos os seus leitores sentiram para encontrar a profundidade, a riqueza e a beleza da sua indignação. Os seus insultos, vistos do seu ponto de vista, não são gratuitos. Sua interpretação do Brasil é coerente, articulada, uma visão estruturada e fecunda da vida brasileira. Ele revela o sentimento de uma nação derrotada, que só poderia se expressar assim. É um "pensamento sentido", poético, que empolga o leitor que com ele se identifica. Nessa perspectiva, sua linguagem não é "velha", mas viva, intensa. Seu "pensamento sentido" dava continuidade ao lirismo dos poetas do século XIX, particularmente a Castro Alves, a quem *O Brasil nação* foi dedicado. Bomfim pensava como um "adolescente revoltado", literariamente indignado e solitário, como esses "vampiros desamparados" que, embriagados, ingênuos, gritavam a revolução em mesas de bar. De fato, para uma "análise do Brasil", sua linguagem naturalista pode ser vista como velha, inadequada e ineficiente, mas sua ingênua e vibrante "lúcida-paixão" o torna fascinante.

Considero todas as hipóteses antes mencionadas, para o seu pouco reconhecimento, plausíveis. Minha hipótese seria a inexistência de um destinatário implicado em sua obra. Ele propôs a revolução brasileira para quem? Primeiro, ele acreditava que ela viria pela educação, pela inculcação dos valores patrióticos e pela lembrança da verdadeira história do Brasil às crianças e aos adolescentes. Ele próprio trabalhou para isso. Essa foi sua militância política. Depois de se dar conta de que nenhum colégio privado e muito menos público ensinaria tal história, por terem interesse na ordem oficial, ele propôs a ação revolucionária. Mas quem seria esse sujeito revolucionário? A que parcela da população ele se dirigia e encarregava de agir? Ele se dirigiu ao que chamava de "povo brasileiro", que seria movido em sua ação pelo "amor à pátria". Mas "povo brasileiro" é uma expressão vaga e esse interesse, o "amor à pátria", é igualmente vago e impreciso. Se "povo" quiser dizer "população brasileira", "habitantes do Brasil", em geral isso inclui também as elites, que jamais poderiam receber Bomfim, incluindo a "inteligência brasileira", pois só liam e até pensavam em francês, inglês e alemão. O "povo" ou o "proletariado", em sentido genérico, não é sujeito histórico, não tem projeto político e, além disso, também não poderia receber Bomfim, pois analfabeto e iletrado. Seus biógrafos não dão notícias de alguma militância política sua. Ele foi apenas e brevemente deputado federal. Isso demonstra que ele não se identificava com algum grupo em particular, que era um rebelde solitário. Não era um homem da ação. Ele parecia não ser e não saber qual sujeito histórico brasileiro concreto poderia tomar a iniciativa da revolução brasileira. Por isso, a formulação da sua indignação pela teoria e ação do Partido Comunista, dominante nas esquerdas, a partir dos anos 1920, tornou inútil e esquecível a sua interpretação literária do Brasil. Por que Bomfim não aderiu e militou no PCB?

Para Bomfim, o modelo revolucionário que poderia ser seguido pelo Brasil não seria aquele proposto pelas internacionais comunistas e pelo PCB. A revolução brasileira deveria ser nacional, patriótica, para resolver o confronto especificamente brasileiro. Para ele, o povo brasileiro poderia se inspirar no modelo da Revolução Mexicana (1910-17). No México, houve uma aliança de indígenas, camponeses, proletariado e até de setores da classe média, liderados por homens carismáticos como Emiliano Zapata e Pancho Villa, na luta por "terra, trabalho e liberdade". Lá também havia a questão da miscigenação. Mas, para se rebelar, o "povo", entendido como aquela aliança acima, dependia do aparecimento de líderes carismáticos que o conduzissem à vitória. Ou à morte? "Líderes carismáticos", "caudilhos", poderiam ser uma liderança confiável, capaz de implementar os valores socialistas-anarquistas-cristãos de Bomfim ou revelariam o caráter perigosamente autoritário da sua interpretação do Brasil? Ele se aproximou de Pinheiro Machado, político gaúcho da República Velha, que defendia o Estado Providência, que interferiria na estrutura do ensino básico e era contra o liberalismo da Constituição de 1891. Aguiar se pergunta como pôde ele se sen-

CIVILIZAÇÃO BRASILEIRA E OTIMISMO REVOLUCIONÁRIO (INGÊNUO)   227

tar ao lado de oligarcas que denunciou em seus livros? Bomfim acabou cético em relação à revolução, pois não soube identificar os seus sujeitos. Sua interpretação do Brasil, na medida em que não se encontrou com a realidade, tornou-se apenas um belo e empolgante discurso, uma literatura humanística, ingênua, dando sequência à poesia romântica do século XIX, que ele tanto admirava. Com uma diferença: aquela poesia entranhou e emprenhou a realidade e gerou a Abolição. Bomfim, que tinha o mesmo vigor revolucicnário daqueles poetas, por não identificar e não se dirigir a um sujeito revolucionário, foi esquecido.

Além disso, a meu ver, sua análise sofre ainda de alguma limitação quando trata daqueles movimentos e líderes que ele considerava representativos da luta da nação brasileira pela emancipação do parasitismo bragantino. Ele não ofereceu estudos profundos sobre essas rebeliões coloniais e imperiais. Ele deu enorme valor à Revolução de 1817, pois os pernambucanos, naquele momento, para ele, estiveram à altura dos seus antepassados do século XVII, desafiando "o Bragança" em sua presença. Foram triturados! Emocionado, Bomfim mencionou cada um e descreveu os revolucionários com palavras ingenuamente edulcoradas: "virtuosos, íntegros, francos, dignos, bons, sinceros, homens excelentes, corajosos, valentes, patrióticos, fraternos, tolerantes, humanitários, solidários, generosos, respeitosos..." Eram antiescravistas e antirracistas. Havia muitos padres na rebelião de 1817 e, ao longo da sua análise do Brasil, os valores de Bomfim lembram os valores dessa "revolução cristã". Bomfim usa expressões que dão ao seu pensamento uma dimensão cristã: "apóstolos da revolução", "revolução como purificação e redenção", "solidariedade", "fraternidade", "sofrer para vencer", "abnegação", "sacrifício e martírio revolucionário", "autenticidade", "fidelidade", "moralidade", "salvação". Mas, apesar de considerar 1817 a grande data nacional, estranhamente não fez um estudo objetivo da revolução, que continuou desconhecida. Para um historiador contra o trono. ele acabou dando mais atenção à história da Metrópole, dos imperadores e das lutas políticas do Estado do que às rebeliões que ele valorizava. Ele falou contra, mas sobre o trono! Sua história seria uma história oficial a contrapelo, um contradiscurso oficial.

Outro aspecto polêmico de sua análise do Brasil, que o tornaria esquecível, é sua avaliação da contribuição do negro na constituição do "corpo e alma" do Brasil. Aqui, porque é preciso analisá-lo sem concessões, ousarei "conspurcar sua memória". Trata-se apenas de uma hipótese, para discussão. Para os intérpretes de sua época, o dado primeiro a se discutir sobre o Brasil era a sua população cruzada, desde os primeiros dias. Na discussão da importância da contribuição de cada "raça" ou "cultura", eles se dividiam. Bomfim pertencia à sua geração e ao seu mundo, pois também partia desse dado da miscigenação e se posicionou em alguns momentos negativamente em relação a ela. Para ele, o português foi o fator determinante, mas outros valores entraram na constituição da sociedade brasileira. O português era menos refratário à fusão com outros povos. Como outros intérpretes, ele admitia que o português foi o mais humano dos colonizadores, pois sem orgulho de raça. E foi isso que definiu o tipo racial e as formas sociais peculiares ao Brasil. Na miscigenação brasileira, Bomfim deu uma importância muito grande à contribuição indígena. Seguindo os poetas românticos, ele era um "indianista". Para ele, a nacionalidade brasileira se definiu exclusivamente pelo cruzamento entre portugueses e índios. E foi uma "feliz combinação"! O índio contribuiu com seus sentimentos de autonomia e fortaleza. Os portugueses se adaptaram aos costumes da terra. No início, o Brasil era uma mistura de muitos índios com poucos portugueses. A flecha era a arma oficial dos próprios europeus. Até os brancos falavam o tupi. Todos os nossos grandes poetas falaram do índio. Bomfim também idealizava o índio como forte, livre, autônomo, símbolo da brasilidade contra o lusitanismo. Ele representaria a força originariamente brasileira contra a Metrópole. O índio teria um valor patriótico duplo: unido ao português, criou o tipo racial originariamente brasileiro, uma "feliz combinação"; contra o português, resistiu bravamente à sua escravização, tornando-se uma referência brasileira de resistência e altivez. Bomfim não pensou e temeu que poderia estar estendendo ao Brasil o extermínio que o índio sofreu?

Quanto ao negro, Bomfim parece lamentar sua presença e até o afastou da constituição original, física, genética, da nação brasileira. Ele não negou a importância do negro, mas pouco se referiu a ele. O negro é ausente em sua obra. Para ele, o negro teria tido uma influência menor na formação do primeiro Brasil, o dos séculos XVI e XVII. No início, o índio e o mameluco predominaram. A influência do negro na alma brasileira teria sido menos pronunciada do que parece. No século XVII, o Brasil já estava definido na reação ao holandês e na expansão pelo sertão. Nessa época, o número de africanos era pequeno. A lavoura de açúcar foi feita, primeiro, com o braço índio. Para ele, o século decisivo na importação de negros foi o XVIII. E o Brasil já existia. O africano veio influenciar uma população já feita, sem desviá-la de suas linhas definitivas. Sua posição, que afirma a ausência negra do corpo do homem brasileiro original, me autoriza a sugerir talvez um racismo não confessado. Ele excluiu a influência negra na constituição corporal daquele Brasil mítico, o Brasil forte e poderoso do século XVII. Para ele, o negro chegou tarde, trazido pela Metrópole decadente, e representava um Brasil decadente. Índios e portugueses formavam o corpo genuinamente brasileiro, glorioso, com desejo de liberdade e autonomia; os negros representariam a derrota brasileira e haviam sido trazidos para o Brasil para extrair riquezas para a Metrópole parasitária. Eles não estavam incluídos na narrativa mítica da fundação da nação. Os negros não representavam para o Brasil vontade de liberdade e coragem de combater. Eram escra-

CIVILIZAÇÃO BRASILEIRA E OTIMISMO REVOLUCIONÁRIO (INGÊNUO)

vos! Poderiam compor a nação brasileira? Será que Bomfim também seria contra a sua presença entre nós, brasileiros?![38]

Se tiver razão, ele pareceu tentar resolver o problema da miscigenação do modo racista mais radical. Se Oliveira Vianna pretendia "salvar" o Brasil da presença negra no futuro, pelo branqueamento, Bomfim a excluiu já na origem: a feliz combinação brasileira do mundo perfeito da origem era indígena e branca, sem os negros. Os negros teriam chegado depois, tarde, quando aquela combinação já estava feita. Bomfim não tem razão: o auge do açúcar foi no século XVII e a mão de obra do açúcar foi o negro, em grande quantidade. Se o auge da nação brasileira foi durante o século XVII, os negros já estavam aqui. Houve um exército de negros, liderado por Henrique Dias, que participou da expulsão dos holandeses. Não há como negar sua presença ativa na produção do açúcar, na vida sexual, na vida cultural, na guerra contra os holandeses, e não podem ser excluídos. Zumbi e Palmares são do século XVII. Se Bomfim avaliava assim a presença negra no Brasil, cabe perguntar: teria sido Bomfim realmente tão rebelde? Não seria Bomfim, como todos os intelectuais do seu tempo, também decepcionantemente racista e autoritário?

Contra essa hipótese, pode-se sustentar que ele tem brilhantes parágrafos contra as teorias raciológicas, que considera uma "bobagem enorme!", e contra o racismo de seus contemporâneos. Seu ponto de vista contra as teorias raciológicas foi apresentado acima. Todavia, depois de seu belo discurso, é também verdade que ele, em outros parágrafos e pelo silêncio, excluiu os negros do primeiro Brasil. De fato, ele parecia não acreditar na superioridade da raça branca, nem desejar o branqueamento. Ele aceitava e valorizava a raça indígena e o mameluco, que seu pai e ele próprio eram. Seu racismo se manifestava na recusa do negro. A esperança brasileira, como ele a formula, é nostálgica, pois quer restaurar no futuro o tempo perfeito e feliz da origem. Se o negro não estava na origem é porque foi considerado um fator da decadência e não poderia estar presente no futuro. A exclusão do negro, por um lado, parece não ser por razões raciais, mas morais: a escravidão. Por outro lado, pode ter sido por razões raciais, porque ele se refere ao "corpo" brasileiro como português e indígena. Ele parecia não excluir a raça negra, mas o negro escravo. Ele falava de uma nação brasileira altiva, corajosa, que combateu e venceu grandes potências e devia ainda lutar contra a Metrópole espoliadora. Como contar com o negro escravo nesse projeto de libertação nacional? Teria ele se esquecido de Henrique Dias na luta contra os holandeses e de Zumbi? Bomfim parecia não gostar da presença dos negros por representarem a submissão, a decadência, a derrota da nação brasileira e a presença da Metrópole. O índio era uma referência brasileira autóctone e positiva; o negro, uma referência

---

[38] Bomfim, 1935.

estrangeira, trazida pelas mãos de um Portugal decadente e parasita. Por outro lado, ele parecia excluir a raça negra, pois sustentava que o primeiro corpo brasileiro, a genética original brasileira, não tinha elementos negros. Ele parecia, enfim, excluir o negro duplamente: racialmente, pois o corpo brasileiro foi constituído nos dois primeiros séculos apenas por portugueses e indígenas; culturalmente, pois o negro seria um antiexemplo de como deveria se comportar uma nação brasileira altiva. Nem a raça, nem os valores escravos poderiam ser assimilados pela nação em busca da sua autonomia. Se essa minha interpretação de Bomfim for aceitável, se não for uma "bobagem enorme!", e admito que possa sê-lo, não seria uma grave concessão não assumida às teorias raciológicas?

Apesar de recear ser injusto com a sua original e crítica interpretação do Brasil, que admiro profundamente e com cuja indignação me identifico, não posso deixar de esboçar um necessário distanciamento crítico e perguntar se sua visão do Brasil não conteria alguns riscos. Ele não estaria, por exemplo, cometendo o mesmo erro que denunciou nas outras nações, o de deturparem a história universal em benefício próprio ao se colocarem como centro da humanidade? Ele não teria uma concepção essencialista, metafísica, mítica, idílica, da identidade nacional brasileira? Sua interpretação radicalmente nacionalista não poderia levar à xenofobia, à recusa da alteridade cultural, a projetos político-sociais autoritários? Para um "intérprete nordestino" do Brasil, republicano e democrático, ele não teria se deixado seduzir por projetos gaúchos autoritários e não teria oferecido argumentos e legitimação a governos personalistas, caudilhescos, cesaristas, bonapartistas, totalitários? Será que Getúlio era o líder e 1937 a revolução que ele esperava? Sua interpretação do Brasil poderia ser apoiada pela documentação do Brasil colonial, imperial e republicano? Ele não cometeria um racismo sub-reptício e perigoso? Sem exigir imparcialidade, teria credibilidade a análise histórica construída com uma linguagem tão apaixonada e autoritária como a sua?

Ao formular essas questões, não quero tornar Bomfim ainda mais esquecível. Pelo contrário, quero mostrar o quanto ele é mal conhecido. Todos os seus analistas estranham o silêncio, inclusive dos marxistas, que se fez em torno de sua obra, e compartilho esse estranhamento. Sua reflexão sobre o Brasil é magistral. Ele nos olha por trás do espelho. Ele inverteu a interpretação oficial da história brasileira: os heróis são os derrotados, os poderosos oficiais são os bandidos, o Estado é o criminoso, a nação oprimida luta para sobreviver e deve vencer. Por isso, deve-se reler os seus textos e excertos e discuti-los mais frequentemente, confrontando-os com os textos conservadores, para refletirmos melhor sobre o alcance da sua análise do Brasil e medirmos até onde e em que termos poderemos seguir em sua companhia. E mesmo que não o acompanhemos, e não precisamos aceitá-lo por inteiro, não podemos tomar qualquer direção sem refletir sobre a sua interpretação do Brasil, que oferece uma interlocução inovadora, original, admirável. Após nossa travessia pelas cínicas e trágicas interpretações da direita, as máscaras de oxigênio caem diante da população brasileira, que passa a respirar e a ter esperança. No mundo pós-1989, sua proposta revolucionária, é claro, parece ultrapassada e não seria aceitável como via ideal para a solução da secular opressão sofrida pela população brasileira, mas a discussão das suas teses sobre o Brasil pode contribuir muito para a "mudança brasileira". Ou não há mais lugar para "vampiros infelizes" e o sonho de Bomfim está morto?

Bibliografia

Introdução: pode-se falar de uma identidade nacional brasileira?

BHABHA, Homi. *Nation and narration*. London, New York: Routledge, 1990.

CROCE, Benedetto. *A história, pensamento e ação*. Rio de Janeiro: Zahar, 1962.

FOUCAULT, Michel. *Microfísica do poder*. Rio de Janeiro: Graal, 1979.

_____. *Arqueologia do saber*. Rio de Janeiro: Forense Universitária, 1986.

GELLNER, Ernest. *Cultura, identidad y política*. Barcelona: Gedisa, 1989.

_____. *Nações e nacionalismo*. Lisboa: Gradiva, 1993.

GUATTARI, Félix; ROLNIK, Suely. *Micropolítica: cartografias do desejo*. Petrópolis: Vozes, 1986.

HALL, S. *Identidade cultural na pós-Modernidade*. São Paulo: DP&A, 1999.

_____. *Identidade e diferença; a perspectiva dos estudos culturais*. Petrópolis: Vozes, 2000.

HOBSBAWM, Eric. *Nações e nacionalismo desde 1780*. São Paulo: Paz e Terra, 1990.

KOSELLECK, R. "Champ d'experiénce" et "horizont d'attente": deux catégories historiques. In: *Le futur passé*. Paris: EHESS, 1990.

NIETZSCHE, F. *Segunda consideração intempestiva: da utilidade e desvantagem da história para a vida*. [1874] Rio de Janeiro: Relume-Dumará, 2003.

REIS, José Carlos. *Tempo, história e evasão*. Campinas: Papirus, 1994.

_____. *História & teoria: historicismo, modernidade, temporalidade e verdade*. Rio de Janeiro: FGV, 2003.

RICOEUR, P. A tríplice mimese. In: *Tempo e narrativa*. Campinas: Papirus, 1994. v. 1.

Sobre CALMON, Pedro. *História da civilização brasileira*. São Paulo: Nacional, 1933. (Brasiliana, série V, v. XIV.)

BARRETO, Dalmo Freire. Cinquentenário da eleição dos sócios drs. Pedro Calmon e Alexandre José Barbosa Lima Sobrinho. *RIHGB*, Rio de Janeiro, n. 333, out./dez. 1981.

BERLIN, I. *Vico e Herder.* Brasília: UnB, 1982.

BOAVENTURA, Edivaldo Machado. A contribuição de Pedro Calmon para a biografia de Castro Alves. *RIHGB*, Rio de Janeiro, n. 370, jan./mar. 1991.

CALMON, Jorge. Os últimos dias de Pedro Calmon. *RIHGB*, Rio de Janeiro, n. 393, out./dez. 1996.

COLLINGWOOD, R. G. *A ideia de história.* Lisboa: Presença, 1978.

CORREA, Jonas. Saudação ao professor Pedro Calmon na Comissão de Publicações da Biblioteca do Exército. *RIHGB*, Rio de Janeiro, n. 340, jul./set. 1983.

COUTINHO, Afrânio (Org.). *A literatura no Brasil.* Rio de Janeiro: Sul-Americana, 1968. v. 1.

DOYLE, Plínio. Bibliografia de Pedro Calmon. *RIHGB*, Rio de Janeiro, n. 351, abr./jun. 1986.

FRANCO, Afonso Arinos de Mello. Rememorando a figura de Pedro Calmon. *RIHGB*, Rio de Janeiro, n. 351, abr./jun. 1986.

FREYRE, Gilberto. Mestre Pedro Calmon: sua historiografia comentada por um sociólogo da história. *RIHGB*, Rio de Janeiro, n. 351, abr./jun. 1986.

HERDER, J. G. Ideias para a filosofia da história da humanidade. In: GARDINER, P. *Teorias da história.* Lisboa: Calouste Gulbenkian, 1984.

IHGB. *In memoriam* de Pedro Calmon; falas de Américo J. Lacombe, Barbosa Lima Sobrinho, José Honório Rodrigues, Edmundo Ferrão Moniz, Umberto Peregrino, Evaristo de Moraes Filho, Haroldo Valadão, Maurício Calmon, e conferência de Marcos Almir Madeira. *RIHGB*, Rio de Janeiro, n. 349, out./dez. 1985.

IPANEMA, Marcelo de; IPANEMA, Cybelle de. Pedro Calmon no cinquentenário e no centenário dos cursos jurídicos no Rio de Janeiro. *RIHGB*, Rio de Janeiro, n. 370, jan./mar. 1991.

LACOMBE, Américo Jacobina. Um ano do Instituto Histórico sem Calmon. *RIHGB*, Rio de Janeiro, n. 351, abr./jun. 1986.

LACOMBE, Lourenço L. Em louvor de Pedro Calmon. *RIHGB*, Rio de Janeiro, n. 351, abr./jun. 1986.

MEINECKE, F. *El historicismo y su genesis.* México: Fondo de Cultura Económica, 1982.

PACHECO, Jorge. Pedro Calmon Muniz de Bittencourt. *RIHGB*, Rio de Janeiro, n. 393, out./dez. 1996.

PEREGRINO, Umberto. Pedro Calmon e a história social do Brasil. *RIHGB*, Rio de Janeiro, n. 351, abr./jun. 1986.

SERRÃO, Joaquim Veríssimo. Homenagem da Academia Portuguesa da História ao dr. Pedro Calmon. *RIHGB*. Rio de Janeiro, n. 348, jul./set. 1985.

BIBLIOGRAFIA

235

_____. Evocação de Pedro Calmon e saudação acadêmica a Josué Montello. *RIHGB*, Rio de Janeiro, n. 351, abr./jun. 1986.

VILLAÇA, Antônio Carlos. Pedro Calmon: orador. *RIHGB*, Rio de Janeiro, n. 393, out./dez. 1996.

WEHLING, Arno. A história em Pedro Calmon: uma perspectiva historista na historiografia brasileira. *RIHGB*, Rio de Janeiro, n. 404, jul./set. 1999.

Sobre FRANCO, Afonso Arinos de Mello. *Conceito de civilização brasileira*. São Paulo: Nacional, 1936. (Brasiliana, série 5, v. 70.)

ABL (Academia Brasileira de Letras). *Elogio de Afonso Arinos*. Rio de Janeiro: ABL, 1992.

ALBERTI, Verena. Ideias e fatos na entrevista de Afonso Arinos de Mello Franco. In: FERREIRA, Marieta de Moraes (Coord.). *Entre-vistas: abordagens e usos da história oral*. Rio de Janeiro: FGV, 1994. p. 33-45.

ARINOS FILHO, Afonso. *Diplomacia independente; um legado de Afonso Arinos*. São Paulo: Paz e Terra, 2001.

BELOCH, Israel; ABREU, Alzira Alves de (Coords.). *Dicionário histórico-biográfico brasileiro (1930-1983)*. Rio de Janeiro: Forense Universitária, Cpdoc/FGV; Finep, 1994. p. 203-209.

BENEVIDES, M. Victoria de Mesquita. *A UDN e o udenismo: ambiguidades do liberalismo brasileiro (1945-1965)*. São Paulo: Paz e Terra, 1981.

CAMARGO, Aspásia. *O intelectual e o político: encontros com Afonso Arinos*. Brasília: Senado Federal; Rio de Janeiro: Dom Quixote, FGV, 1983.

CAVALCANTE, Berenice de Oliveira. De volta para o futuro: história e política em Afonso Arinos. *Varia História*, Belo Horizonte, UFMG, n. 28. p. 161-177, 2003.

_____. A retórica de um liberal. Em torno dos escritos de Afonso Arinos. In: RIBEIRO, Jorge Martins (Org.). *Estudos em homenagem a Luis Antonio Oliveira Ramos*. Porto: [s.n.], 2004. v. 2, p. 421-428.

CHACON, Vamireh. A alma de Arinos. *Correio Braziliense*, Brasília, 18 out. 1990. p. 7.

_____. Vozes de Minas. *Correio Braziliense*, Brasília, 28 jan. 1991. p. 7.

FRANCO, Afonso Arinos de Mello. Afonso Arinos por ele mesmo. In: *Afonso Arinos na UnB: conferências, comentários e debates*. Brasília: UnB, 1981.

FREYRE, Gilberto. Mestre Afonso Arinos no Seminário de Tropicologia do Recife. *Diário de Pernambuco*, Recife, 1 maio 1971.

LATTMAN-WELTMAN, Fernando. *A política domesticada: Afonso Arinos e o colapso da democracia em 1964*. Rio de Janeiro: FGV, 2005.

LEITE, Dante Moreira. As raças e os mitos. In: *O caráter nacional brasileiro*. São Paulo: Pioneira, 1983.

236 AS IDENTIDADES DO BRASIL 2

LUCAS, Fabio. O efêmero e o fundamental: notas às memórias de Afonso Arinos de Mello Franco. *Revista Brasileira de Estudos Políticos*, n. 25/26, jul. 1968/jan. 1969.

MENEZES, Djacir. O intelectual e o político: Afonso Arinos. *Revista de Ciência Política*, v. 27, n. 3, set./dez. 1984.

MERQUIOR, J. G. Império e nação: reflexões a partir de Afonso Arinos. In: *Afonso Arinos na UnB: conferências, comentários e debates*. Brasília: UnB, 1981.

RANGEL, Vicente M. Afonso Arinos e a política externa. In: *Afonso Arinos na UnB: conferências, comentários e debates*. Brasília: UnB, 1981.

ROUANET, Sérgio Paulo. Prefácio: o índio e a revolução. In: FRANCO, Afonso Arinos de Mello. *O índio brasileiro e a Revolução Francesa: as origens brasileiras da teoria da bondade natural*. Rio de Janeiro: Topbooks, 2000.

SANTOS, Alessandra Soares. Afonso Arinos (1905-1990): civilização brasileira e modernidade. *Iniciação à História*, Montes Claros, v. 2, n. 1, p. 145-461, 2003.

SARNEY, José. Afonso Arinos, parlamentar. In: *Afonso Arinos na UnB: conferências, comentários e debates*. Brasília: UnB, 1981.

SOUSA, Edson Luiz André de. O índio brasileiro e a Revolução Francesa, Afonso Arinos de Mello Franco. *Jornal da Tarde*, 10 mar. 2001.

VENÂNCIO FILHO, Alberto. A historiografia republicana: a contribuição de Afonso Arinos. *Estudos Históricos*, Rio de Janeiro, FGV, v. 3, n. 6, 1990.

Sobre OLIVEIRA VIANNA, Francisco José. *Evolução do povo brasileiro*. [1923] 2. ed. São Paulo: Nacional, 1933. (Brasiliana, série V, v. 10.)

BOSI, Alfredo. *História concisa da literatura brasileira*. 2. ed. São Paulo: Cultrix, 1974.

BRESCIANI, Maria Stella. A concepção de Estado em Oliveira Vianna. *Revista de História*, São Paulo: USP, n. 94, 1973.

_____. A concepção de Estado em Oliveira Vianna. In: BASTOS, Élide Rugai; MORAES, João Quartim de (Orgs.). *O pensamento de Oliveira Vianna*. Campinas: Unicamp, 1993.

CARVALHO, José Murilo. A utopia de Oliveira Vianna. In: BASTOS, Élide Rugai; MORAES, João Quartim de (Orgs.). *O pensamento de Oliveira Vianna*. Campinas: Unicamp, 1993.

CERQUEIRA, Eli Diniz; LIMA, Maria Regina Soares de. O modelo político de Oliveira Vianna. *Revista Brasileira de Estudos Políticos*, Belo Horizonte: UFMG, n. 30, 1971.

COSTA, João Cruz. *Contribuição à história das ideias no Brasil*. Rio de Janeiro: José Olympio, 1956.

FERREIRA, Gabriela N. A formação nacional em Buarque, Freyre e Vianna. *Lua Nova*, Centro de Estudos Contemporâneos (Cedec), n. 37, 1996.

BIBLIOGRAFIA

GOMES, Angela de C. A práxis corporativa de Oliveira Vianna. In: BASTOS, Élide Rugai; MORAES, João Quartim de (Orgs.). *O pensamento de Oliveira Vianna*. Campinas: Unicamp, 1993.

GRAMSCI, Antônio. A ciência e o príncipe moderno: In: ____. *Obras escolhidas*. São Paulo: Martins Fontes, 1978.

IGLESIAS, Francisco. Leitura historiográfica de Oliveira Vianna. In: BASTOS, Élide Rugai; MORAES, João Quartim de (Orgs.). *O pensamento de Oliveira Vianna*. Campinas: Unicamp, 1993.

____. *Historiadores do Brasil*. Rio de Janeiro: Nova Fronteira; Belo Horizonte: UFMG, 2000.

LEITE, Dante Moreira. *O caráter nacional brasileiro*. [1954] 3. ed. rev., ref. e ampl. São Paulo: Pioneira, 1976.

MACIEIRA, Anselmo. *Mundo e construções de Oliveira Vianna*. Rio de Janeiro: Imprensa Oficial, 1990.

MARTINS, Wilson. *História da inteligência brasileira*. São Paulo: Cultrix, 1976. v. VI e VII.

MEDEIROS, Jarbas. Introdução ao estudo do pensamento político autoritário brasileiro 1914/1945 — II. Oliveira Vianna. *Revista de Ciência Política*, Rio de Janeiro: FGV, v. 17, n. 2, p. 31-87, abr./jun. de 1974; posteriormente publicado in: *A ideologia autoritária no Brasil*. Rio de Janeiro: FGV, 1978.

MORAES, João Q. Oliveira Vianna e a democratização pelo alto. In: BASTOS, Élide Rugai; MORAES, João Quartim de (Orgs.). *O pensamento de Oliveira Vianna*. Campinas: Unicamp, 1993.

ODÁLIA, Nilo. Oliveira Vianna: o sonho de uma nação solidária. In: *As formas do mesmo: ensaios sobre o pensamento historiográfico de Varnhagen e Oliveira Vianna*. São Paulo: Unesp, 1997.

PAIVA, Vanilda. Oliveira Vianna: nacionalismo ou racismo? *Síntese*, São Paulo: Loyola, n. 6, 1976.

QUEIRÓS, Paulo Edmur de Souza. *A sociologia política de Oliveira Vianna*. São Paulo: Convívio, 1975. 142p.

RODRIGUES, José Honório. A metafísica do latifúndio. O ultrarreacionário Oliveira Vianna. In: *História da história do Brasil*. São Paulo: Nacional, INL, 1988. v. 2, t. 2.

RODRIGUES, Ricardo Vélez. *Oliveira Vianna e o papel modernizador do Estado brasileiro*. Rio de Janeiro: s.ed., 1982.

SODRÉ, Nelson W. Oliveira Vianna, o racismo colonialista. In: *A ideologia do colonialismo*. Rio de Janeiro: MEC, Iseb, 1961.

VENÂNCIO, Giselle M. Presentes de papel: cultura escrita e sociabilidade na correspondência de Oliveira Vianna. *Estudos Históricos*, Rio de Janeiro: FGV, n. 28, 2001.

VIANNA, F. J. Oliveira. *Instituições políticas brasileiras*. [1949] São Paulo: Itatiaia, Eduff, Edusp, 1987.

238 AS IDENTIDADES DO BRASIL 2

VIEIRA, Evaldo Amaro. *Autoritarismo e corporativismo no Brasil (Oliveira Vianna e companhia)*. São Paulo: Cortez, 1981.

Sobre BOMFIM, Manoel. *O Brasil nação: realidade da soberania brasileira*. [1931] 2. ed. Rio de Janeiro: Topbooks, 1996; e BOMFIM, Manoel. *O Brasil*. Org. Carlos Maul. São Paulo, Rio de Janeiro, Recife, Porto Alegre: Nacional, 1940. (Brasiliana, série 5, v. 47.)

AGUIAR, Ronaldo C. Um livro admirável. In: BOMFIM, Manoel. *O Brasil nação: realidade da soberania brasileira*. 2. ed. Rio de Janeiro: Topbooks, 1996.

_____. *O rebelde esquecido: tempo, vida e obra de Manoel Bomfim*. Rio de Janeiro: Anpocs, Topbooks, 2000.

ALVES FILHO, Aluízio. *Pensamento político no Brasil; Manoel Bomfim: um ensaísta esquecido*. Rio de Janeiro: Achiamé, 1979.

AMARAL, Azevedo. Prefácio. In: BOMFIM, Manoel. *América Latina: males de origem; o parasitismo social e evolução*. 2. ed. Rio de Janeiro: A Noite, s.d. [3. ed. Rio de Janeiro: Topbooks, 1993.]

BOSI, Alfredo. *História concisa da literatura brasileira*. 2. ed. São Paulo: Cultrix, 1978.

BOTELHO, André Pereira. *O batismo da instrução: atraso, educação e modernidade em Manoel Bomfim*. Dissertação (Mestrado) — Universidade Estadual de Campinas, Campinas, 1997.

CHACON, Vamireh. *História das ideias socialistas no Brasil*. Rio de Janeiro: Civilização Brasileira, 1965.

CHARTIER, R. Le monde comme representation. *Annales ESC*, Paris, A. Colin, n. 6, nov./déc. 1989.

COSTA, João Cruz. *Contribuição à história das ideias no Brasil*. Rio de Janeiro: José Olympio, 1956. [2. ed. Rio de Janeiro: Civilização Brasileira, 1967.]

IGLESIAS, Francisco. *Historiadores do Brasil*. Rio de Janeiro: Nova Fronteira; Belo Horizonte: UFMG, 2000.

IOKOI, Zilda M. G. Manoel Bomfim: o Brasil na América; caracterização da formação brasileira. *Revista de História*, São Paulo: USP, v. 18, n. 18, 1998.

LAJOLO, Marisa. Cronologia de Manoel Bomfim. In: *Através do Brasil*. São Paulo: Companhia das Letras, 2000.

LEITE, Dante Moreira. *O caráter nacional brasileiro*. 3. ed. São Paulo: Pioneira, 1976.

MAIOR, Laércio Souto. *Introdução ao pensamento de Manoel Bomfim: o discurso da modernidade no alvorecer do século XX*. São Paulo: Instituto Mário Alves de Estudos Políticos, 1993.

MARTINS, Wilson. *História da inteligência brasileira*. São Paulo: Cultrix, 1977/78. v. 5 e 6.

_____. Profeta da quinta revolução. In: BOMFIM, Manoel. *O Brasil nação: realidade da soberania brasileira*. 2. ed. Rio de Janeiro: Topbooks, 1996.

MENEZES, Djair. Razões para reeditar Manoel Bomfim. *Revista de Ciência Política*, Rio de Janeiro: FGV, v. 22, n. 4, out./dez. 1979.

OLIVEIRA, Franklin de. Manoel Bomfim, o nascimento de uma nação. In: BOMFIM, Manoel. *A América Latina: males de origem*. 3. ed. Rio de Janeiro: Topbooks, 1993.

REIS, J. C. Manoel Bomfim e a identidade nacional brasileira. In: LOPES, M. A. *Grandes nomes da história intelectual*. São Paulo: Contexto, 2003. p. 493-504.

RIBEIRO, Darcy. Manoel Bomfim, antropólogo. In: BOMFIM, Manoel. *A América Latina: males de origem*. 3. ed. Rio de Janeiro: Topbooks, 1993.

ROMERO, Sílvio. *A América Latina: análise do livro de igual título do dr. Manoel Bomfim*. Porto: Chardron, 1906.

SANTOS, Alessandra S. Como e por que se deturpou a história escrita por Manoel Bomfim. *Cronos*, Pedro Leopoldo, Faculdades Pedro Leopoldo, n. 8, p. 37-54, abr. 2005.

SKIDMORE, Thomas E. *Preto no branco: raça e nacionalidade no pensamento brasileiro*. Rio de Janeiro: Paz e Terra, 1976.

SUSSEKIND, Flora; VENTURA, Roberto. *História e dependência: cultura e sociedade em Manoel Bomfim*. São Paulo: Moderna, 1984.

Este livro foi impresso nas oficinas gráficas da Editora Vozes Ltda.,
Rua Frei Luís, 100 – Petrópolis, RJ.